W0070324

Prof. Dr. Josef H. Reichholf

Der unersetzbare Dschungel

Leben, Gefährdung und Rettung des tropischen Regenwaldes

CIP-Titelaufnahme der Deutschen Bibliothek

Reichholf, Josef:
Der unersetzbare Dschungel: Leben, Gefährdung und
Rettung des tropischen Regenwaldes / Josef H. Reichholf. –
München; Wien; Zürich; BLV, 1990
  ISBN 3-405-14008-0

Umschlaggestaltung: Julius Negele

BLV Verlagsgesellschaft mbH
München Wien Zürich
8000 München 40

© 1990 BLV Verlagsgesellschaft mbH, München
Satz: Fotosatz B. Wirth, Ober-Ramstadt
Reproduktionen: FotoLitho Longo, Frangart
Druck: Manz, Dillingen (Textteil),
Bosch-Druck, Landshut (Bildteil)
Bindung: Conzella, Urban Meister, München

Dieses Buch wurde auf umweltfreundlichem
Papier (chlorarm und säurefrei) gedruckt.

Printed in Germany · ISBN 3-405-14008-0

Bildnachweis
Aichinger: 45 or, 91 Ml, 92 or, 92 ul, 111 o, 191 o
Biofoto/Breiting: 82 or, 82 Mr, 82 ul
Bittmann: 46 o
Fittkau: 121 ur, 161, 162, 172 Mr, 172 u, 182 o,
  192 o
Fugger: 92 Ml, 122 u, 152 o, 181 ul
Hagen: 131 ur
Hödl: 63 ur, 92 Mr, 101 or, 112 or, 112 u, 191 u
Horn: 82 ur, 91 o, 91 u, 92 ur, 171 o, 172 o, 182 M,
  182 u
Rehage: 28 ol
Reichholf: 17 o, 18, 27, 45 ul, 45 ur, 63 o, 63 ul,
  64 o, 77, 82 ol, 102 ul, 112 Mr, 142 o, 152 ur,
  171 or, 192 M, 192 u
Reinhard: 181 o
Wendler: 141 u
Wothe: 28 or, 45 ol, 46 Mr, 46 u, 81, 91 Mr, 92 ol,
  101 ur, 102 o, 112 ol, 121 ol, 121 u, 131 or, 132 ol,
  142 u, 151 ul, 151 ur, 171 ul, 181 ur
Ziesler: 17 u, 28 u, 41, 46 Ml, 64 u, 101, 102 ur,
  111 u, 122 ol, 122 or, 131 ol, 131 ul, 132 o, 132 ur,
  141 ol, 141 or, 151 ol, 151 or, 152 ul

Umschlagfotos:
Kaiser/WWF-Bildarchiv (Regenwald),
Rey-Millet/WWF-Bildarchiv (Jaguar),
Bittmann (Epiphyten)

Grafiken: Barbara von Damnitz
Karte S. 156 aus: DIE ZEIT, Nr. 46, 1989,
  nach Smithsonian Institution

Inhalt

Vorwort

Dreißig Jahre sind es her, seit meine Frau und ich in Santarem auf das Flugzeug warteten, das uns im Auftrag des brasilianischen Amazonasforschungsinstituts zur Franziskanermission am Rio Cururu, 650 km weiter südlich, völlig isoliert im Urwald gelegen, bringen sollte. 11 Tage vergingen, bis das ersehnte Motorengeräusch der kleinen 2-motorigen Maschine der Luftwaffe ertönte. Santarem war damals mit seinen wenigen tausend Einwohnern nach Manaus der zweitgrößte Ort im brasilianischen Amazonasgebiet. Wenn es in dieser alten Siedlung am unteren Amazonas dunkel wurde, glühten für ein paar Stunden die Lampen im Hotel auf; man schlief dort noch in der eigenen Hängematte in kleinen Holzkabinen. Die Menschen träumten hier seit Jahrzehnten in tropischer Lethargie von der schon ein halbes Jahrhundert zurückliegenden goldenen Gummizeit. Das schwarze Gold hatte es möglich gemacht, innerhalb weniger Jahre mitten im größten Regenwaldgebiet der Erde die vierte Großstadt der Welt, Manaus, voll elektrifiziert mit Straßenbahnen und selbst einem großen Theater entstehen zu lassen.

Das Erwachen kam dann plötzlich. 1963 sahen wir die ersten schlammbedeckten Lastwagen in Belem, die sich auf der gerade fertiggestellten zweitausend Kilometer langen Straße von Brasilia zur Amazonasmündung durch bis dahin von der Zivilisation unberührtes Gebiet geschleppt hatten. Als wir 1965 Santarem wiedersahen, überragten hier bereits die ersten Beton-Hotelbauten die üblichen Holzhäuser. Auf dem ausgebauten Flughafen standen Dutzende von Kleinflugzeugen bereit, um die Goldsucher in dem bislang vergessenen Cururu-Gebiet zu versorgen, und in Manaus war nach langen Jahren die Strom- und Wasserversorgung wieder gesichert. Die Straße nach Norden reichte mittlerweile schon dreihundert Kilometer in den Wald hinein.

Hundert Jahre nach dem ersten Versuch, Amazonien wirtschaftlich zu erobern, hatte die brasilianische Regierung dem Wald offiziell den Krieg erklärt. Sie fand viele Verbündete. Es ging diesmal nicht um Kautschuk, sondern vor allem um die Schaffung von Acker- und Weideflächen in großen Ausmaßen für die gewachsene Bevölkerung, um den Zugang zu den Bodenschätzen und den Bau von Wasserkraftwerken an den großen Flüssen.

Heute ist Santarem größer als Manaus vor dreißig Jahren; Manaus wurde eine Millionenstadt wie auch Belem. Die Bevölkerung des brasilianischen Amazonasgebietes betrug 1960 kaum mehr als 2 Millionen. Heute schätzt man, daß sie auf 20 Millionen angewachsen ist. Mitten im südöstlichen amazonischen Regenwald entsteht derzeit auf einer Fläche von der Größe der Bundesrepublik das größte Schwerindustriegebiet der Welt.

Vor gut hundert Jahren hatte man damit begonnen und etwa fünf Jahrzehnte lang unter größten Entbehrungen und Strapazen dem Wald das schwarze Gold abgerungen. Viele der Eroberer flohen rasch aus dem unbesiedelten Wald, aus der grünen Hölle, als man plötzlich den Rohgummi nicht mehr mit Silber aufwiegen konnte.

Wie wird es in Amazonien in 25 Jahren aussehen, wenn wieder ein paar Jahrzehnte organisierter Ausbeutung, diesmal mit moderner Technik und als nationales Anliegen, vergangen sein werden? Mit Sicherheit sind dann auch wieder viele »Eroberer« gezwungen, Amazonien zu verlassen. Zurück werden endlose entwaldete Gebiete bleiben, verwüstetes Land, wo jetzt zum Teil noch die unermeßliche und einmalige Vielfalt des tropischen Lebens vorhanden ist. Man wird versucht haben, den Wald in Viehweiden und nur kurz nutzbare Ackerfluren umzuwandeln.

Warum dies so verhängnisvoll ausgehen wird, sagt uns bereits das Wenige, das wir bisher über den Aufbau und das Funktionieren der Lebensgemeinschaften des Ökosystems tropischer Regenwald in diesen Regionen wissen. Nehmen wir dieses Wissen, das in dem vorliegenden Buch zusammengefaßt ist, ernst, dann kann es nur eine Konsequenz geben: Sofortiger totaler Schutz der uns bis heute noch verbliebenen Regenwälder. Denn der Urwald, der Dschungel der Tropen, ist unersetzbar. Und wenn er einmal zerstört ist, wird es ihn nicht mehr wiedergeben. Sein Untergang vollzieht sich derzeit in einer schwer von außen vorstellbaren Geschwindigkeit, wie das Beispiel Brasilien zeigt. Er verläuft aber auch in vergleichbarer Weise in den übrigen Ländern der Tropen Südamerikas, Afrikas und Südostasiens, wo der Prozeß der Zerstörung teilweise bedeutend weiter fortgeschritten oder sogar schon abgeschlossen ist.

Vernichtet man weiterhin so effektiv wie bisher Leben in den Tropen, so sind in wenigen Jahrzehnten katastrophale und irreparable Auswirkungen globalen Ausmaßes vorprogrammiert. Die Folgen werden uns treffen, die wir bislang von der Nutzung dieser Gebiete profitiert haben, noch stärker aber jene Menschen, die Opfer kurzsichtiger ausbeuterischer Wirtschaftsformen und Wirtschaftspolitik geworden sind.

Rasches Handeln ist geboten an Ort und Stelle. Es ist, wenn überhaupt, nur möglich mit unserer Hilfe, mit vielfältiger Unterstützung der Industrienationen. Gelingt es, den Vernichtungsfeldzug bald zu stoppen, besteht die Hoffnung, wenigstens einen Teil der Schöpfung in den Tropen zu erhalten. Mit mehr Wissen über die Biologie und Ökologie der verbliebenen Pflanzen- und Tierarten und ihr Zusammenspiel in den vielgestaltigen Lebensgemeinschaften besteht durchaus die Aussicht, nicht nur den Regenwald zu erhalten, sondern ihn in Zukunft auch zu nutzen, ohne ihn zu zerstören.

Prof. Dr. Ernst Josef Fittkau
1. Vorsitzender der Deutschen Gesellschaft für Tropenökologie

An den Amazonas wollte ich seit meiner Kindheit. Als ich dann endlich an seinem Ufer stand, war ich tief beeindruckt und enttäuscht zugleich: Die Fülle und die Monotonie des amazonischen Waldes waren so gewaltig, daß es mir schwer fiel, damit zurechtzukommen.

Josef H. Reichholf

1.
Der Niedergang der Regenwälder

Es steht schlimm um den tropischen Regenwald, sehr schlimm. In nur 30 Jahren wurde die Hälfte seines Weltbestandes vernichtet. Von den mehr als 14 Millionen Quadratkilometern Regenwald, die sich ursprünglich über die Tropenzone ausbreiteten, sind derzeit, zu Beginn des Jahres 1990, gerade noch 7 Millionen Quadratkilometer übrig. Naturschützer schlagen weltweit Alarm. Wenn die gegenwärtige Rate der jährlichen Zerstörung so weiterläuft, wird es in nur 10 bis 15 Jahren so gut wie keinen Regenwald mehr geben. Denn je kleiner die Reste werden, desto schwerer wird es, sie zu erhalten.

Der tropische Regenwald erhält sich selbst. Er hat sich über Jahrmillionen entwickelt und sich dabei ein Eigenklima geschaffen, das seine weitere Existenz garantieren würde, wenn ihn der Mensch nicht zerstückelt, in unzusammenhängende Teilflächen zerlegt und als Einheit zerstört. Kein Großlebensraum der Erde dürfte so schwierig zu behandeln sein und so empfindlich auf Eingriffe vom Menschen reagieren wie der tropische Regenwald.

Dieser Wald ist in sich selbst stabil, aber gleichzeitig höchst empfindlich. Er stellt sich der Menschheit als Naturparadies dar, für die Bewohner, die unsachgemäß damit umgehen, wird er jedoch schnell zur »grünen Hölle«. Im Regenwald lebt die größte Fülle an Tier- und Pflanzenarten, aber gleichzeitig wirkt er menschen- und tierleer. Armut und Fülle prallen aufeinander, verbinden sich in üppigstem Wachstum, und erweisen sich als Trugbild, wenn man die Fülle nutzen will.

Der Wald enthält unglaublich viel, aber er gibt nichts. Er ist für Menschen eine Einöde, einer grünen Wüste vergleichbar, bis in die jüngste Zeit geblieben. Es soll von Schlangen in ihm wimmeln, aber wenn man sich im Regenwald aufhält, findet man sie nicht. Fieber und andere Tropenkrankheiten erfüllen die Dschungel, und doch liefern sie Wasser höchster Reinheit. Die Bäume scheinen in den Himmel zu wachsen, aber ihre Masse verändert sich nicht. Die »grüne Lunge« der Erde atmet heftig, aber was sie ausstößt, verbraucht sie gleich wieder.

Der tropische Regenwald ist lebensfeindlich und Hort des Lebens zugleich. Grelles Licht und tiefer Schatten liegen nur wenige Meter auseinander. Die wenigen Menschen, die ihn, eingebunden in die Natur dieses Waldes, bewohnen, verlieren sich in den Weiten der Dschungel wie fremde Gäste aus einer anderen Welt. Die Gegensätze könnten nicht größer sein. »Grüne Hölle« und »Grünes Paradies« stecken den Rahmen ab. Dazwischen liegt die Wirklichkeit, erstreckt sich die unverstandene Natur dieses einzigartigen Lebensraumes. Seine Fortdauer muß uns, muß allen Menschen unverzichtbar sein. Doch behandelt wird er wie eine Anhäufung wertlosen Pflanzenwucherns, das sich erst dann als nutzbringend und dem Fortschritt der Tropenländer dienlich erweisen kann, wenn der Wald gerodet ist und Pflanzen Platz gemacht hat, die unter Kontrolle gedeihen und das liefern, was der Mensch braucht.

Kein Lebensraum ist jemals mit so wenig Wertschätzung behandelt und weitgehend vernichtet worden, wie der tropische Regenwald in unserer Zeit. Würde man die Erde aus dem Weltraum betrachten, so träfe die Bezeichnung der »rauchende Planet« besser ihr Wesen als »blauer Planet«, denn fast 7 Millionen Quadratkilometer Tropenwald mit mehr als 1000 Tonnen Pflanzenmasse auf jedem Hektar verrauchten in den letzten drei Jahrzehnten. Unvorstellbare Mengen Kohlendioxid jagte das Brennen der Tropenwälder in die Atmosphäre; so viel, daß die fast menschenleeren Gebiete in Amazonien oder die nur sehr dünn besiedelten im äquatorialen Afrika ähnlich viel Energie freisetzten wie die hochindustrialisierten Flächen auf der Nordhalbkugel.

Warum sind wir davon so betroffen? Warum müßten wir noch viel betroffener sein? Wollen wir nur nicht, daß Länder mit Anteil am tropischen Regenwald die gleichen Fehler wieder machen, die unsere Vorfahren bereits begangen haben, als sie die Wälder Europas und in weiten Teilen Nordamerikas rodeten, zu Ackerland umgestalteten und damit urbar machten? Heben wir warnend den Finger wie ein Besserwisser, bei dem vielleicht so etwas wie Neid mitschwingt, daß diese große Ressource, die in den Tropenwäldern ausgebeutet wird, uns nicht direkt zugänglich ist?

Mit großer Deutlichkeit schlägt uns, die wir für die Erhaltung des tropischen Regenwaldes kämpfen, der Vorwurf entgegen, wir sollten doch einsehen, daß das, was unsere Ahnen vor Jahrhunderten oder Jahrtausenden gemacht hatten, im Grunde genommen das gleiche Urbarmachen von Wäldern gewesen ist. Sie brauchten Land, um überleben zu können. Vom Wald kann nirgends eine größere Bevölkerungszahl auf Dauer leben. Der Mensch braucht Feldfrüchte und Nutztiere; er schuf sich die Flur und rang sie dem Wald ab. Es ist sein legitimes Recht, sich eine Lebensgrundlage zu schaffen. Mehr noch: Er ist darauf angewiesen, wenn, wie in den Tropenwäldern, die Bevölkerung rasch anwächst und die Produktion an Nahrungsmitteln damit nicht mehr schritthält.

Die tropischen Regenwälder bildeten die letzte Reserve beträchtlicher Landflächen, die noch nicht in Kultur genommen worden waren. Die Eiskappen der Pole sind kein Ausweichraum für Bevölkerungsüberschuß, die Wüsten zu heiß und zu schwer zu bewässern. Die übrige Erde ist bereits bevölkert. Nur in den Tropenwäldern gab und gibt es noch Land in Hülle und Fülle: Land, das der Sonnenwärme ausgesetzt ist, das Regen abbekommt und das von einem Pflanzenwuchs bedeckt ist, der so üppig wächst, wie keine Kultur des Menschen.

Große Naturforscher erblickten darin ein reiches zukünftiges Siedlungsgebiet für Menschen. Die riesigen Wälder sollten die Vielen aufnehmen, die in den übervölkerten Tropenregionen keinen Platz mehr zum Leben finden. Ehrgeizige Pläne wurden entwickelt, die Wälder »aufzuschließen«, um sie dem Fortschritt zugänglich zu machen. Straßen mußten den Anfang machen, weil die Wasserwege zu lang, zu gefahrvoll und zu wenig zuverlässig sind. Entlang der Straßen würden die Ansiedlungen gedeihen wie einst die Straßendörfer entlang der Trassen durch mitteleuropäische Wälder und Moore. Man hatte die Namen dafür parat: Eldorado (Goldland), Esperanza (Hoffnung) und ähnlich verheißungsvolle.

Aber niemand stellt sich die Frage, warum denn diese riesigen Tropenwälder bis in unsere Zeit unerschlossen geblieben sind. Überallhin rückte die Menschheit vor. Sie erreichte weltferne Inseln, siedelt am Rande des Polareises, in der Kälte der Tundra, in der dünnen Luft der Hochgebirge. Menschen drangen in Wüsten ein und schufen sich dort Oasenkulturen. Sie fahren aufs Meer und versorgen sich aus diesem Lebensraum. Doch die tropischen Regenwälder blieben wie sie waren: Unberührte Wildnis, die nur von ganz wenigen, zumeist abgedrängten Menschengruppen durchstreift wurde. Die einfache Form der Nutzung machte kaum mehr als Nadelstiche in die aufquellende Masse der Vegetation aus. Sie wurde davon wieder aufgesogen, sobald die kleinen Rodungen aufgegeben wurden.

Es blieb unserer Zeit vorbehalten, aus dem kaum merklichen Umgang mit tropischen Regenwäldern eine Vernichtungsorgie zu machen. Den Antrieb lieferten die modernen Maschinen, die mit der geballten Kraft der fossilen Brennstoffe gegen das eisenharte Holz der Bäume vorgehen, das sich der menschlichen Muskelkraft erfolgreich widersetzt hatte. Sie brachten es fertig, in Stunden und Tagen die Waldflächen so zu verändern, daß das gefällte Holz brennbar wurde. Ein Wald, der nie gebrannt hatte, in dem das Feuer ohne Chance war, ging nun in Flammen auf (s. Fotos S. 191). Die Rauchschwaden verdunkelten zeitweise ganze Kontinente.

Na und? Der Ausstoß an Kohlendioxid und Ruß, den wir in unseren Ländern verursachen, übertrifft noch allemal die Luftbelastung, die von brennenden Tropenwäldern ausgeht. Wenn es früher an Energie und Technik gefehlt hatte, dem Wald zuleibe zu rücken, um ihn durch Nutzbringenderes zu ersetzen, dann erklärt das eben, weshalb nicht früher das geschah, was sich jetzt vollzieht. Die Industrieländer hatten doch auch ihre Wälder weitgehend vernichtet und aus dem Raubbau an ihnen den wirtschaftlichen Aufschwung bestritten. Europa hat sich in dieser Hinsicht ganz besonders hervorgetan. Es ist kaum 5 Baumlebensalter her, da beklagten römische Geschichtsschreiber wie Tacitus, die »finsteren Wälder Germaniens«. Der Wandel kam dann schnell. Aus dunklen Wäldern wurden lichte Fluren; aus feuchtkühlem Klima eine neue Umwelt, in der Wein gedeihen konnte.

Will man solche Entwicklungen den Ländern mit Tropenwald versagen? Können sie nicht einfach auch den Weg gehen, den die Menschen in den außertropischen Breiten längst eingeschlagen haben? Die Wälder werden gerodet, genutzt, zum Teil in Ackerland umgestaltet und das, was nötig ist, wird wieder aufgeforstet. Nachhaltige Forstwirtschaft, eine Errungenschaft, auf die unsere Vorfahren sehr stolz waren, sichert das Naturgut Wald. Sie hält Vorrat, ermöglicht eine regelmäßige Nutzung und Versorgung, und sie garantiert zusätzlich zur Holzproduktion eine Fülle weiterer Wohlfahrtswirkungen des Waldes. Die Forste dienen der Erholung und dem Trinkwasserschutz, sie reinigen die verschmutzte Luft und dämpfen die Extreme der Witterung. Die Wohlfahrtswirkungen des Waldes sind uns heute mehr bewußt denn je. Deswegen sind wir über das Waldsterben bei uns zutiefst erschrocken. Genau genommen handelt es sich aber um ein Kränkeln der Forste, denn naturgewachsene, nicht gepflanzte oder durch forstliche Maßnahmen gelenkte Wälder gibt es bei uns schon lange nicht mehr. Nur auf kleinsten Flächen erhielten sich sogenannte Naturwaldparzellen. Viele davon stehen unter Schutz.

Fast ein Prozent unter Naturschutz gestellter Biotope leisten wir uns hier in Mitteleuropa. Naturschützer meinen, das sei zu wenig und fordern mehr. 5 bis 10% sind in der Diskussion, doch der Widerstand ist zu groß. Nur die Zahl der Naturschutzgebiete steigt, aber ihre Fläche nimmt kaum zu. Das ist, in dürren Worten, die Lage hierzulande. Daß die Natur geschützt werden soll, darüber ist man sich einig. Aber wenn es darum geht, ein paar Prozent wirklich aus der menschlichen Nutzung herauszunehmen, um sie den Prozessen der Natur ganz zu überlassen, dann können wir uns das angeblich nicht leisten. Schon ein Prozent Naturschutzgebietsfläche ist manchem zu viel. Einschränkungen oder gar Nutzungsverbote hinzunehmen, kommt für die meisten nicht in Frage. Die Gesellschaft wird zur Kasse gebeten. Sie soll Entschädigungen dafür zahlen, daß auf den winzigen Flächen die Nutzung unterbleibt.

Von dieser Wirklichkeit aus betrachtet, scheint die Forderung nach umfassender Erhaltung der tropischen Regenwälder wie blanker Hohn für die betroffenen Länder. Würden sie von unserem Leistungsstandard, was den Naturschutz betrifft, ausgehen, dann könnten sie weiterhin bedenkenlos Raubbau an 98% der noch vorhandenen Regenwälder betreiben. Und das mit guter Begründung es nicht anders zu machen als die »entwickelten Länder«.

Das wäre in der Tat eine Katastrophe für die Erde. Die Folgen, die sich daraus ergäben, würden bei weitem alles übertreffen, was sich im Naturhaushalt veränderte, als die gemäßigten Breiten in großem Umfang in die Kultur genommen wurden. Denn die tropischen Regenwälder sind anders, ganz anders, als die Wälder der außertropischen Regionen. Wären sie nicht so gründlich mißverstanden worden, stünde es viel besser um sie. Niemand wäre auf die absurde Vorstellung gekommen, in diesen Wäldern die letzte große Landreserve für land- und forstwirtschaftliche Bodennutzung zu sehen. Gewiß, an der Ausbeutung von Bodenschätzen wäre der Weg auch nicht vorbeigegangen. Aber die davon ausgehenden Zerstörungen machen nur Bruchteile des tatsächlichen Raubbaues an den Tropenwäldern aus. Die Schäden würden sich, was die Nutzung von Bodenschätzen im Regenwaldbereich betrifft, mit Geld und fortschrittlicher Technik in Grenzen halten.

Die großflächigen Rodungen lassen sich dagegen nicht mehr begrenzen und in den Griff bekommen. Sie haben mittlerweile Dimensionen erreicht, die fast nicht zu glauben sind. In den letzten Jahren wurden Jahr für Jahr zwischen 100 000 und 250 000 Quadratkilometer tropische Regenwälder vernichtet. Das entspricht im schlimmsten Fall bereits der Fläche der Bundesrepublik Deutschland.

Eine Katastrophe von globalen Ausmaßen ist in Gang gekommen, schlimmer als

Ozonloch und Luftverschmutzung oder andere Umweltkatastrophen, denen sich unsere Zeit gegenübersieht. Der Ernst der Lage scheint allerdings noch längst nicht erkannt zu sein. Dabei sind die Bemühungen, den tropischen Regenwald zu erhalten, keineswegs neu. Schon vor mehr als 20 Jahren zeichnete sich die Entwicklung ab, die nun tatsächlich eingetreten ist. Sie stellt die größte Herausforderung an die Menschheit dar, die nur von dem Inferno eines weltweiten Atomkrieges noch zu überbieten wäre. Denn das mit der Vernichtung der tropischen Regenwälder verbundene Artensterben ist ein unumkehrbarer Prozeß.

2.
Folgen der Regenwald-vernichtung

Der gegenwärtige Niedergang der tropischen Regenwälder ist Realität. Die Satellitenaufnahmen dokumentieren den Weg der Vernichtung. In Südostasien ist sie am weitesten fortgeschritten. Dort gibt es kaum mehr ein Sechstel des früheren Bestandes. Die größten, noch weitgehend zusammenhängenden Regenwaldflächen liegen in Amazonien. Die afrikanischen wurden regional schon stark geschädigt. Im Vergleich mit Amerika und Südostasien nehmen sie etwa eine mittlere Position ein. Dieses Grobmuster der weltweiten Verteilung von Vorkommen und Zerstörung tropischer Regenwälder (vgl. Karte S. 156) gibt einen ersten Anhaltspunkt zur Frage nach den Ursachen der Regenwaldproblematik. Es muß aber erheblich verfeinert werden, bis sich die Verhältnisse deutlich genug zeigen.

Zunächst soll die Frage vorausgeschickt werden, warum wir so betroffen sind von der Vernichtung des tropischen Regenwaldes; warum wir uns nicht nur betroffen fühlen sollten, mit großer Sicherheit betroffen sein werden, wenn die Entwicklung anhält und im Verlauf der nächsten 30 bis 50 Jahre keine nennenswerten Regenwaldflächen mehr übrig geblieben sein werden.

An Warnungen vor Umweltkatastrophen mangelte es nicht, seit zu Beginn der 70er Jahre die Studien des »Club of Rome« und vieler anderer die »Grenzen des Wachstums« aufzeigten und Gefahren globalen Ausmaßes voraussagten. Man hat sich in den vergangenen eineinhalb Jahrzehnten an solche Kassandrarufe gewöhnt, ist zur Tagesordnung übergegangen und hat da und dort ein bißchen verbessert, aber keine grundsätzliche Kurskorrektur vorgenommen. Die Menschenlawine schwillt gerade in den Ländern der Dritten Welt unvermindert an. Sie zwingt zur Erschließung neuer Produktionsflächen und sie ist damit eine der unmittelbaren Ursachen für die Bedrohung der Regenwälder.

Der Versuch, so viel wie nur irgendwie möglich von den tropischen Regenwäldern zu erhalten, darf keinesfalls in den Verdacht geraten, ein weiterer Katastrophenbericht zu werden, den man getrost für längere Zeit in die Ablagen geben kann, weil die vorhergesagte Katastrophe wie so viele andere, die schon vorausgesagt worden sind, doch nicht eintritt. Schwarzmalerei wäre fehl am Platze, Zuversicht eher angebracht, wie das Ergebnis zeigen wird. Noch wäre es nicht zu spät, einen wesentlichen Teil von der Regenwaldsubstanz zu retten, weil die Zukunft der Menschenmassen in den Ländern der feuchten Tropen nicht in den Regenwaldgebieten liegen wird. Die angelaufene Nutzung bis hin zur Vernichtung der Tropenwälder bringt in den allermeisten Fällen der örtlichen Bevölkerung so gut wie nichts. Sie beraubt aber die ganze Welt, weil sie Unersetzliches zerstört. Unersetzlich deshalb, weil ausgestorbene Lebewesen durch keine Macht, durch keinen noch so großen Einsatz von Mitteln wiederhergestellt werden können.

Worum handelt es sich? Was steht auf dem Spiel? Dienen die Regenwälder nicht in erster Linie der Erhaltung und Stabilisierung des Weltklimas? Wird sich mit ihrer Abholzung die befürchtete, vielleicht auch schon eingetretene Erwärmung des Klimas fortsetzen und bis zu einem Ausmaß steigern, bei welchem die Eismassen an den Polen zu schmelzen beginnen, die Niederlande, Küstenabschnitte in Norddeutschland und an der Ostküste der Vereinigten Staaten ertrinken werden, und die weltweiten Muster der Niederschläge verändert sind?

Gewiß, solche Befürchtungen sind nicht von der Hand zu weisen. Änderungen in den klimatischen Abläufen in den Tropen werden mit Sicherheit auch Folgen für die außertropischen Regionen nach sich ziehen. Aber noch bevor es möglicherweise zu solchen Auswirkungen kommt, die auch für die Tropenregion selbst nicht ohne Folgen bleiben können, wird sich nach außen ziemlich unbemerkt eine durch nichts zu verantwortende Katastrophe in Gang setzen, deren Konsequenzen niemand abzuschätzen vermag. Es ist dies die Vernichtung zahlloser Arten und Lebensformen, die im Verlaufe von vielen Jahrmillionen entstanden sind. Ihre Weiterexistenz steht auf dem Spiel. Mit jedem Quadratkilometer Tropenwald, der gegenwärtig den Motorsägen und der Brandrodung zum Opfer fällt, verliert die Erde Lebensformen, die nicht wieder herzustellen sind. Würde ganz Mitteleuropa zubetoniert und für Pflanzen und Tiere unbesiedelbar gemacht, entstünde ein geringerer Artenverlust als bei der Rodung von ein paar Quadratkilometern Regenwald. Diese Feststellung wird in den folgenden Kapiteln untermauert. Sie soll hier nur die Größe der Problematik umreißen. Deshalb wäre die Veränderung des Weltklimas nur das Ende der Entwicklung, aber keineswegs der Höhepunkt. Er ist bereits dann überschritten, wenn in den Kerngebieten des Artenreichtums die Waldvernichtung die 50-Prozent-Marke überschritten hat. Dann geht es an die Substanz des Lebens in seiner ganzen Breite.

Der Artenverlust kann seiner Bedeutung nach nicht hoch genug eingeschätzt werden. Denn im Gegensatz zu anderen Vorgängen, welche aus unserer menschlichen Sicht den Naturhaushalt nachteilig verändern, gibt es für ihn kein Zurück. Das Aussterben ist endgültig. Die klimatischen Verhältnisse können sich verschieben; sie können zwischen Extremen schwanken und wieder zu einem früheren Zustand zurückkehren. Wälder können schrumpfen und sich wieder ausbreiten, Flüsse ihren Lauf verändern, Quellen versiegen und wieder Wasser schütten. Solange die Änderung auch nur die entfernte Möglichkeit beinhaltet, in den früheren Zustand zurückzukehren, fehlt ihr das Endgültige. Beim Artentod geht kein Weg daran vorbei. Er ist endgültig, unwiderruflich! Umweltverschmutzung und Belastungen des Naturhaushaltes lassen sich in den Griff bekommen und steuern, auch wenn dies sehr viel kosten mag. Wenn mit der Tropenwaldvernichtung aber Arten aussterben, nützt auch die Wiederherstellung des Waldes nichts mehr, um die Ausgestorbenen zurückzuholen.

Solche Überlegungen mögen wie Selbstverständlichkeiten klingen; sie sollten es auch sein! Daß bei der Vernichtung der Tropenwälder diese Selbstverständlichkeit der Ausrottung von Arten bislang nicht berücksichtigt worden ist, liegt am ersten grundlegenden Unterschied zwischen Wäldern unserer Breiten und den Tropenwäldern, der hier aufzugreifen ist. Denn bis in die letzten Jahre war nicht einmal den Biologen bekannt, welcher Artenreichtum in den Regenwäldern der Tropen steckt. Die Forschungen der 80er Jahre haben unsere Vorstellungen von der Mannigfaltigkeit des Lebens grundlegend verändert. Sie müssen etwas näher ausgeführt werden, weil sie einen unentbehrlichen Baustein zum Verständnis der Zusammenhänge im tropischen Regenwald liefern, ohne den sich weder die Funktionszusammenhänge noch die Folgen der Waldzerstörung verständlich machen lassen.

Vor gut 250 Jahren erstellte der große schwedische Naturforscher Carl von Linné ein umfassendes System der damals bekannten Tiere und Pflanzen der Erde. Jede Art wurde mit einem Gattungs- und einem Artnamen belegt. Beide kennzeichnen sie als wissenschaftliche Namen eindeutig und weltweit einheitlich die Arten. Mit dieser epochalen Leistung gelang es Linné und seinen Nachfolgern, die an diesem System der Natur bis in die Gegenwart weiterbauten, die unübersehbare Fülle der Pflanzen und Tiere zu ordnen. Diese Ordnung ließ sich, wie sich bald herausstellte, auf die natürliche Verwandtschaft der Lebewesen untereinander begründen. Sie wurde damit weit mehr als eine bloße Klassifizierung und zur Grundlage für die Erforschung der Geschichte des Lebens, für die Evolutionsbiologie. Da zu Linnés Zeiten die Tropenwelt noch kaum bekannt war, begründete sich sein Klassifikationssystem hauptsächlich auf die Arten des Großraumes von Europa und der angrenzenden Gebiete.

Als dann im 19. Jahrhundert die Naturforscher auch in den Tropenwäldern Bestandsaufnahme zu machen versuchten, staunten sie über die ungeahnte Vielfalt, die gegen Ende des letzten Jahrhunderts mit den Forschungsreisen von Alfred R. Wallace und Henry W. Bates erstmals in, wie es schien, ganzer Fülle der Welt bekannt gemacht worden ist. Was Bates und Wallace am Amazonas, letzterer auch in der heutigen Inselwelt Indonesiens vorfanden, mußte wie ein biologischer Garten Eden wirken. Sie beschrieben schier unglaubliche Formenmannigfaltigkeit bei Schmetterlingen und Vögeln, Käfern und Primaten. Für sie war der Tropenwald eine Quelle des Reichtums, weil sich die Museen und Naturalienkabinetts in London und Paris, in New York und St. Petersburg darum rissen, exotische Tiere und Pflanzen zu erhalten. Sogar Staaten ohne eigene Kolonien rüsteten Sammelexpeditionen in ferne Tropengebiete aus, um Be-

Abendstimmung an einer Lagune in Oberamazonien (Foto oben). Wie lange werden Wald und Wasser noch die große Einheit bilden können?
Wenn die Bäume im tropischen Regenwald blühen, entstehen Farbtupfen im sonst so düsteren Grün der Baumkronen (Foto unten). Im Baum befinden sich zahlreiche Bromelien und andere Epiphyten.

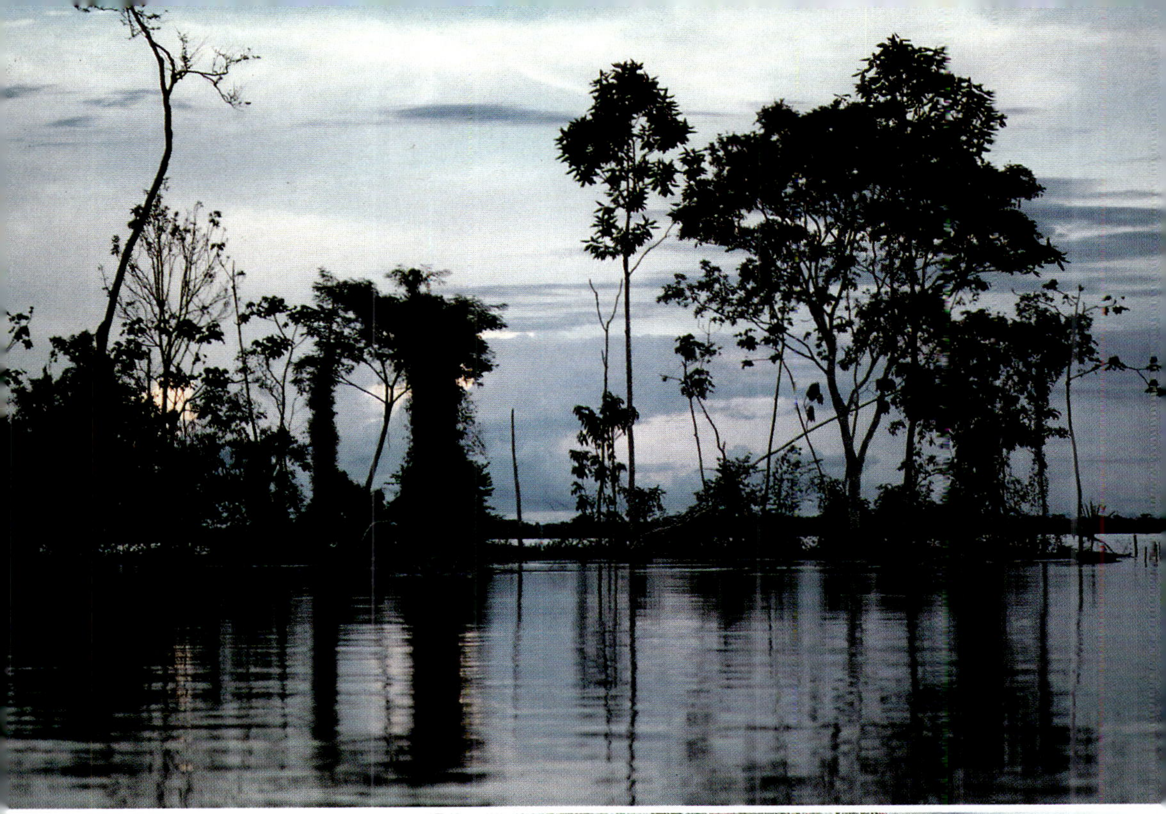

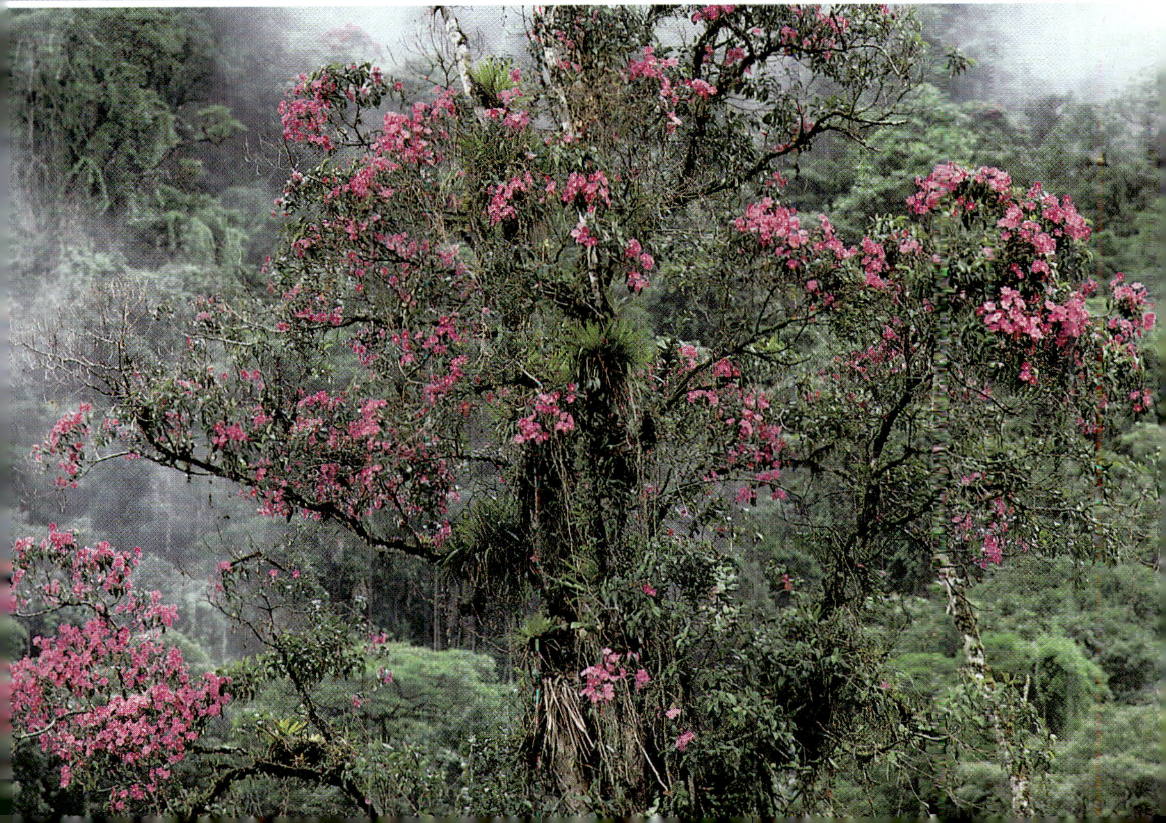

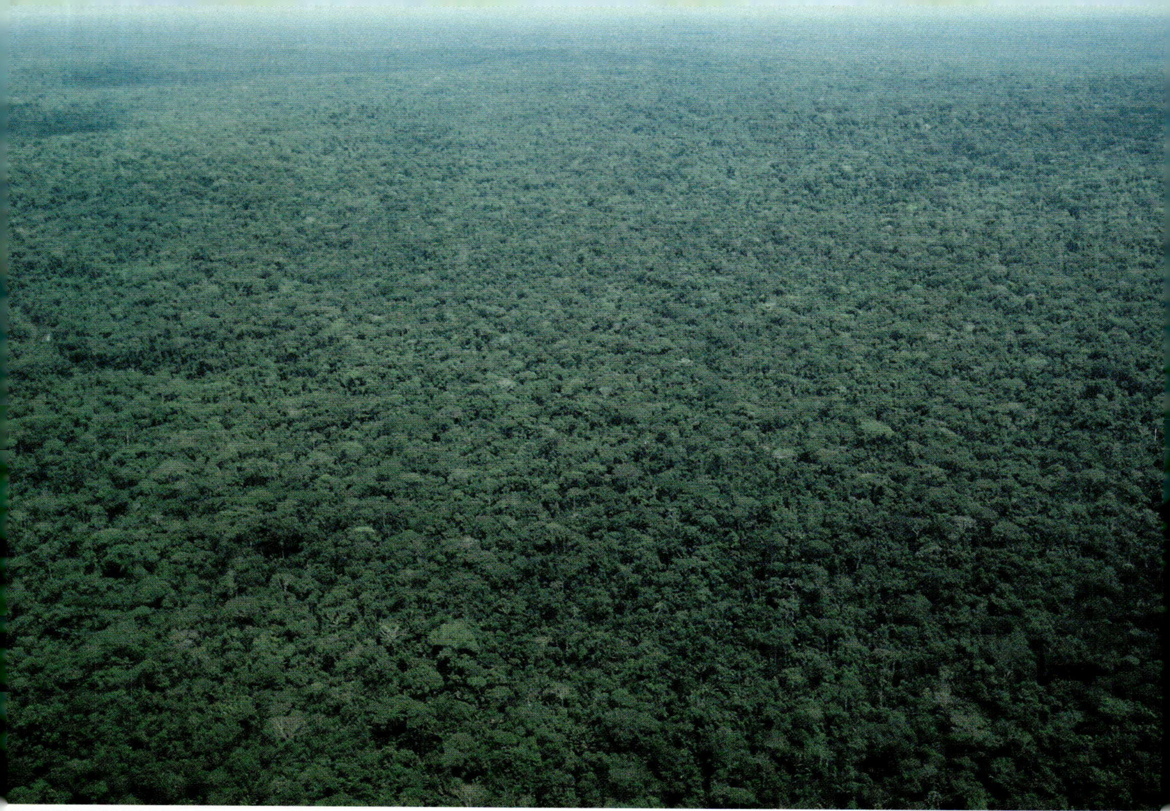

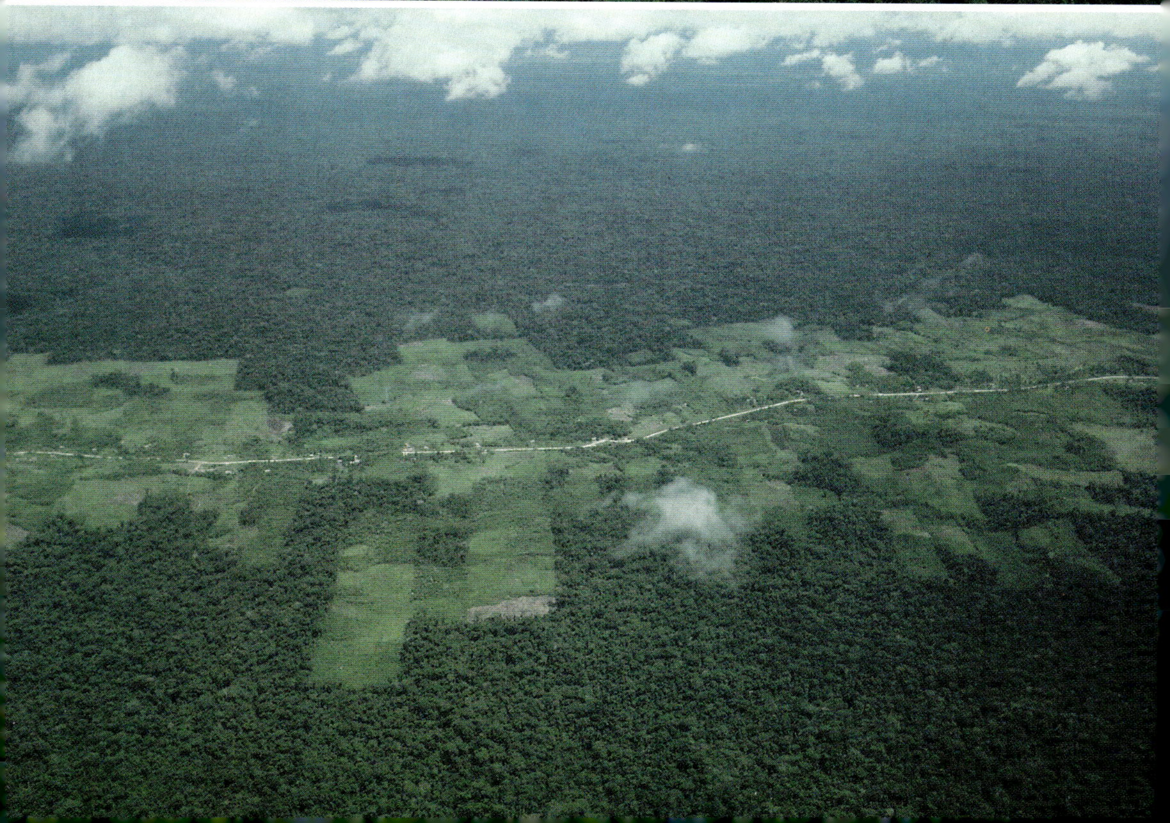

sonderheiten zu gewinnen. Die Kolonialmächte wurden bald führend in der Beschaffung von Sammlungsstücken und in der damit verbundenen Erfassung des Artenreichtums der Erde.

Es dauerte aber bis in die Mitte des 20. Jahrhunderts, bis so weit Bilanz gemacht werden konnte, daß eine genauere Vorstellung vom Artenreichtum der Erde daraus abzuleiten war. Sie zeigte, daß mit der Erforschung der Tropen eine sehr große Zahl bislang unbekannter Arten hinzugekommen war. Die früheren, noch auf die Klassifikation von Linné zurückgehenden Abschätzungen, die mit gut hunderttausend Arten rechneten, mußten eine Größenordnung höher angesetzt werden. Um das Jahr 1950 war man bei rund einer Million angelangt; ein knappes Viertel davon stellten die Pflanzen.

Die folgenden Jahrzehnte, bis Ende der 70er Jahre, änderte sich wenig an der Beurteilung des Artenreichtums. Die Arbeit ging voran, jedoch eher mit sich verlangsamendem Tempo, weil die Systematik als Teilbereich der biologischen Wissenschaften zunehmend an Bedeutung (und damit an Forschungsmitteln und -möglichkeiten) verlor. Viele Arten, die ausgangs des letzten und am Beginn unseres Jahrhunderts beschrieben worden waren und einen eigenen wissenschaftlichen Namen erhalten hatten, erwiesen sich als Doppel- oder Mehrfachbeschreibungen. Die politischen Verhältnisse hatten den freien Informationsfluß zwischen den verschie-

denen Museen und Wissenschaftlern nicht in ausreichendem Maße zugelassen. Persönlicher Ehrgeiz, möglichst viele »neue Arten« beschrieben zu haben, kam hinzu, so daß es eines längeren Klärungsprozesses bedurfte, bis eine zuverlässigere Bilanz möglich wurde. Sie ist in den meisten Lehr- und Handbüchern immer noch zu finden.

Diese Bilanz zum Artenreichtum der Welt geht von etwa 1,5 Millionen verschiedener Arten aus, von denen gut die Hälfte richtig beschrieben und klassifiziert worden ist. Knapp die Hälfte dieses, auch alle im Meer lebenden Organismen umfassenden Artenspektrums entfällt auf die Tropenzone, und davon wieder der größere Teil auf den Großlebensraum des tropischen Regenwaldes.

Bei den riesenhaften Flächen, die dieser Waldtyp einnahm, konnte man sich kaum vorstellen, daß der Artenbestand durch die beginnenden Brandrodungen oder den Bau von Straßen und die Nutzung tropischer Edelhölzer ernsthaft gefährdet werden könnte. In Amazonien allein reichte der Urwald von den Anden bis zum Atlantik. Er bedeckte ein Gebiet von der Größe Europas. Das Kongobecken und der Bereich um den Golf von Guinea in Afrika, die südostasiatische Inselwelt, riesige Wälder im Süden des Indischen Subkontinents und viele kleinere Tropenwaldgebiete zwischen Burma und Südostchina, im Nordosten Australiens auf Madagaskar und auf verschiedenen Inseln im Pazifischen Ozean bildeten zusammen einen den Erdball umspannenden Gürtel tropischer Regenwälder, der nach dem nordischen Nadelwaldgürtel, der Taiga, das größte Waldgebiet darstellte. Es schien unerschöpflich und allein wegen seiner Unzugänglichkeit hinreichend geschützt. Selbst wenn der Artenbestand

Noch sind riesige Gebiete in Amazonien von geschlossenen Regenwäldern bedeckt (oberes Foto; Ostperu), aber sobald Straßen durch den Wald gebaut werden (unteres Foto), setzt die Rodungstätigkeit ein (westliches Amazonien).

eine Million oder mehr verschiedene Tiere und Pflanzen umfassen sollte – Genaueres wußte man ja nicht – so hätten sich nach dem Kenntnisstand der späten 70er Jahre rein rechnerisch für jede einzelne Art Flächen von mehr als 10 Quadratkilometern ergeben, wenn alle Arten nebeneinander vorgekommen wären und nicht miteinander in den gleichen Gebieten. Da dies eine gänzlich unrealistische Annahme darstellt, ließ sich daraus folgern, daß von der beginnenden Nutzung der tropischen Regenwälder keine ernstliche Gefahr für den Artenbestand ausgehen konnte. Denn Untersuchungen auf umgrenzten Flächen hatten einen geradezu phänomenalen Artenreichtum ergeben.

So fanden Forschergruppen in Zentralamazonien 500 verschiedene Baumarten auf einem einzigen Hektar und mehr als 600 Vogelarten auf wenigen Quadratkilometern, über 60 Fledermausarten an einer kleinen Forschungsstation am oberen Amazonas in Peru und mehr als 180 Arten von Fröschen am Fuß der Anden in Oberamazonien. Viele, sehr viele Arten leben also auf den gleichen Flächen beisammen, so daß nicht bloß 10 Quadratkilometer pro Art zur Verfügung stehen, sondern – wiederum rein rechnerisch – 1000 bis 10 000 Quadratkilometer. Genug also, um das Überleben des Artenreichtums zu sichern, wenn größere Anteile des Waldes zu Viehweiden oder Pflanzungen umgewandelt werden.

Solche Überlegungen waren und sind, wie wir inzwischen wissen, ganz sicher falsch, und zwar in doppelter Hinsicht. Der hohe Artenreichtum, der auf kleinen Flächen gefunden worden ist, läßt sich nämlich nicht einfach auf die ganze Fläche des Regenwaldes in Amazonien, auf Borneo oder im Kongogebiet umlegen.

Die Arten sind tatsächlich in ihrer großen Mehrzahl viel kleinflächiger verbreitet als in den Wäldern der gemäßigten Breiten, die, vielleicht unbewußt, doch immer wieder im Hintergrund für derartige Überlegungen gestanden haben. Davon wird später noch ausführlicher berichtet, weil diese Feststellung bedeutsame Folgen für die Frage nach der Größe und der Verteilung von Schutzgebieten zur Erhaltung des Artenreichtums zeitigt.

An dieser Stelle kommt es auf den anderen Aspekt der falschen Beurteilung des Artenreichtums der Tropenwälder an. Er ist, soweit wir dies gegenwärtig beurteilen können, um mindestens eine Größenordnung unterschätzt worden. Es gibt aller Wahrscheinlichkeit nach nicht 1,5 oder 2 Millionen verschiedene Arten auf der Erde, sondern 20, 30 oder vielleicht sogar bis zu 50 Millionen. Fast alle davon leben in den Tropenwäldern. Am Stand des außertropischen Artenreichtums hat sich mit rund einer Million nichts weiter geändert. Wohl aber förderten neue Forschungen in den tropischen Regenwäldern eine so ungeahnte Artenfülle zu Tage, daß dagegen alle außertropischen Regionen und auch das Meer in den Bereich der Schätzungsungenauigkeiten absinken. Die Tropenwälder sind, daran kann kein Zweifel mehr sein, das große Zentrum des Artenreichtums. Deshalb wird das Ausmaß, in welchem die Tropenwälder erhalten werden können oder vernichtet werden, darüber entscheiden, wieviel vom Artenreichtum der Welt für die Zukunft erhalten bleibt.

Diese Korrektur der Angaben zum Artenbestand geht auf Untersuchungen zurück, die erst in den letzten Jahren durchgeführt worden sind. Wie konnte es zu einer so massiven Fehleinschätzung des Artenreichtums kommen? Diese Frage stellt sich angesichts der Tatsache, daß die Korrektur nach oben eigentlich nur den tropischen Regenwald, nicht aber die vielen anderen artenreichen Lebensräume der Erde betrifft.

Die Erklärung ist ganz einfach. Erst vor einem Jahrzehnt gelang es, Untersuchungstechniken zu entwickeln, mit deren Hilfe der Kronenraum der Bäume im tropischen Regenwald erkundet werden konnte. Die Kronenregion war weitgehend unerforscht geblieben, weil sie vom Boden aus nicht studiert werden kann. Sie befindet sich in 30 bis 50 Meter Höhe oder noch höher über dem dämmrigen Waldboden, eingetaucht in eine gleißende Lichtfülle und damit unerreichbar für den nur mit Fernglas und Fangnetz ausgerüsteten Naturforscher. Erst als mit Seilsystemen, wie sie von Bergsteigern benutzt werden, der Aufstieg in die Kronen gelang, und als dort über Strickleitern und Beobachtungsplattformen ein gezieltes Arbeiten möglich wurde, konnte die Lebensvielfalt in den Kronen untersucht werden.

Es erbrachte höchst überraschende und aufschlußreiche Befunde, als mit speziellen, auf einzelne Kronen abgestimmt eingesetzten Insektiziden die Kleintierwelt in vollem Umfang erfaßt wurde. Ergebnis: Die Baumkronen enthalten eine nach Baumarten und Wuchsorten so reichhaltige und verschiedenartige Kleintierwelt, daß sich daraus neue Hochrechnungen zum Artenbestand machen ließen. In einer einzigen Baumkrone können Hunderte verschiedener Käferarten leben, und schon auf der nächsten, nicht zur gleichen Baumart gehörenden wiederum ähnlich viele, die ebenfalls verschiedene Arten darstellen. Werden die Verhältnisse nun systematisch weiteruntersucht, wie das in den Regenwäldern von Panama, in Oberamazonien und auf Borneo geschehen ist, so ergeben sich daraus – vorausgesetzt eine genügende Zahl von genauen Untersuchungen liegt vor – Durchschnittswerte für die Zahl verschiedener Arten pro Gattung.

Die Gattungen beruhen auf dem Linnéschen System. Sie stellen die engste Verwandtschaftsgruppe verschiedener Arten dar, die zusammen einen gemeinsamen Ursprung haben. Die Gattungen werden zu Familien zusammengeschlossen, die Familien zu Ordnungen, diese zu Klassen und so fort, bis zum gemeinsamen Ursprung allen Lebens. Es liegt an diesen stammesgeschichtlichen Zusammenhängen, daß sich unterschiedliche Grade von Verwandtschaft bei den Organismen ausdrücken und durch genaue Studien auffinden lassen. Sie ermöglichen auch die Hochrechnungen.

In gleicher Weise, wie nämlich bei Wahlen aus Stichproben Hochrechnungen gemacht werden, die bekanntlich ein erstaunlich hohes Maß an Genauigkeit erreichen, lassen sich aus den Artenhäufigkeiten pro Gattung und den zugehörigen Stichproben Hochrechnungen über den Artengesamtbestand anstellen. Ihre Genauigkeit können wir gegenwärtig noch nicht abschätzen, weil das Endergebnis nicht bekannt ist. Deswegen wird eine Bandbreite als Ergebnis dieser Hochrechnungen angegeben. Sie besagt, daß in den Tropenwäldern mindestens 10 Millionen verschiedener Arten, und somit zehnmal mehr als in den außertropischen Gebieten, vorkommen müssen. Der Höchstwert der Hochrechnung liegt bei etwa 50 Millionen Arten. Geht man davon aus, daß die Abweichungen nach oben und nach unten ungefähr gleich groß ausfallen, so bekommt man einen Mittelwert von 30 Millionen Arten, also – um dies nochmals zu betonen – das Dreißigfache des Artenbestandes aller übrigen Lebensräume der Erde zusammengenommen.

Nun wird, trotz der großen Schwankungsbreite der Hochrechnung, klar, weshalb die Vernichtung der Tropenwälder so verheerend für die Mannigfaltigkeit des Lebens wird. Sie geht dort unmittelbar an die Substanz und hat, nachdem gegenwärtig bereits die Hälfte der tropischen Regenwälder zerstört worden ist, mit großer Wahrscheinlichkeit die Grundsubstanz des Artenbestandes bereits angegriffen.

Hierin liegt einer der grundlegenden Unterschiede zwischen den Wäldern der Tropen und der außertropischen Regionen. Unsere Wälder in den gemäßigten Breiten sind vergleichsweise einförmig und artenarm. Ihre Umgestaltung zu Forsten veränderte zwar bei zahlreichen Arten die Häufigkeitsverhältnisse, brachte aber nur recht wenige Arten wirklich in Bedrängnis. Damit ist gemeint, daß eine hochgradige Bestandsgefährdung, wie sie etwa für das Auerhuhn in Mitteleuropa gegeben ist, für die Art als solche nicht zutreffen muß, wenn sie in anderen Teilen ihres ausgedehnten Vorkommens, wie beispielsweise in skandinavischen und sibirischen Wäldern, nach wie vor verbreitet und häufig ist.

Die Umwandlung und flächenmäßig starke Verkleinerung der mitteleuropäischen Wälder kostete aus diesem Grunde keiner einzigen Art ihre Existenz, wenn wir von den beiden ausgestorbenen Urformen von Rind und Pferd absehen. Diese wurden zwar in historischer Zeit im wildlebenden Zustand ausgerottet, leben aber in äußerlich veränderter, doch in ihren Erbanlagen weitgehend identischer Weise in ihren Haustier-Nachfahren fort.

In den tropischen Regenwäldern herrschen jedoch, wie ausgeführt, um Größenordnungen unterschiedliche Verhältnisse. Ihre starke natürliche Zersplitterung und Verteilung auf drei Kontinente und eine Vielzahl von Inseln kommt erschwerend hinzu. Die Arten können sich nicht, wie in den großen Waldgürteln der Nordhemisphäre, weitgehend ungehindert über kontinentweite Flächen ausbreiten. Sie sind eingeschlossen von Meer oder von andersartigen Lebensraumtypen und Artengemeinschaften, die sie nicht zu überwinden vermögen. Wie wir heute wissen, reichen schon größere Flüsse als Barrieren für die Ausbreitung aus. Warum das so ist, war gleichfalls ein Rätsel, das erst durch jüngste Forschungen gelöst werden konnte. Es wird einen weiteren wichtigen Baustein zum Verständnis des tropischen Regenwaldes liefern.

So stehen wir zunächst nur vor der Tatsache, daß die Regenwälder in atemberaubendem Tempo vernichtet werden, und vor der Annahme, daß mit dieser Waldvernichtung die unwiderrufliche Ausrottung vieler Arten verbunden sein muß. Wir sind betroffen, und wissen eigentlich nicht, warum. Denn mehr noch als das Phänomen des immensen Artenreichtums der Tropenwälder ist uns die Funktion dieser Diversität, wie die Vielfalt in der Fachsprache bezeichnet wird, ein Rätsel.

So lange dieses Rätsel nicht gelöst ist, wird uns der Sinn und Zweck der Artenvielfalt unverständlich sein und werden Arten entbehrlich erscheinen, die mit der Regenwaldvernichtung ausgerottet werden.

Der Kern der Regenwaldproblematik wird infolgedessen nicht mit der Behandlung der klimatischen Verschiebungen, die möglicherweise kommen werden, und auch nicht mit den wirtschaftlichen Fehlschlägen von Erschließungs- und Entwicklungsprojekten im tropischen Regenwald erfaßt werden, weil es sich dabei um kurzfristige Folgen der Waldzerstörung handelt. Die Erde wird sie wieder ausgleichen — ob mit oder ob ohne unser Zutun, das spielt letztendlich keine Rolle. Für die Wiederherstellung klimatischer Gleichgewichtszustände bedarf es einiger Jahrhunderte bis mehrerer Jahrtausende. Das wissen wir aus den Befunden zu den eiszeitlichen (pleistozänen) Klimaschwankungen.

Um nach und nach die mit der Regenwaldvernichtung zerstörte genetische Vielfalt des Lebens auf unserem Planeten wieder aufzubauen, dafür benötigt die Evolution viele Jahrmillionen. Sie kann nie mehr die gleiche Vielfalt erzeugen, wie sie heute existiert. Die schlimmste, die unausweichlichste und mit nichts wiedergutzumachende Folge der Regenwaldvernichtung ist das Aussterben vieler Arten. Wird die Vernichtung so vorangetrieben, wie zur Zeit, verliert die Erde den weitaus größten Teil ihrer Arten und damit ihrer genetischen Vielfalt. Deshalb ist das, was die Menschen in den Tropenwäldern anrichten, gänzlich anders zu sehen und zu werten als ihre Einwirkung auf die außertropischen Regionen.

3.
Die Struktur der Tropenwälder

Amazonien — eine Welt aus Wald und Wasser

Seit Stunden fliegt die kleine Maschine wie verloren in der Weite des Raumes über dem Wald. Aus ein paar hundert Metern Höhe bildet er eine einheitliche Masse von stumpf grüner Farbe, die sich in nicht zu überbietender Gleichförmigkeit bis zum Horizont erstreckt. Flüge über Wüsten sind abwechslungsreich dagegen. Nicht einmal die aufblitzenden Flußschlingen bringen es fertig, die Monotonie zu durchbrechen, denn sie ähneln einander so sehr, daß ein Kreisflug kaum ein anderes Bild ergeben würde (vgl. Foto S. 63). Über der flachen Welt aus Grün türmen sich zahllose Wolken fast gleicher Struktur. Aus jeder zweiten oder dritten ergießt sich gerade ein Schauer auf den Wald und erzeugt im schrägen Licht der sich neigenden Nachmittagssonne Regenbögen, die zu Regenkreisen werden können.

Dort unten liegt sie also, diese Welt aus Wald und Wasser, die jeden Naturforscher, der sich mit ihr beschäftigte, in ihren Bann geschlagen hat. Dort quillt die Fülle des Lebens über wie an keinem anderen Ort der Erde. Jede fünfte Vogelart lebt in den amazonischen Wäldern. Es gibt dort Tausende von Baumarten, Millionen von Insektenarten, deren Existenz vor gut einem Jahrzehnt noch niemand erahnt hatte, und mittendurch fließt der Strom der Ströme, der Amazonas. Ein Fünftel des fließenden Wassers aller Kontinente zusammengenommen wälzt er dem Atlantik entgegen. Sein Flußsystem durchzieht das größte Tropenwaldgebiet der Erde. In seinem Kern, im weiten zentralamazonischen Raum, verblassen die Spuren der Menschen zu kaum auffindbaren Zeichen; unbedeutend für diese riesige Wildnis, die sich noch weitestgehend im Urzustand befindet.

Die Regenwolken verdichten sich. Es wird immer schwieriger, sie zu umfliegen. Noch dauert es, bis sich die Maschine dem Riesenfluß nähert, der jetzt, zur Hochwasserzeit, ohne Grenzen in den Wald überzugehen scheint. Das Flugzeug senkt sich tiefer und der Strom wird immer größer, immer breiter. Die Gewitterwolke am Horizont berührt ihn nun wirklich am anderen Ufer, wo sich die Wassermassen über dem Wald entladen, durch den der Amazonas fließt. Das Schauspiel ist grandios. Wolken, Wald und Wasser treffen aufeinander, gehen ineinander über und zerfließen zu einer Einheit. Die Landung, das Aussteigen, das Einatmen der feuchtigkeitsgeschwängerten Luft spulen sich wie Nebenrollen in einem Film ab, der anderen Dimensionen gewidmet ist.

Doch nun konzentriert sich die Erwartung auf die erste Berührung mit dem amazonischen Wald, mit der Hyläa, die Alexander von Humboldt so eindrucksvoll geschildert hatte, als er seine große Reise in die »Äquinoctialgegenden der Neuen Welt« machte. Damals, im Jahre 1799, war eine derartige Reise eine große und äußerst schwierige Expedition. Jetzt sind es ein paar Stunden Flug von den südamerikanischen Metropolen aus, um ins Herz des amazonischen Waldgebietes zu gelangen. Am Flugplatz stehen geländegängige Fahrzeuge bereit, am Flußufer liegen motorgetriebene Schnellboote. Straßen sind in den Urwald hineingetrieben worden. Einige durchqueren ihn bereits von einem Ende zum anderen. Was aus der Luft noch als geschlossene, grüne Matte wirkte, erweist sich an vielen Stellen als befahrbar und begehbar.

Trotzdem ändern diese Eingriffe nichts daran, daß man den Amazonas erwartet, daß seine wirkliche, erlebbare Größe die Erwartungen noch übertrifft, und daß sich schier unendlich große Urwälder zwischen dem Amazonas und seinen Nebenflüssen bis an den Fuß der Anden und bis hinab zum Atlantik hinziehen.

Diese Dschungel erwecken neue, farbigere Erwartungen: Die Fülle der Papageien und Kolibris, die exaltierte Pracht der Orchideen, die buntschillernden Schmetterlinge; vielleicht auch eine Furcht vor Schlangen und Vogelspinnen, vor dem Heer von Mücken und anderen Quälgeistern, die es auch dem begeisterten Naturfreund schwer machen, die Fülle in vollen Zügen zu genießen.

Am Stadtrand gibt es erste Schwärme lärmender Papageien, Tukane fliegen vorüber und an den Hibiskushecken schwirren Kolibris. Sogar ein prachtvoll schillernder blauer Morpho-Falter gleitet vorüber; Vorgeschmack auf den Dschungel, auf die Wildnis!

Ein paar Kilometer auf von Lastwagen zerfurchter Piste, dann beginnt der Wald. Riesenhaft erscheinen die Stämme der Bäume. Sie stützen sich auf bretterartig heraustretende Wurzeln wie zu schwer für ihr eigenes Gewicht ab, das von Lianen und Bromelien oben in der Krone noch zusätzlich belastet wird. Dreißig oder vierzig Meter hoch mögen sie sein, diese Urwaldriesen, die wie aufgeschnitten neben der Straße stehen. Einzelne ragen darüber hinaus. Die Wucht dieses Waldes wirkt erdrückend. Sie rückt wie eine grüne, von bräunlichen Stämmen gestützte Mauer an die Straße, abweisend und keinesfalls einladend zu einem erbaulichen Waldspaziergang. Es ist ruhig, fast still, trotz der fast ständig zu hörenden Zirplaute irgendwelcher Insekten. Die senkrechtstehende Mittagssonne sticht, erzeugt aber keine Hitze. Die Mücken sind vergessen; es scheint gar keine zu geben.

Irgendwo beginnt ein Waldpfad. Er führt von der Piste weg auf eine vor wenigen Monaten geschlagene Lichtung von Quadratkilometergröße. Die verkohlten Stämme liegen noch umher. Eine Weide für Zebus soll hier gemacht werden, ist zu erfahren. Ein Waldstück mußte in der Rodung übrigbleiben. Es dient einem ganz bestimmten Zweck. Wissenschaftler untersuchen im Auftrag des WWF (World Wide Fund for Nature), ob überhaupt, und wenn ja, in welchem Umfang der Regenwald Arten verliert, wenn er durch landwirtschaftliche Nutzflächen vom geschlossenen Waldbestand abgetrennt wird. Verschieden große Waldinseln in unterschiedlichen Entfernungen zum geschlossenen Wald werden daraufhin untersucht. Noch ist das Projekt in der Anfangsphase und viel läßt sich nicht sagen, wird den Besuchern erklärt.

Beim Rückweg über den kilometerlangen Waldpfad ist ein wenig mehr an Vogelrufen und Insektenstimmen zu hören. Draußen an der Straße verdichtet sich der erste Eindruck zu einem merkwürdigen Ergebnis: Was ist überhaupt zu sehen gewesen? Eine fast gestaltlose Masse aus Stämmen und Blattwerk, Urwald, der noch nicht gerodet, nicht verändert worden ist; Wald – aber was sonst?

Natürlich, die Nähe der Stadt. Sie ist der Grund, daß es so wenig von der erwarteten Fülle zu sehen gab. Sicher ist längst alles, was irgendwie attraktiv erscheinen könnte, gefangen, geschossen oder sonst irgendwie erbeutet worden. Es wird sich zeigen, wie der echte, der richtige und unverfälschte Urwald aussieht, wenn das Schnellboot hinausfährt zu den Forschungsstationen, die sich unten am Hauptstrom des Amazonas auf einer großen Insel und oben am kaum minder gigantischen Rio Negro befinden. Die Plätze sind gut gewählt, erläutert man uns. Es handle sich um hervorragende Forschungsgebiete so gut wie ohne jeden menschlichen Einfluß.

Die Fahrt auf dem Rio Negro dauert Stunden. Das Wasser glänzt wie Öl. Die gelösten Humussäuren färben es kaffeebraun. Bei der schnellen Fahrt ziehen die Ufer vorüber. Wald, Wald, eine Bach- oder eine Flußmündung, wieder Wald. Die Kulisse ändert sich wiederum nicht mehr, kaum daß man sie als solche bemerkt hat. Drei, vier Reiher in Stunden, ein paarmal überfliegende Papageien, offenbar Ama-

zonen, aber zu weit entfernt für eine Bestimmung. Einige Flußdelphine tauchen auf und verschwinden wieder. Am Ufer kreist ein einzelner Greifvogel über den Baumwipfeln.

Die Station liegt wunderschön in einem Labyrinth von Wasserarmen. Sie schwimmt auf einem davon als fest vertäuter Ponton. Um sie herum tropischer Regenwald, genauer überschwemmter Regenwald. Die Brasilianer nennen ihn hier im Schwarzwassergebiet »igapó«. Sie unterscheiden ihn vom Überschwemmungswald am Amazonas und den Nebenflüssen, die »weißes Wasser« führen. Dieser Wald heißt »várzea«. Warum der Unterschied? Noch fällt er nicht auf, doch bei der folgenden Fahrt zur Forschungsstation auf dem Amazonas, der hier noch

Am Rande einer Pflanzung in Oberamazonien tritt die Größe eines »Urwaldriesen« erst richtig hervor (Foto oben links). Solche »Überhälter« können sich um mehr als 20 Meter über das geschlossene Kronendach hinausschieben.
Die dünnen Stämme in diesem Regenwaldrest auf Sri Lanka zeigen, daß hier schon Edelhölzer entnommen worden sind (Foto oben rechts). Die verbliebenen Wälder können sich deswegen noch verhältnismäßig gut halten, weil die gesamte Niederschlagsmenge, die der Wald erhält, direkt vom Indischen Ozean kommt. Der Wald muß sich selbst keine Niederschläge durch Verdunstung machen. Hingegen sind die großflächigen Regenwälder in Amazonien (unteres Foto) und in Teilen des Kongogebietes sowie auf Borneo und Sumatra auf die kleinen Wasserkreisläufe angewiesen, die sich zwischen Wald und Atmosphäre ausbilden. Nur dadurch bleiben diese Regenwälder erhalten und nur in weitgehend geschlossenem Bestand werden sie in der Lage sein, ihren bisherigen Beitrag zum Tropenklima der Erde zu leisten.

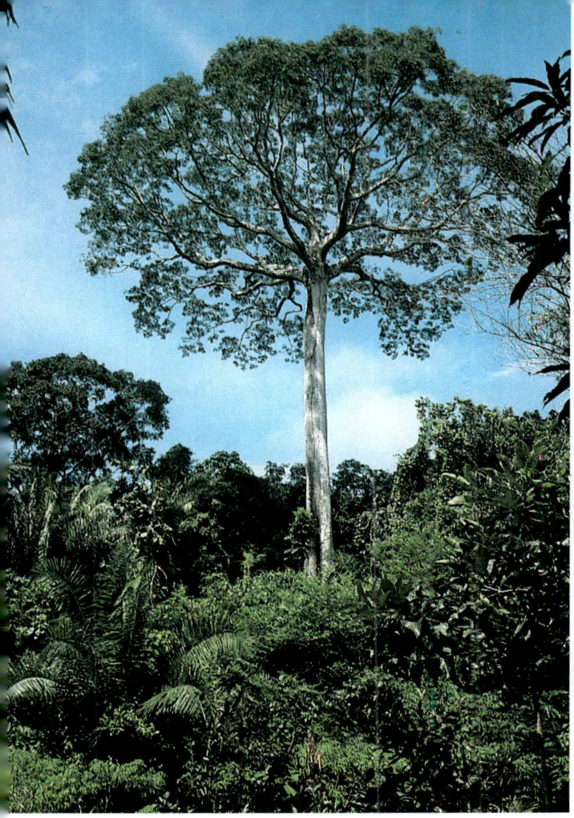
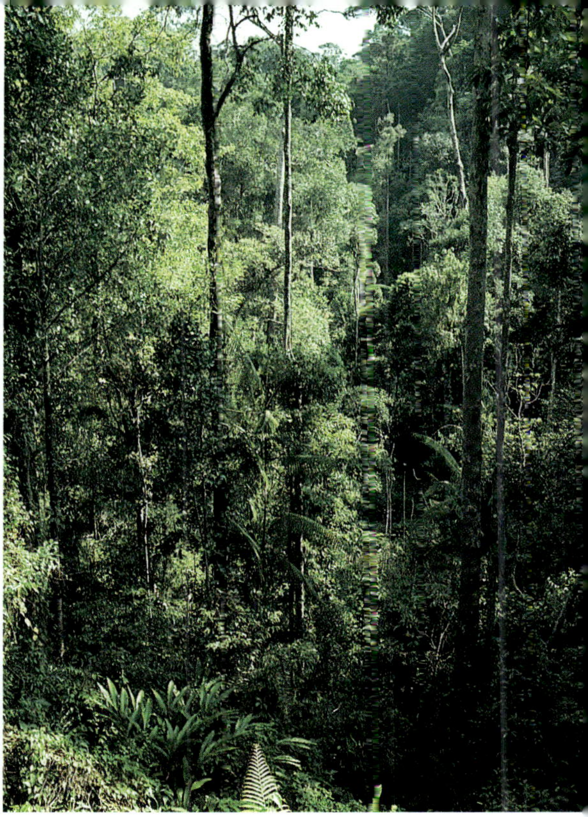
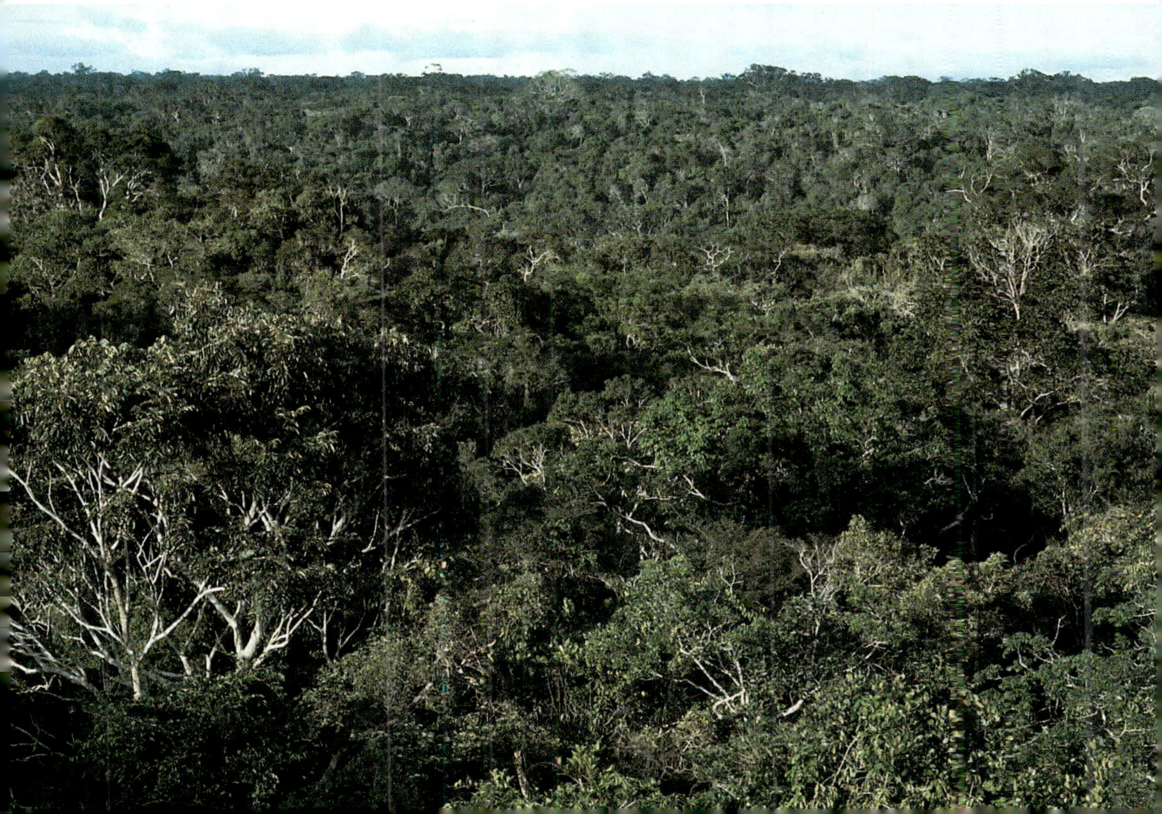

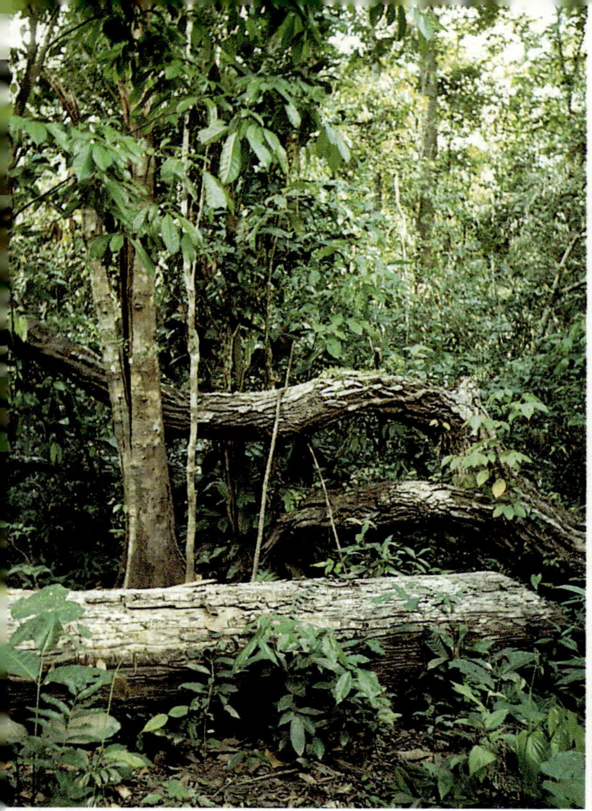
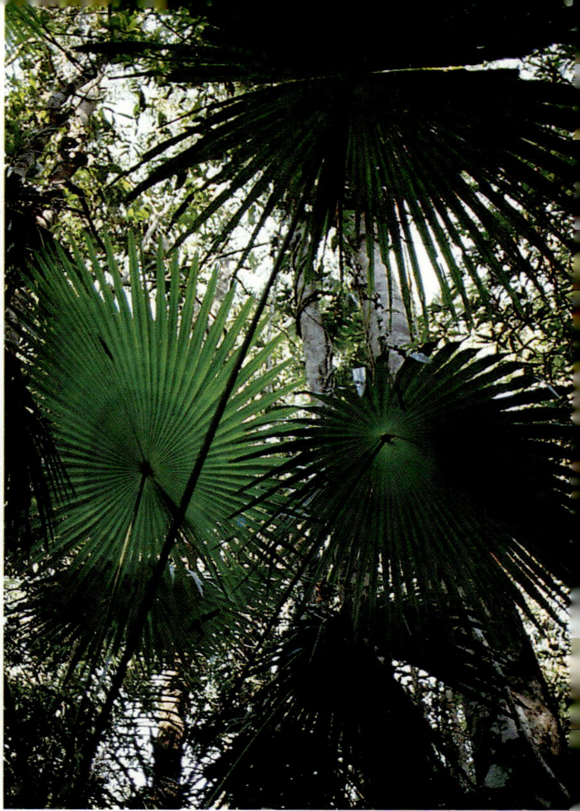
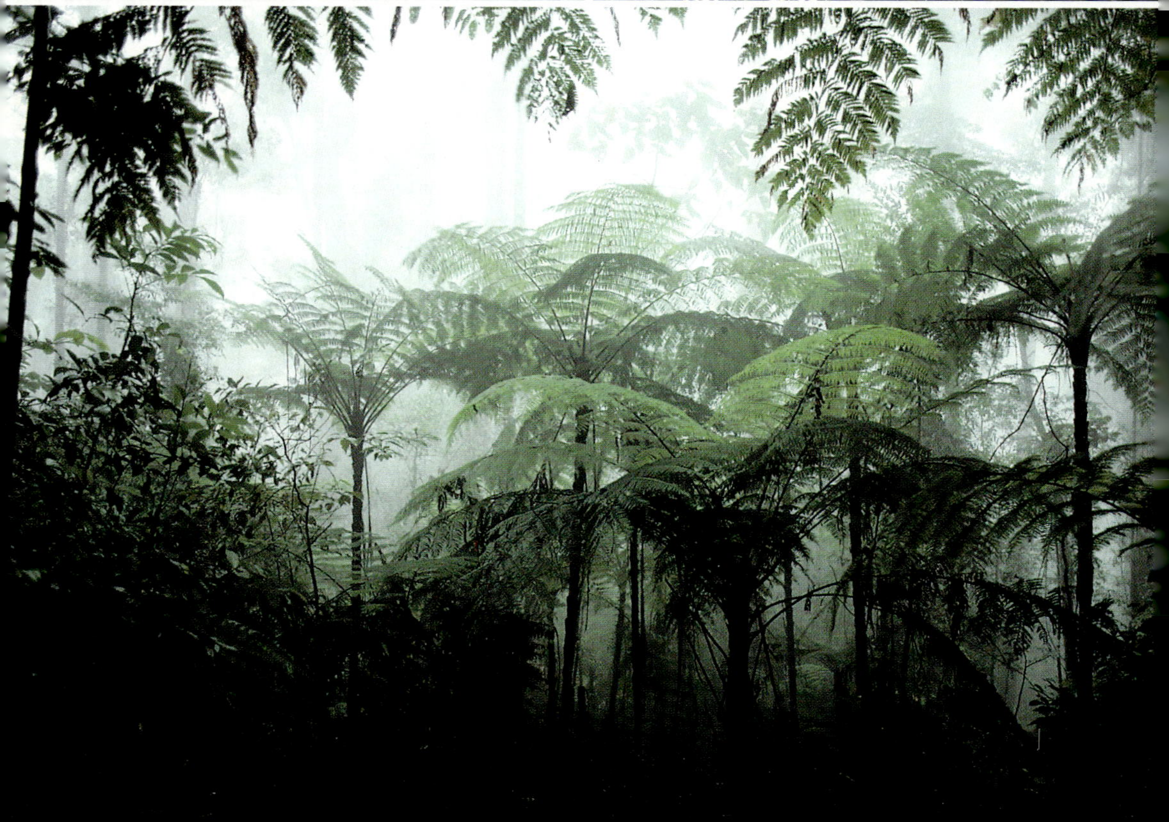

Solimoes genannt wird, zeigt sich die Verschiedenartigkeit. Dort am Amazonas scheucht das Boot viele weiße Reiher, einige Störche und andere Vögel am Ufer auf. Hier am Rio Negro fehlen sie fast vollständig.

Aber diese Beobachtung geht schon zu sehr ins Detail. Es drängt sich so sehr in den Vordergrund, weil das Allgemeine, weil die eigentliche Erwartung, mit der Wirklichkeit, mit dem Befund, nicht zur Deckung gekommen ist. Die kurzen Besuche im Herzen Amazoniens fielen so unerwartet anders aus, daß man es einfach

Stürzt ein Urwaldriese, so reißt er zwar eine Lücke im geschlossenen Regenwald, aber da er an Ort und Stelle verrottet, gehen die Nährstoffe, die er im Laufe seines vielleicht jahrhundertelangen Lebens in sich angesammelt hatte, nicht verloren. Sie kehren in den Kreislauf zurück (Foto oben links). Die Entnahme »wertvoller« Stämme durch die Forstbewirtschaftung entzieht hingegen mit dem Abtransport des Holzes dem Wald örtlich die Nährstoffe und sie verursacht Schneisen und Folgeschäden in der Vegetation. Auch die Einzelstammnutzung ist keine unbedenkliche Form der Waldnutzung in jenen Regenwaldgebieten, die auf sehr nährstoffarmen Böden stocken und die auf die volle Funktionsfähigkeit des Waldes als Filtersystem mit geschlossenem Nährstoffkreislauf angewiesen sind.
Waldpalmen (Foto oben rechts) wachsen langsam. Mit ihrem Vorkommen zeigen sie ungünstige Nährstoffverhältnisse im Boden an.
Auch die Baumfarne (Foto unten) weisen auf Standortverhältnisse, die sich nicht für eine Nutzung durch den Menschen eignen. Baumfarne gehören zu den stammesgeschichtlich sehr alten Gewächsen, die schon im fernen Erdmittelalter ihre Hauptentfaltungszeit erlebt hatten.

nicht glauben möchte. Von der tropischbunten Fülle war nichts zu sehen. Höchstens einige winzige, vergängliche Farbtupfer und flüchtige Augenblicke vorüberhuschender Vögel bildeten den Abklatsch der hochgesteckten Erwartungen. Der Wald war und blieb eine düstere grüne Masse, die an den Flußufern eher freundlicher als auf dem nicht überflutbaren Hinterland, der »terra firme«, wirkte. Die Fülle, die Tropenpracht, sie ließen sich nicht finden.

War die Jahreszeit ungünstig? Eigentlich sollte das nicht der Fall sein, weil der Wechsel von Jahreszeiten in der dauerfeuchten, inneren Tropen kaum in Erscheinung tritt. Ist der Wald doch schon viel mehr, auf viel größeren Flächen geschädigt, als es den Eindruck erweckt? Auch diese Möglichkeit mußte zurückgewiesen werden, denn vor hundert Jahren schrieb der berühmteste unter den Amazonasforschern, Henry Bates, für das Hinterland von Manaus im zentralamazonischen Kerngebiet: »An Vögeln und Insekten schien die Örtlichkeit arm zu sein... Oft legte ich die Strecke von Barra (dem heutigen Manaus) bis an den Wasserfall, ungefähr zwei Meilen auf dem Waldpfad, zurück, ohne einen Vogel zu sehen und zu hören, oder mehr als etwa ein Dutzend Lepidopteren (Schmetterlinge) oder Coleopteren (Käfer) zu finden.« Ähnlich wie Bates (1884) äußerte sich Alfred R. Wallace (1889) über die Tierarmut im tropischen Regenwald Zentralamazoniens. Wallace hatte die reiche Tropennatur Indonesiens kennengelernt und aus seinen Erfahrungen dort wesentliche Impulse zur Entwicklung seiner Vorstellung von der Evolution der Organismen erhalten.
Der erste Eindruck trog also nicht. Die verschwenderische Fülle des Dschungellebens, die in so vielen Zeichnungen und

Schilderungen immer wieder die Phantasie beflügelte, gab es offensichtlich nicht; zumindest nicht in der Weise, wie sie in den Bildern zum Ausdruck gebracht worden war.

Vielen Besuchern des amazonischen Regenwaldes ist es ähnlich ergangen. Sie hatten Fülle erwartet und Einförmigkeit, ja Armut gefunden. Amazoniens Natur liegt weit entfernt von Naturparadiesen, wie etwa der weltberühmten Serengeti mit ihren Großtierherden oder dem Reichtum an Wasservögeln, wie an den ostafrikanischen Seen. Wer Vergleichbares im tropischen Südamerika sucht, muß das Pantanal in Mato Grosso aufsuchen und somit den Regenwaldbereich verlassen. Dort läßt sich eine ähnliche Vielfalt der Tierwelt am und im Wasser finden wie im Okavango-Delta in Botswana oder in den nicht minder berühmten Wasservogelparadiesen Indiens oder im Süden von Florida (Everglades).

Für Innenamazonien trifft die Klischeevorstellung immensen Tierreichtums gewiß nicht zu – und dennoch soll es sich um eines der Zentren des Artenreichtums der Erde handeln! Wie ist dieser Widerspruch zu verstehen?

Der persönliche Eindruck, das unmittelbare Erlebnis der Tierarmut, reicht nicht, um die Erklärung dafür zu finden. Der Eindruck stimmt und trotzdem vermittelt er eine falsche Vorstellung. Darin liegt eines der folgenschweren Mißverständnisse der Natur des amazonischen Regenwaldes im speziellen und des tropischen Regenwaldes im allgemeinen.

Halten wir den Eindruck fest und versuchen wir, auf einem ganz anderen Wege Zugang zur Lösung des Rätsels zu finden. Betrachten wir zunächst die Bäume genauer, die den Wald bilden, der so reich sein soll und sich so ärmlich gibt.

Das rätselhafte Leben der Urwaldbäume

Mehr als in jedem anderen Waldtyp charakterisieren die Bäume den tropischen Regenwald. Wo nicht sie, sondern Gräser oder krautige Pflanzen den Wald in stärkerem Maße kennzeichnen, handelt es sich so gut wie immer um einen Ersatzwald (Sekundärwald) und nicht um ursprünglichen, durch menschliche Nutzungen oder Eingriffe unverfälschten Regenwald. Die Ausnahmen finden sich in moorigen Bereichen, auf Überschwemmungsgebieten oder an steilen Berghängen. Sie brauchen hier nicht weiter berücksichtigt zu werden, wenn es um die Grundstruktur, um den über die Kontinente hinweg übereinstimmenden Aufbau tropischer Regenwälder geht. Wir sehen auch von den in anderem Zusammenhang bedeutsamen Wäldern im Überschwemmungsbereich der Flüsse ab, die je nach Gebiet bis zu 10 Prozent der Waldfläche ausmachen können.

Die Hauptmasse des tropischen Regenwaldes wird von Hochwäldern gebildet, die auf festen, nicht regelmäßig überfluteten Böden wachsen. Für sie trifft die Bezeichnung »Hochwald« in besonderem Maße zu, denn die bestandsbildenden Bäume sind gewöhnlich über 30 Meter hoch oder noch viel höher. Der Kronenraum befindet sich so hoch über dem Boden und erweist sich als so dicht geschlossen, daß am Waldboden selbst um die Mittagszeit bei senkrecht stehender Sonne Dämmerlicht herrscht. Weniger als 1 Prozent der Lichtmenge, die auf das Blätterdach auftrifft, erreicht den Boden. Das Licht ist diffus und aus mit dem Sonnenstand wandernden Lichtflecken zusammengesetzt. Infolgedessen kann sich am Boden keine üppige Gras- oder Krautschicht entwickeln. Sie fehlt zumeist ganz. Nur abgefallenes Laub bedeckt den Boden. Der Jungwuchs ist zwar vorhanden, aber dünn und spärlich ausgebildet, weil der Lichtmangel kein kräftiges Wachstum zuläßt.

Die Jungbäume müssen auf ihre Chance warten, und diese kommt erst dann, wenn einer der alten Bäume vom Gewittersturm geworfen wird oder unter der Last der Lianen und Epiphyten zusammenbricht. Die dabei freiwerdende Lücke läßt Licht zum Bodenraum vordringen. Nun wachsen die Jungbäume schnell. Jahrelang, vielleicht jahrzehntelang hatten sie, nur wenige Blätter als Überlebenshilfe ausbildend, gewartet, bis dieses Ereignis eintritt. Kommt es nicht rechtzeitig, gehen die Jungbäume zugrunde.

Die Folge davon ist, daß der Raum zwischen den Stämmen der Regenwaldbäume ziemlich offen und gut begehbar ist. Die Vorstellung vom dichten Dschungel, durch den man sich nur mit dem Buschmesser hindurchkämpfen kann, stimmt mit der Wirklichkeit nicht überein. Sie gilt für die niedrigwüchsigen Dschungel Indiens, die seit Jahrtausenden vom Menschen genutzt werden, und für die Flußufer, an denen sich die dichte Masse des Blattwerks der Bäume bis zum Boden oder bis zum Wasser herabzieht, nicht aber für das Innere des Hochwaldes. Dort ähneln die Verhältnisse mehr einem mitteleuropäischen Hallen-Buchenwald als den Dschungeln der Abenteuerromane. Bei so geringem Lichtangebot könnte auch nicht mehr gedeihen. Die keimenden Samen bringen es nur selten zum erfolgreichen Aufwachsen eines Schößlings, und von Zehntausenden werden nur einige wenige lange genug überleben, bis das Ereignis eintritt, das ihnen das nötige Licht zuführt.

Die Produktion, die Wachstumsleistung, findet nahezu ausschließlich hoch oben im Kronenraum statt. Der Waldboden eignet sich nicht dafür. Ist das der Grund für eine Besonderheit tropischer Regenwälder, nämlich für den Reichtum an »Aufsitzerpflanzen« (Epiphyten), die sich oben im lichterfüllten Bereich in den Bäumen einnisten? Bromelien und Orchideen, Farne und Moose gehören zu ihnen. Auch viele Lianen fangen als Epiphyten an und wachsen vom Kronenbereich nach unten, bis sie den Boden erreichen.

So überzeugend diese Annahme fürs erste auch sein mag, so sehr weckt sie Zweifel an ihrer Richtigkeit, wenn man die Häufigkeit von Epiphyten näher betrachtet. Die größte Entfaltung zeigen sie nicht im geschlossenen Tieflandsregenwald, wo der Lichtmangel so nachhaltig das Wachstum am Boden beeinträchtigt, sondern in den Bergregenwäldern, und zwar besonders dort, wo das Gelände steil ist. Wir können daher mit dem Lichtmangel als alleinige Erklärung für die Entfaltung von Epiphyten nicht zufrieden sein. Das Offensichtliche, ohne Hilfsmittel und ohne genaue Messungen leicht Beobachtbare, reicht nicht aus, um tief genug in das Wesen des tropischen Regenwaldes einzudringen.

Sammeln wir noch ein paar weitere Befunde, für die keine Meßinstrumente und Analysen nötig sind. Der Kronenbereich entzieht sich wegen seiner Höhe und seiner Geschlossenheit weitgehend der unmittelbaren Beobachtung. Sehen wir uns deshalb die Bäume von unten an. Hier gibt es noch genug Interessantes zu sehen und festzuhalten. Was am meisten ins Auge springt, wird von Gebiet zu Gebiet etwas verschieden sein. Aber fast überall, wo es noch ursprüngliche tropische Regenwälder gibt, lassen sich an vielen

Baumstämmen die hohen, weit um den Stammansatz ausgreifenden Brettwurzeln feststellen (s. Foto S. 45). Sind sie besonders kräftig ausgebildet, können diese Bildungen mehrere Meter Höhe und bis über fünf Meter Entfernung vom Stamm erreichen. Ihre Funktion warf verschiedene Fragen auf, die sich bis in die letzten Jahre nicht so recht schlüssig beantworten ließen. Daß sie die Bäume stützen, erscheint offenkundig. Aber warum sollten ausgerechnet die in dichten, geschlossenen Beständen wachsenden Tropenwaldbäume so starke Stützen benötigen, wenn vergleichbar große, viel mehr der Sturmeinwirkung ausgesetzte Baumriesen in den außertropischen Wäldern keine derartigen Brettwurzeln aufweisen? Die Kokospalmen zum Beispiel, die an tropischen Stränden wachsen, trotzen der Gewalt von Wirbelstürmen, die nahezu alljährlich manche Inseln heimsuchen. Feigenbäume entwickeln Stelzwurzeln und vielgliedrige Verzweigungen, die insgesamt mehr Stabilität für die mächtigen Bäume erbringen als die Brettwurzeln. Außerdem wachsen Arten mit und solche ohne Brettwurzeln oft nebeneinander, ohne daß sich Unterschiede in der Überlebenswahrscheinlichkeit zeigen. Sie könnten leicht erkannt werden, wenn die Brettwurzeln in erster Linie die Standfestigkeit verbessern, weil die Baumarten ohne diese Stützen weniger alt und damit weniger umfangreich werden sollten. Das ist aber nicht der Fall. Schlankstämmige Palmen, kerzengerade, dünne Stämme von Laubbäumen und solche mit massiven Brettwurzeln gedeihen nebeneinander im tropischen Regenwald in vielfältigen Mustern. Nur der Vergleich über die Kontinente hinweg vermittelt einen weiteren Aufschluß: Brettwurzeln sind in den afrikanischen Tropenwäldern häufiger als in den südostasiatischen und mit Abstand am häufigsten in Amazonien. Mit der Sturmhäufigkeit verhält es sich aber genau umgekehrt!

Betrachten wir nun die Stämme genauer. Vier Typen lassen sich schon nach kurzer Bestandsaufnahme unterscheiden. Am häufigsten sind schlanke, hochstämmige, kerzengerade gewachsene Stämme mit sehr dünner, kaum wahrnehmbarer Borke. Den zweiten Typ repräsentieren Bäume, deren Stämme mit kräftigen Dornen oder langen, stilettartigen Stacheln eingehüllt sind (s. Foto S. 45). Kein Kletterer könnte sich an ihnen hochbewegen, ohne sich aufzuspießen oder zumindest an den Dornen schwer zu verletzen.

Den dritten Typ stellen Bäume dar, deren Stamm schlangenartig gewunden, aus mehreren bis vielen Teilen zusammengewachsen und verschmolzen aussieht. Dies sind Arten, die als »Würger« ihr Leben begonnen haben. Sie keimten hoch oben in den Kronen und schickten Wurzeln nach unten (s. Foto S. 45), oder sie wuchsen kletternd von unten empor, wobei sie einen vorhandenen Baumstamm als Stütze benutzten. Nach und nach erstarkten sie, umklammerten ihre Stütze immer fester, bis sie schließlich abgewürgt wurde. Ein Hohlraum im Innern dieser Würger verrät noch das frühere Leben des Trägerbaumes. Dieses von außen Herum- und Zusammenwachsen drückt sich in der uneinheitlichen Struktur des Stammes aus, der erst nach vielen Jahren zu einem wirklichen, das eigene Laubwerk tragenden und stützenden Stamm geworden ist.

Den letzten Grundtyp schließlich vertreten die Palmen und die Baumfarne, die auf säulenförmigen, kaum Dickenwachstum zeigenden Stämmen eine von großen Blattwedeln gebildete, schopfartige Krone tragen, ohne daß es zur Ausbildung von Ästen kommt (s. Foto S. 28). Dieser Wachstumstyp gehört zu den erdgeschichtlich alten Baumformen. Langsames Wachstum, verglichen mit den Laubbäumen der anderen Typen, zeichnet ihn aus.

Aus den Kronen herab senken sich die kabelartigen »Stämme« der Lianen. Sie dienen der Verankerung, nicht aber der Eigenstabilität. Echte Lianen oder Bäume im Lianenstadium sind nicht in der Lage, sich selbst aufrecht zu halten. Sie bedürfen der Stütze durch die Bäume. Man kann ihren Lebensstil aber auch anders sehen: Lianen sparen sich den Aufwand, als Keim- und Sämlinge unten am dunklen Waldboden auf die Chance zu warten, die da kommen könnte – oder auch nicht, sie sparen sich die Ausbildung der aufwendigen Stämme, um ihr produzierendes Blattwerk hoch genug ans Licht emporzuheben, und sie sparen sich die Entwicklung tragfähiger Äste für die seitliche Ausbreitung ihrer Kronen. All diese Notwendigkeiten, in die Höhe und ans Licht zu kommen, umgehen sie durch die Aufgabe der Selbständigkeit (als Fähigkeit, selbst zu stehen, in diesem Zusammenhang zu verstehen). Sie können einen größeren Anteil ihres Pflanzenkörpers dem produzierenden Blattwerk zuteilen oder aber ihr Wurzelwerk ausbauen, weil sie am massemäßig aufwendigsten Teil des Baumes, am Stamm, so viel einsparen können.

Dafür sind sie auf Gedeih und Verderb an ihren Träger gebunden. Stürzt dieser unter der Last der Lianen und Epiphyten zusammen oder wirft ihn ein Sturm, reißt er all seine Aufsitzer mit sich in die Tiefe. Mit den Vorteilen, die der Anpassungsweg des Kletterns den Lianen erschlossen hat, verbinden sich auch manche Nachteile. In der Bilanz müssen die Vorteile jedoch viel größer als die Nachteile gewesen sein, sonst hätte die Evolution die Entstehung dieses Lebensstiles nicht begünstigt. Aber warum ist er gerade im tropischen Regenwald so auffallend häufig?

Fassen wir diese Beobachtungen zum Aufbau des tropischen Regenwaldes zusammen. Der Boden erweist sich als eher locker bewachsen und meist gut begehbar, an den Stämmen finden sich Brettwurzeln oder Stacheln, manche Bäume sind von oben nach unten gewachsen, weil sie als Lianen anfingen und erst später zu massiven Bäumen geworden sind, und in den Kronen finden sich in wechselnden Mengen Epiphyten. Diese Befunde lassen sich in fast allen tropischen Regenwäldern beobachten, ohne daß man besondere Hilfsmittel nötig hätte.

Hingegen fällt es erheblich schwerer, einen klaren Schichtenaufbau zu erkennen. In vielen Regenwäldern fehlt eine Schichtung, wie wir sie aus den Wäldern gemäßigter Breiten kennen, praktisch vollständig. Sie ist höchstens andeutungsweise vorhanden (oder man bildet sich ein, eine Schichtung zu sehen!). Falls es eine solche gibt, dann besteht sie im wesentlichen aus der Hauptschicht des geschlossenen Kronendaches, über das vielleicht einzelne, sogenannte »Überhälter« hinausragen (s. Foto S. 27), einer darunterliegenden, zweiten Schicht nachrückender Baumkronen oder Unterwuchsarten, die nicht bis in die Hauptschicht vordringen. Sodann ließe sich, obzwar im Vergleich zu den beiden anderen fast unbedeutend schwach ausgebildet, aber immerhin die Nachwuchsreserve darstellend, die bodennahe Schicht der Schößlinge/Jungbäume anführen. Sie können zusammen mit niederen Baumfarnen und Jungpalmen eine Art Strauchschicht bilden, die aber nur eine oberflächliche Ähnlichkeit mit der Strauchschicht europäisch-nord-amerikanischer laubabwerfender Wälder aufweist. Denn es gibt im tropischen Regenwald keine »Jahreszeit« mit Blattabwurf im Baumkronenbereich, wodurch die Lichtfülle der Strauchschicht zugute käme, wie im Frühjahr vor dem Laubausbruch in unseren Wäldern. Die Jungbäume im Unterwuchs müssen mit dem spärlichen Licht von wandernden Lichtflecken zurechtkommen, deren Strahlungsintensität zu gering ist, um ein starkes Wachstum zu ermöglichen.

Wir entdecken bei genauerer Beobachtung deshalb einen weiteren Unterschied, der ein Strukturmerkmal des Tropenwaldes darstellt. Im Kronenbereich sind die Blätter, wie wir an den abgefallenen am Boden sehen, in ihrer Form sehr einheitlich. Fast alle sind ganzrandig mit einer vorgezogenen Spitze, die als »Träufelspitze« bezeichnet wird, weil von ihr die Tropfen ablaufen, und um die 10 Zentimeter lang. Dagegen zeigt sich bei den Blättern der bodennahen Pflanzen, seien es Vertreter der Bananengewächse, der Aronstabgewächse, verschiedener Familien von Laubbäumen oder Farnen, eine sehr viel größere Vielfalt der Blätter. Sehr großflächige sind darunter sowie feine, zergliederte. Ihre Farben wechseln von zartem, frühlingshaftem Grün über blaugrün, purpurn, gelblich bis rötlich, während die Blätter in den Kronen einheitlich das stumpfe Grün aufweisen, welches den Regenwald auch aus der Luft düster erscheinen läßt. Flammendes Rot oder helles Gelb sind selten und nur auf kurze Phasen verstärkter Neuproduktion von Blättern beschränkt. Die Farbpalette unseres Herbstlaubes findet sich nur am Boden im Fallaub, obwohl Austrieb, Blühen, Fruchten und Altern in den Kronen ohne abgegrenzte und abgrenzbare Jah-

reszeiten zusammen auftreten können. Das Laubwerk der Wipfel wirkt fast immer alt oder zumindest gealtert, nicht frisch, wie zu Zeiten in den außertropischen Wäldern.

Was der kurze Besuch nicht verrät, zeitigt die längere Erfahrung: Der echte tropische Regenwald ist immergrün. Wo zu bestimmten Zeiten des Jahres ein mehr oder minder ausgeprägter Laubfall eintritt, handelt es sich um einen sogenannten »Saisonregenwald«. Über sieben oder acht Monate des Jahres kann ein solcher Wald, der im Grenzbereich zu den wechselfeuchten Tropen wächst, das Aussehen eines immergrünen Regenwaldes vortäuschen. In den kritischen Monaten, in aller Regel sind dies Monate mit sehr geringem oder fehlendem Niederschlag, vergilben aber die Blätter vieler Bäume, fallen ab und der Wald steht größtenteils kahl wie bei uns im Winter. Die regelmäßige Wiederkehr der Trockenzeit bedingt diese »Saisonalität« und zwingt dem Wald einen festen äußeren Rhythmus auf, welcher dem immergrünen Regenwald fehlt. In letzterem können Blühen und Fruchten nicht nur im gleichen Gebiet vorkommen, sondern unter Umständen sogar am selben Baum. Der Lebensrhythmus verläuft bis zu den einzelnen Blättern weitgehend frei. Sie wachsen, entfalten sich, arbeiten über Monate oder Jahre, brauchen sich auf, altern und fallen ab, ohne daß der Baum, der sie trägt, den Rhythmus vorgibt.

Allein weil die Spanne des Ausgereiftseins und des Alterns zusammen mehr als 90 Prozent der Lebenszeit eines Blattes ausmachen, muß das Laubwerk des Regenwaldbaumes »alt« wirken. Der Anteil der jungen, frischen Blätter ist zu jedem bestimmten Zeitpunkt zu gering, um nennenswert Einfluß auf das Aussehen des

Baumes nehmen zu können. Mehr noch: Manche Bäume »verbergen« geradezu ihre frisch getriebenen Blätter unter tarnenden Farben. Rote Blattbüschel, die für uns den Eindruck von Herbstlaub hervorrufen, sind in Wirklichkeit frisch getrieben und sollten – nach unseren Vorstellungen – ein zartes Grün tragen. Das würde aber den Blattessern aus der Tierwelt verraten, wo sich die jungen, noch nicht durch besondere Giftstoffe (die erst in die sich entwickelnden Blätter eingelagert werden) geschützten Triebe befinden. Gerade so, als ob sich im üppig wuchernden Grün des tropischen Regenwaldes die Bäume nicht leisten könnten, ein paar Blätter abgebissen oder angeknabbert zu bekommen.

Scharren wir nun, um einen letzten Eindruck zu sammeln, mit dem Fuß im Laub, das sich am Boden angesammelt hat. Die Blätter decken nur ein paar Lagen, dann streift der Schuh in die oberste Bodenschicht. Schwärzlicher Humus, den wir bei der so riesigen Blattmasse des Waldes erwarten, zeigt sich nur in einer kaum zentimeterdicken obersten Schicht. Gleich darunter kommt bleicher, leicht gelblicher oder rötlicher Boden hervor, der so ganz anders aussieht, als wir dies von Böden unserer Breiten gewohnt sind. Ein dichtes Fasernetzwerk aus Wurzeln und Pilzfäden durchsetzt ihn. Die Wurzeln reichen bis ins Fallaub hinein. Die untere Blattschicht wird von ihnen regelrecht festgehalten und durchdrungen. Wenn nicht alles so feucht und modrig wäre, käme der Vergleich mit einem sandigen Boden in den Sinn, auf dem locker stehend Kiefern wachsen, deren Nadelschicht wir eben beiseitegeschoben haben.

Merkwürdig, daß ein solcher Boden einen solchen Wald trägt. Eine richtige Schicht alter, vermodernder Blätter finden wir nicht. Die vorhandenen Blätter wirken ledrig, weich und doch so, als ob sie erst vor wenigen Tagen vom Baum gefallen wären.

Auf einem offensichtlich frischen Blatt, es glänzt noch kräftig auf der Oberseite, wächst eine kleine Pflanze. Sie schmiegt sich flach auf die Oberfläche. Es handelt sich um ein kleines Moos (s. Foto S. 45). Auf andern Blättern gibt es Lebermoose; alle in Miniaturausführung, aber lebendig. Auch das sind »Aufwuchspflanzen«, aber eben solche, die nur auf Blättern vorkommen. Die botanische Fachbezeichnung nennt sie, in Anlehnung an die viel größeren, auf Ästen und Zweigen gedeihenden Epiphyten »Blattaufwuchs« oder Epiphylle. Irgendwie haben sie es geschafft, sich auf der glatten Blattoberfläche festzusetzen. Sie wachsen darauf wie auf einer unbelebten Unterlage, wie Flechten auf Steinen oder an Brettern.

An den Blättern daneben, die schon richtig vergilbt sind, sprießen hingegen zarte Pilze hervor. Ihre Schirmchen sind völlig ruhig, denn hier, am Waldboden bewegt sich kein Lufthauch. Aufwuchs von oben und Zersetzer von unten treffen sich in der Fallaubschicht. Die Zersetzer werden auf jeden Fall die Oberhand gewinnen und Blatt für Blatt zerlegen, bis es in feinste Bestandteile zerteilt in der dünnen Humusschicht verschwindet.

Mit diesen Beobachtungen haben wir eine ganze Reihe wesentlicher Unterschiede gefunden, die den tropischen Regenwald, verglichen mit außertropischen (Feucht-)Wäldern, kennzeichnen. Sie sind es, die ihn so andersartig machen, und nicht das auffällige Vorkommen von Palmen oder den stammesgeschichtlich alten Baumfarnen. Nur selten bilden letztere große Bestände, welche die Vorstellung äonenferner Erdzeitalter nähren, als riesige Farnwälder Kohlelager bildeten, von denen wir heute Energie zehren. Nicht das Urtümliche zeigt sich im tropischen Regenwald, sondern Strukturen, denen man nicht auf den ersten Blick ansieht, wozu sie dienen, welche Funktionen sie erfüllen. Deshalb fällt es so schwer, nicht einfach die Erfahrungen und Kenntnisse, gewonnen in den Wäldern und Forsten der gemäßigten Breiten, zur Natur des außertropischen Waldes auf den tropischen Regenwald zu übertragen. Der Augenschein bestätigt doch zumindest die eine Erwartung, daß dieser Tropenwald üppig wuchernde Pflanzenmasse darstellt, die einen großen Holzvorrat aufgebaut hat.

Wie diese Bäume aber wirklich wachsen, was sie gedeihen läßt, entzieht sich unserem interessierten Blick, weil nicht einmal Jahresringe eine Vorstellung von der jährlichen Wachstumsleistung vermitteln. An den abgesägten, gefällten Stämmen ist es so gut wie unmöglich, das Alter der Bäume zu bestimmen. Armdünne können genauso alt sein wie mannsdicke, 15 Meter hohe zur gleichen Zeit aus dem Samen gekeimt sein, wie 35-Meter-Urwaldriesen. Was nebeneinander steht, kann gleich oder verschieden alt sein, je nachdem, wie die Wachstumsbedingungen, insbesondere die Lichtverhältnisse gewesen sind.

Kein Wunder, daß selbst Waldkenner mitunter das Alter der Bäume im tropischen Regenwald völlig falsch eingeschätzt haben. Es fehlt das so einfache Maß des Wachstumsstillstandes zur Winterszeit oder in Trockenzeiten, das sich in unterschiedlicher Dicke der Holzzellen klar abzeichnet. Trotzdem reichen unsere ersten Eindrücke aus, um weitere Fragen so zu stellen, daß wir im Verständnis des Regenwaldes weiterkommen.

Überlebenskünstler in den Baumkronen

Manche Bilder aus tropischen Regenwäldern erinnern an Ausschnitte aus Gewächshäusern. Äste und Zweige bilden die Unterlagen für eine vielfältige Epiphytenflora, deren bekannteste Vertreter die Orchideen, Bromelien und ornamentale Farne sind. Kaum daß die Äste die Last zu tragen vermögen, so dicht bepackt sind sie damit. Tatsächlich kommt es auch immer wieder vor, daß Bäume unter dem Gewicht der Aufwuchspflanzen zusammenbrechen. Aber es geschieht selten genug, und normalerweise ist die Überlebensfähigkeit von Baum und Epiphyten nicht in Gefahr.

Pflanzen, die auf anderen wachsen, gibt es auch in außertropischen Gebieten. Wir kennen aus unseren Bergwäldern die fälschlicherweise als »Moosbärte« bezeichneten Flechten, die von den Ästen herabhängen. Auf den Obstbäumen im Garten werden wir gleichfalls, zumindest wenn es sich um ältere Bäume handelt, Flechten finden, die auf den größeren Ästen oder am Stamm wachsen. Die meisten Fichten tragen auf den Ästen unter dem Gipfel und an den wetterexponierten Seiten Flechtenbewuchs, der sich sogar auf die älteren Nadeln hinausschieben kann. Bei genauer Betrachtung lassen sich auch Algen als Aufwuchs feststellen, so daß wir beides, die Epiphyten wie die Epiphylle, im Prinzip auch auf den Bäumen in unseren Breiten vorfinden.

Worin besteht dann der Unterschied zum Tropenwald? Rein äußerlich natürlich darin, daß Orchideen, Bromelien und Farne, wie die Geweihfarne, einfach viel auffälliger sind als die eher unscheinbaren Flechten, und daß sie in viel größerer Masse auftreten. Eine große Bromelie kann als Einzelpflanze mehrere Kilogramm wiegen. Farne erreichen ähnliche Gewichte. Für den Naturhaushalt im Kronendach der Bäume spielen aber unsere Empfindungen von Schönheit keine Rolle. Dort zählen die Eigenschaften, welche das Überleben sichern.

Die bedeutsameren Unterschiede leiten sich aus dem Lebensstil der Epiphyten ab. Orchideen und Bromelien sind hochentwickelte Blütenpflanzen und die epiphytischen Farne gehören zumeist auch zu sehr weit entwickelten Gruppen. Sie sind, gemeinsam betrachtet, »Sproßpflanzen« (Kormophyten) wie die Bäume selbst auch, auf denen sie wachsen. Die Flechten unserer Wälder hingegen zählen zu den einfach gebauten »Lagerpflanzen« (Thallophyten), bei denen es noch nicht zur Entwicklung der grundlegenden »Organe« der höheren Pflanzen, nämlich zur Untergliederung in Wurzeln, Stengel oder Stämme und Blätter sowie zur Ausbildung von Blüten oder entsprechenden Fortpflanzungseinrichtungen gekommen ist. Die Flechten sind »Doppelwesen« aus Pilzen und Algen, die sich so fest zusammengeschlossen haben, daß sie eine Einheit bilden.

All das wären unwichtige botanische Einzelheiten, wenn sie nichts mit der Beschaffung und Nutzung von Nährstoffen zu tun hätten. Darum geht es: Die Flechten gehören zu den genügsamsten, unter den extremsten Bedingungen lebensfähigen Pflanzen. Sie wachsen außerordentlich langsam und können lange Zeiträume von Frost, Wassermangel oder Hitze überdauern. Es fällt nicht schwer, sich vorzustellen, daß sie nicht nur an Steinen, sondern auch auf der Rinde von Bäumen ihr Auskommen finden, so gering sind die Ansprüche, die sie an ihre Umwelt stellen.

Könnte der Kontrast größer sein? Die schönsten, die anspruchsvollsten und die hinsichtlich ihres Blütenbaues fortschrittlichsten unter den Blütenpflanzen, die Orchideen, gedeihen in vielen, ja in der Mehrzahl der Arten in ähnlicher Weise wie die Flechten epiphytisch auf Bäumen. Ihre Pflege in Gewächshäusern erfordert besondere Kenntnisse; viele Arten geben sich empfindlich und werden als »anspruchsvolle« Zimmerpflanzen charakterisiert. Doch wenn man die Ansprüche genauer kennenlernen möchte, erhält man außer allgemeinen Pflegehinweisen wenig brauchbare Antworten. Die Kenner der Orchideen haben »eine gute Hand« bei der Pflege. Durch ein wohldosiertes Menü aus Stickstoff, Phosphor und Kali oder anderen mineralischen Pflanzennährstoffen und genau abgestimmte Wassergaben lassen sich die Orchideen nicht wie Salat oder Getreidepflanzen in den gewünschten Mengen ziehen.

Wieder verbirgt diese Selbstverständlichkeit, über die der Orchideenfachmann nur lächeln wird, eine ausgesprochen interessante und wichtige Frage, nämlich das Problem, warum das so ist. Was heißt »anspruchsvoll« wirklich? Es gibt genug Tropenpflanzen, die wir als Zimmerschmuck schätzen, die üppig wuchern und gleichsam zu Unkraut werden, wenn sie in ihren Heimatgebieten oder in anderen tropischen Regionen in Freiheit gelangen. Warum sind die Orchideen so heikle Pfleglinge, warum brauchen sie so lange, bis sie blühen, und warum ist ihre Vermehrung so schwierig?

Die Wärme des tropischen Regenwaldes, ihre Gleichmäßigkeit und die feuchte Schwüle, die in diesen Wäldern herrscht, können keine Antwort auf diese Fragen abgeben. Denn es ist nicht schwer, sie im Gewächshaus nachzumachen. Viele Orchideen bevorzugen gar nicht einmal die Wärme des Tieflandsregenwaldes, sondern sie finden sich in den kühleren Nebelwäldern an den Hängen der tropischen Gebirge.

Die Empfindlichkeit tropischer Orchideen hängt mit etwas anderem zusammen: Viele ernähren sich aus der Luft! Ihr Wurzelwerk reicht nicht bis zum Boden, wie bei Lianen, sondern endet frei in dicken »Trieben«, die sich für den Unkundigen nicht so ohne weiteres von richtigen Trieben, von Sprossen, unterscheiden lassen (vgl. Foto S. 46). Ein besonderes Gewebe umgibt diese »Luftwurzeln«, in der Fachsprache »Velamen radicum« genannt, was soviel wie »Wurzelhülle« heißt. Dieses Gewebe besteht aus abgestorbenen Zellen mit großen Poren. Sie sind in der Lage, aus der Luft Feuchtigkeit aufzunehmen. Orchideen und epiphytische Aronstabgewächse zeichnen sich durch solche Wurzelgewebe aus. Der Hauptteil des Pflanzenkörpers der Orchideen sitzt auf nur einer Handvoll (oder weniger) Mulm, der sich aus abgestorbenen Blättern, anderen Pflanzenresten und vielleicht auch aus Abfall tierischer Herkunft bildet. Die verhältnismäßig großen, bei manchen Arten auch recht derben Blätter der Orchideenpflanze wachsen daraus so hervor, daß sie einen Auffangtrichter für Mulm bilden. Besonders stark ist dies bei manchen epiphytischen Farnen und bei Bromelien ausgebildet. Diese Pflanzen sammeln den Abfall, der auf sie hernniederrieselt. Ihr Wurzelwerk wächst in den Mulm hinein und daraus hervor. Mit diesem bißchen »Erde« kommen sie offensichtlich bestens zurecht.

Bedenken wir nun, daß die Epiphyten, gleich ob es sich um phantastisch blühende Orchideen oder um bizarr geformte Farne handelt, daraus die Nähr-stoffe entnehmen müssen, die sie zum Wachsen und Gedeihen benötigen, dann müßte eigentlich sofort klar werden, daß hinsichtlich der Nährstoffversorgung die Übereinstimmungen zwischen den Flechten in mitteleuropäischen Wäldern und den tropischen Epiphyten größer als vermutet sind. Das Problem kann nicht beim Wasser liegen, denn feucht genug ist es und die Spezialbildungen an den Wurzeln versetzen die Pflanzen auch in die Lage, aus der Luft Feuchtigkeit zu entnehmen, wenn es nicht regnet oder wenn sich noch kein Tau gebildet hat. Kohlendioxid fällt gleichfalls als möglicher Versorgungsengpaß aus, weil im Kronenbereich die Luft gut genug durchmischt wird. Somit sind die für die Erzeugung von Kohlenhydraten bei der Photosynthese notwendigen Voraussetzungen bestens erfüllt. Kohlendioxid und Wasser werden in der Tropenwärme mit Hilfe des vom grünen Blattfarbstoff (Chlorophyll) eingefangenen Sonnenlichtes zu Zuckern und Sauerstoff umgesetzt.

Wollte man versuchen, diesen Vorgang unter den günstigstmöglichen Bedingungen künstlich ablaufen zu lassen, kämen die Verhältnisse der Wirklichkeit im Regenwald recht nahe. Dennoch gingen die Orchideen, und nicht nur diese, sondern alle anderen Pflanzen auch, in kurzer Zeit ein, weil es ihnen an Nährsalzen mangelt, die sie für die Herstellung von Eiweiß und von organischen Phosphorverbindungen sowie zahlreichen anderen, lebenswichtigen Substanzen benötigen. Daß die Orchideen, die Bromelien und die anderen Epiphyten so langsam wachsen, liegt insbesondere daran, daß sie von Natur aus auf ein äußerst geringes Angebot an Nährsalzen eingestellt sind. Sie müssen diese mineralischen Pflanzennährstoffe ja aus der Luft beziehen, weil sie den Boden nicht erreichen.

Die Anpassung an sehr nährstoffarme Lebensbedingungen ist es also, welche die Epiphyten auszeichnet und die Parallelen zu den Flechten ergeben, an die man wegen des so ganz andersartigen Aussehens zunächst nicht denken würde. Ein bißchen zuviel Nährstoffe bedeutet für die Orchideen schon eine Belastung, mit der sie schwer fertigwerden können. Deswegen sind sie so heikle Pfleglinge, und das ist auch der Grund für ihr seltenes Blühen. Es dauert Jahre, bis die junge Orchideenpflanze genügend Reserven angesammelt hat, um in der Lage zu sein, Blüten auszubilden.

Nun sind aber die Blüten nicht Selbstzweck, auch wenn sie von Züchtern durch Kreuzung verschiedener Arten miteinander (Hybridisierung) zu Formen weiterentwickelt worden sind, die der ursprünglichen Aufgabe, für die Vermehrung zu sorgen, nicht mehr gerecht werden können. Sie dienen der Fortpflanzung. Die Orchideenpflanze investiert in die Fortpflanzung weit mehr als die meisten anderen Pflanzen. Merkwürdigerweise scheint das äußerlich sichtbare Ergebnis, die Orchideenblüte, genau das Gegenteil auszudrücken. Sie entfaltet sich zu verschwenderischer Pracht, so als ob Luxus in den Tropenwäldern etwas ganz Natürliches wäre (vgl. Foto S. 181).

Der Augenschein trügt. Die Pracht der Blüte ist ein Signal besonderer Art. Es vermittelt ganz bestimmten Blütenbesuchern, beispielsweise kleinen Vögeln, großen Hummeln oder Schmetterlingen und anderen Bestäubern ein möglichst unverwechselbares Bild, ein »Suchbild«, mit einer Nektarquelle als »Belohnung«. Die Orchidee geht nämlich äußerst sorgfältig mit ihrem Pollen um. Er wird in einen Beutel verpackt, der an einem Stielchen so in der Blüte sitzt, daß ihn der richtige Blütenbesucher an der richtigen Stelle am Körper, zumeist im Kopfbereich, aufgesetzt bekommt, wenn er den Pollenbeutel berührt. Besucht der solcherart zum Pollenträger gewordene Blütenbesucher eine weitere Blüte der gleichen Art, wird der Pollen zwangsläufig auf den weiblichen Blütenteil, die Narbe, übertragen und die Bestäubung ist vollzogen.

Der Ablauf ist sehr zuverlässig, wodurch in der Natur Fehlübertragungen so selten sind, daß nur äußerst selten Hybriden entstehen, die nicht mehr weiter fortpflanzungsfähig sind. Der Pollen wird nicht, wie bei sehr vielen anderen Blütenpflanzen, dem Wind übergeben, der ihn in riesigen Mengen fortträgt. Dabei obliegt es dem Zufallstreffer, eine erfolgreiche Bestäubung herbeizuführen. Selbst die von Bienen vorgenommene Pollenübertragung verläuft noch mit größeren Fehlern, weil nicht nacheinander ganz genau die Blüten der gleichen Art angeflogen werden. Die hochentwickelte, sehr reich ausgestaltete Orchideenblüte verringert die Fehler bis zu fast vollständiger Treffsicherheit selbst dann, wenn die einzelnen Orchideenpflanzen weit voneinander entfernt im Astwerk der Bäume verteilt wachsen.

Wenn eine Pflanze mit solch luxurierenden Blüten derart mit dem Pollen haushält, muß man sich fragen, warum hier verschwenderische Pracht und peinlichste Genauigkeit so nahe beieinander liegen. Die Verhältnisse werden noch rätselhafter, wenn wir den weiteren Weg der Orchideenfortpflanzung mitverfolgen. Aus den befruchteten Blüten gehen Samen hervor, die so winzig, ja staubfein sind, daß sie wie Pollen vom schwächsten Lufthauch fortgetragen werden. War der sonst gewöhnlich pulvrige Pollen bei den Orchideen kompakt in zumeist zwei Behältern, den Pollinien, untergebracht, so sind nun die Samen genau im Gegensatz dazu winzig wie die Sporen von Farnen. Infolgedessen haben sie größte Schwierigkeiten mit dem Keimen, weil sie über keine Reserven verfügen, von denen sich das auskeimende Pflänzchen ernähren könnte. Im Lebensraum der Baumkronen wiegt dieser Nachteil besonders schwer, weil es dort oben keine nährstoffreichen Böden gibt, in welchen die Jungpflanze rasch Wurzeln schlagen könnte. Die Vorteile der weiten Verbreitung und der leichten Verfrachtbarkeit durch den Wind nützen aber nichts, wenn die keimenden Samen nicht überleben können. Die jahrelange Investition in die Fortpflanzung würde sich überhaupt nicht lohnen, wenn das Problem des Keimens und Fußfassens nicht gelöst wäre. Die Orchideen haben es bewältigt. Die Methode ist äußerst ungewöhnlich, und sie erklärt, warum es bei den meisten Arten so schwierig ist, sie aus Samen zu ziehen.

Sie bedienen sich der Mithilfe bestimmter Pilze, welche die frisch ausgekeimten Orchideensamen ernähren, bis sie groß und kräftig genug geworden sind, um für sich selbst zu sorgen. Diese Pilze bereiten den staubfreien Samen das Keimbett. In den allerersten Stadien der Entwicklung einer jungen Orchidee zeigen sich noch erstaunliche Ähnlichkeiten mit dem Flechtenleben in unseren Wäldern, denn so wie es sich dort um ein Zusammenspiel von Pilz und Alge in einer Gemeinschaft handelt, besteht die Symbiose hier aus dem Zusammenwirken von Pilzen und einer später hochentwickelten Blütenpflanze, die sich anfangs fast wie eine Alge gibt. In beiden Fällen kommt dem Pilzpartner eine Schlüsselrolle zu. Somit offenbaren sich tiefere Gemeinsamkeiten als man sie beim Betrachten des Unter-

schiedes von blühenden Orchideen und krausem Flechtenbehang auch nur erahnen könnte.

Nun stellen aber die Orchideen nur einen Teil der Epiphyten dar; die beiden anderen Hauptgruppen werden von Bromelien und Farnen gebildet. Dazu kommen noch weitere, weniger bekannte und artenärmere Epiphytengruppen, wie beispielsweise Spezialisten unter den Kakteen. Ausgesprochen anspruchslos sind bestimmte Tillandsien, von denen die als »Spanisches Moos« bekannte *Tillandsia usneoides* ein besonders extremes Beispiel darstellt (s. Foto rechts). Sie stellt gleichsam »Orchideenwurzel in Reinkultur« dar, weil die ganze Pflanze in der Lage ist, wie die Orchideen-Luftwurzel Wasser und Nährsalze aus der Luft aufzunehmen. Von Zeit zu Zeit blüht sie und beweist mit ihren Blüten die Zugehörigkeit zu den Tillandsien; ja sie zeigt damit erst so richtig, daß es sich bei den graugrünen, bizarren Gebilden nicht um totes Material, sondern um eine lebende Pflanze handelt.

Lassen wir solche Besonderheiten beiseite und wenden uns einer anderen Gruppe zu. Die epiphytischen Farne lassen sich verhältnismäßig leicht mit den Orchideen hinsichtlich ihres Lebensstiles vergleichen. Sie wachsen sehr langsam, vermehren sich wie alle Farne über die Bildung von staubfeinen Sporen und sie bilden Taschen oder Fangtrichter für organisches Material, das in Mulm und eine Art von Humus umgebaut werden kann. Die baumbewohnenden Farne schaffen sich damit selbst ihre Nährstoff-Fanganlage. Ihre schuppigen Wurzeln nehmen leicht Wasser aus feuchtwarmer Luft auf und die von den Wurzeln umhüllte Mulmknolle speichert Wasser aus den Niederschlägen. Auch wenn es sich bei den Far-

Barttillandsien *(Tillandsia usneoides)* durchkämmen die Nebelschwaden im Bergregenwald und entnehmen ihnen Wasser und mineralische Nährstoffe. Sie ähneln den Bartflechten der Gebirgswälder, gehören aber zu den Blütenpflanzen. Die große Häufigkeit, mit der Epiphyten im tropischen Bergregenwald auftreten, widerspricht der Ansicht, esginge ums Licht. Weitaus wesentlicher sind die Nährstoffe, denn in den nebelverhangenen Bergregenwäldern herrscht eher Lichtmangel im Kronenbereich.

nen bekanntlich um eine ganz andere, einfacher gebaute Pflanzengruppe als bei den Orchideen handelt, entsprechen beide dennoch einander recht gut in der Lebensweise.

Ganz anders sieht es bei typischen Bromelien aus. Diese Vertreter der Ananasgewächse entwickeln eine sehr kennzeichnende Wuchsform aus einem Mitteltrichter, gebildet aus ineinandersteckenden Halbtrichtern kräftiger, starrer und häufig stachelbewehrter Blätter, in denen sich Wasser sammelt (vgl. Foto S. 46). Diese Bromelien im Regenwald stellen —

so kann man die Verhältnisse durchaus charakterisieren – umgekehrte Hydrokulturen dar. Denn bei ihnen steht das Wasser oben in den Blättern, während der Wurzelstock darunter ziemlich trocken bleibt. Manche dieser wassergefüllten Blatttrichter sind groß genug, daß darin kleine Frösche und Libellen sowie eine ganze Anzahl anderer Kleintiere wie in Kleinstgewässern leben können.

Diese Bromelien blühen zwar schlichter als viele Orchideen, aber doch oft auch recht auffallend oben in den Wipfeln. Nektar lockt die Bestäuber an. Die Samen werden jedoch anders als bei den Orchideen nicht winzig klein angelegt, sondern verhältnismäßig groß. Sie sind mit Hafthärchen besetzt und mit einem Fallschirm ausgerüstet. So kommen sie besser an einen neuen Wuchsort. Wegen ihrer Größe haben sie Pilze als Helfer nicht nötig.

Warum sind die Bromelien hinsichtlich ihrer Fortpflanzung so viel günstiger dran als die Orchideen? Zeigt der Vergleich nicht, daß eben jede Gruppe ihre Strategie besitzt, und daß es in den Tropenwäldern so viele verschiedene Wege zum Überlebenserfolg gibt, daß keiner von ihnen als der bessere eingestuft werden kann? Früher wurden diese Anpassungen einfach als »Luxurieren der Tropen« abgetan.

Luxus, auch wenn es sich nur um einen scheinbaren handelt, tritt jedoch, wenn man die Verhältnisse genauer untersucht, in der Natur niemals ohne Grund auf. Hier bei den Bromelien ist die Erklärung ihrer andersartigen Strategie des Überlebens so offensichtlich, daß sie lange übersehen worden ist. Der große Unterschied zu den Orchideen ergibt sich aus dem vorhin genannten, merkwürdigen Begriff der »umgekehrten Hydrokultur«. »Umgekehrt« war sie deswegen zu nennen, weil das Wasser über und nicht unter der Pflanze steht. »Hydrokultur« trifft den Kern. Die Bromelien entnehmen nämlich dem Wasser, das sie auf ihren Blättern, genauer in ihren Blatttrichtern, speichern, die mineralischen Nährstoffe, die sie zum Wachstum und zur Anlage der Reserven für die Fortpflanzung benötigen. Besondere Zellen auf der Oberseite der Blätter bewerkstelligen diese Aufnahme. In die Trichter rieselt reichlich ein Niederschlag aus Wasser, Staub, Exkrementen von Insekten und anderen Kleintieren, sich zersetzendes Pflanzenmaterial und auch der besonders nährstoffreiche Pollen windblütiger Bäume. Die bakterielle Zersetzung macht daraus eine verdünnte Nährlösung, von der die Bromelien ganz gut gedeihen, wie ein Blick in die Baumkronen zeigt. Der Nährstoffmangel ist für diese Epiphyten daher nicht annähernd so groß wie für Orchideen und Farne. Sie sind deswegen auch weitaus weniger heikle Pfleglinge, wenn sie in Kultur genommen werden.

Lassen wir es mit diesen Beispielen bewenden, weil sie die wichtigsten, die mengenmäßig bedeutendsten Vertreter der Epiphyten charakterisieren, und ergänzen wir nur noch, daß die kleinen, auf den Blättern sitzenden Aufwuchspflanzen, die Epiphylle, unter ähnlichen Bedingungen zu betrachten sind. Sie müssen ihre Nährstoffe aus der Luft erhalten und dem immer wiederkehrenden Mangel an Wasser angepaßt sein, weil die Träufelspitzen an den Wirtsblättern für einen raschen Wasserablauf sorgen. Viele Blätter sind oberseits so glatt, daß sich Epiphylle nicht festhalten können, und wenn es zuviel regnet, besteht für letztere die Gefahr, Nährstoffe ausgeschwemmt zu bekommen, die sie dringend benötigen. Das gilt genauso für die Blätter selbst, die nicht zuletzt deswegen im tropischen Regenwald ledrig-derb sein müssen, sonst würden die hohen Niederschlagsmengen die Nährsalze aus den Blattgeweben herauslösen. Dieser Hinweis mag hier gleichfalls genügen, um anzudeuten, daß es auf das Zusammenwirken von Nährsalzen und Wasser ankommt, und nicht auf beide Grundstoffe des Pflanzenlebens getrennt.

Pilze — die »Basis« des Baumlebens

Die Ranken der Lianen, die Blattfiedern von Palmen und Farnen sowie die Vielzahl der Jungbäume ziehen im Bodenbereich den Blick in ähnlicher Weise an, wie die Epiphyten oben in den Kronen. Hat man sich an das Halbdunkel gewöhnt, treten hier auch kleinere, unscheinbarere Lebensformen hervor. Auf den vermodernden Resten umgestürzter Bäume oder abgefallener Äste leuchten zartgelbe, karminrote oder wachsweiße Pilze auf, wenn ein Lichtfleck über sie wandert. Die meisten sind klein, trotz ihrer Farbigkeit eher unauffällig, aber bei genauerem Hinsehen fast allgegenwärtig. Sie wachsen in Reihen oder Ringen, einzeln oder in lockeren Gruppen; manche bilden Schläuche, andere die uns vertraute Form des Hutpilzes. Große Arten, unseren Stein- oder Birkenpilzen vergleichbar gewachsene, sind selten. Kleine und kleinste Pilze herrschen vor. Deshalb wird ihre Bedeutung für das Leben des tropischen Regenwaldes in der Regel unterschätzt. Für ihre Allgegenwart sind die Fruchtkörper, die aus dem Boden oder den vermodernden Pflanzen hervorgekommen sind, kein gutes Maß. Die Fruchtkörper werden nur selten und eher unregelmäßig gebildet. Würden wir nur Samen oder Früchte

bestimmter Bäume finden, die Bäume selbst aber nicht sehen, könnten wir uns kaum eine Vorstellung von ihrer Größe und Bedeutung machen. So ergeht es uns bei den Pilzen. Das aus Myriaden feiner und feinster Pilzfäden bestehende Geflecht, das Pilzmyzel, sehen wir nicht. Nur die zu Zeiten auftauchenden Fruchtkörper, die »Pilze«, sind uns vertraut. Allein nach ihnen zu urteilen, träfe nur eine Randerscheinung. Die eigentliche Pilzmasse und ihre Tätigkeit bleiben weitestgehend im Verborgenen. Wie wichtig sie für das Gedeihen des Waldes und für den Stoffhaushalt der Bäume sind, geht erst aus neueren Forschungen in verschiedenen tropischen Regenwäldern hervor. Pilze sind nicht nur allgegenwärtig und Hauptquellen des modrigen Geruches am Waldboden, sondern für viele, wahrscheinlich für die meisten Baumarten unentbehrliche Helfer bei der Beschaffung von Nährstoffen. Denn die große Mehrzahl der Bäume tropischer Regenwälder lebt in enger Gemeinschaft mit den Pilzen. Sie entwickeln eine direkte Zusammenarbeit an den Wurzeln; eine Gemeinschaft, die als Mykorrhiza bekannt geworden ist. Die Pilzfäden lagern sich an die feinen und feinsten Endverzweigungen der Wurzeln an und übernehmen in großem Umfang die Aufnahme von Wasser und mineralischen Nährstoffen. Sie leiten diese an die Baumwurzeln weiter, von denen sie im Gegenzug vor allem Zucker und Vitamine erhalten. Dieses Zusammenleben von Wurzelpilzen und Wurzeln ist schon lange bekannt. Es läßt sich in zwei Formen gliedern, nämlich eine äußere oder »ectotrophe Mykorrhiza« und eine, bei der die Pilzfäden bis in die Wurzelzellen vordringen, die man innere oder »endotrophe Mykorrhiza« nennt. Die Unterscheidung wäre höchstens von biologischem Interesse, wenn sie nicht ganz deutlich das Zustandekommen der Zusammenarbeit vor Augen führen würde. Denn die innere Mykorrhiza stellt offensichtlich eine engere Verbindung dar als die äußere. Der Pilz muß dazu in die Wurzelzellen eindringen.

Genau das tun viele Pilze in den außertropischen Bereichen und verursachen damit Wachstumsschäden. Wurzelschutzchemikalien, speziell die sogenannten Fungizide, spielen deswegen in der Landwirtschaft eine wichtige Rolle. Schnell wachsende, ertragreiche Kulturpflanzen sind davon gefährdet. Sie können leicht Pilzinfektionen bekommen.

Bei der Mykorrhiza scheint das anders zu sein. Pilz und Wurzeln arbeiten zusammen. Das war nicht von jeher so. Vielmehr hat sich dieses Zusammenleben, diese Symbiose, im Laufe von Jahrmillionen zum beiderseitigen Vorteil von Pilz und Baum allmählich entwickelt. Wir können uns den Gang der Entwicklung so vorstellen: Zuerst gab es eine Pilzinfektion, die den Baum mehr oder minder stark schädigte. Sie rief die Abwehrkräfte der Pflanze auf den Plan. Nach und nach gelang es der Art, den eingedrungenen Pilz in Schach zu halten. Als dieses Gleichgewicht zwischen beiden Gegnern erreicht worden war, konnten sie zu Partnern werden. Denn die Vorzüge des Zusammenwirkens wogen die Nachteile rasch auf. Der Baum produziert einen Überschuß an Zuckern bei der Photosynthese, von dem ein Teil ohne weiteres entbehrlich ist, ohne den Baum zu schädigen. Der Wurzelpilz kann davon leben.

Regelt die Wurzel die Menge der an den Pilz abgegebenen Kohlenhydrate, muß der Pilz ganz von selbst zum Partner werden. Denn je besser er mit seinem um eine Größenordnung feinerem und verzweig-

terem Fadengeflecht mineralische Nährstoffe und Wasser aus der Umgebung zusammenzieht und an die Baumwurzeln weiterleitet, um so besser gedeiht der Baum, und um so mehr Kohlenhydrate kann er liefern. Sie fördern das Gedeihen des Wurzelpilzes — und schon ist die Spirale in Gang gekommen! Aus dem Kräftegleichgewicht widerstreitender Lebewesen ist eine Kooperation hervorgegangen, die sich für beide Beteiligten lohnt. Die äußere, die ectotrophe Mykorrhiza, ist in dieser Entwicklung noch nicht so weit vorangekommen wie die innere, die endotrophe.

Das Ergebnis sieht so überzeugend aus, daß eigentlich alle Bäume diese Zusammenarbeit mit den Pilzen zeigen sollten. Wir kennen sie aus den gemäßigten Breiten hauptsächlich von Kiefern und Fichten. Vielen Laubbäumen fehlt die Mykorrhiza jedoch. Aus diesem Befund hatte man abgeleitet, daß Wurzelpilze in den tropischen Regenwäldern eigentlich fehlen sollten, weil es dort keine Nadelbäume gibt. Die Wachstumsbedingungen sehen so gut aus, was sich am üppigen

Brettwurzeln (Foto oben links) kennzeichnen viele flachwurzelnde Bäume des Regenwaldes.
Würgfeigen (Foto oben rechts) beginnen ihr Leben oben am Stamm oder in der Krone eines »Wirtsbaumes«. Sie wachsen von dort nach unten, bis ihre Wurzeln den Boden fassen, und umklammern dabei den Wirtsstamm immer stärker. Schließlich erdrücken sie ihn und nehmen seinen Platz ein.
Manche Palmen (Foto unten links) schützen sich vor kletternden Tieren durch die Ausbildung mehr als 10 Zentimeter langer, messerscharfer Stacheln.
Auf dem Blatt (Foto unten rechts) haben sich Miniatur-Aufwuchspflanzen, sogenannte »Epiphylle« angesiedelt; südindischer Regenwald.

Wuchern des Regenwaldes ablesen läßt, daß Mikorrhizen unnötig sein müßten. Weit gefehlt: Sie sind gerade im tropischen Regenwald besonders stark vertreten.

Dieser Befund deckt sich nicht nur nicht mit der eben aufgeführten Erwartung, sondern er paßt auch nicht mit dem Zustandekommen der Partnerschaft zusammen. Sie geht ja von einem Kräftegleichgewicht aus. Davor steht die Pilzinfektion und somit die Gefährdung der Wurzel durch die angreifenden oder eindringenden Pilzfäden. Solange die Bäume die Partnerschaft nicht wirklich nötig haben, sollten sie das Infektionsrisiko vermeiden. Diese Ausdrucksweise ist berechtigt, wenn man sie als kurze Zusammenfassung des langwierigen Evolutionsprozesses versteht. Über Erfolg oder Mißerfolg befindet die Selektion, die natürliche Auslese, und nicht etwa der Baum selbst und ganz unmittelbar.

Auf die Mykorrhiza bezogen heißt das, daß die Bäume die riskante Partnerschaft mit den Pilzen nur dann eingehen, wenn sie diese unbedingt nötig haben. Ohne zwingende Notwendigkeit wachsen und gedeihen sie, wie viele Laubbäume in unseren Wäldern das tun, ganz auf sich selbst gestellt. Ihr Wurzelwerk ist leistungsfähig genug, um Wasser und Nährsalze herbeizuschaffen.

Ziehen wir nun den Vergleich mit dem »dschungelähnlichsten« Waldtyp außertropischer Breiten, mit dem Auwald entlang der Flüsse, dann zeigt sich, daß hier im Auwald in der Tat die Erwartungen erfüllt sind und Mykorrhiza fehlt oder nur ausnahmsweise auftritt. Im tropischen Regenwald dagegen ist sie weit verbreitet und für sehr viele, wenn nicht für die meisten Bäume unabdingbar für ihren Wachstumserfolg.

Jetzt kommen zwei grundlegende Befunde zusammen, denen keine Gemeinsamkeit anzusehen ist. Oben in den Baumkronen brauchen die Orchideen die Keimhilfe von Pilzen, unten im Wurzelwerk der Bäume selbst die Wachstumshilfe der Wurzelpilze. Damit verknüpft sich das Leben, die Existenz des tropischen Regenwaldes unmittelbar mit den Pilzen, und nicht nur indirekt, wie wir das von der gewöhnlich abbauenden Tätigkeit dieser Organismen erwarten. Denn natürlich zersetzen auch im tropischen Regenwald die Pilze einen Großteil des anfallenden organischen Materials, seien es Blätter und Ästchen als Bestandsabfall oder umgestürzte Bäume. Diese Rolle als Zersetzer ist uns wohl vertraut. Im ökolo-

Die Last der Epiphyten (im Foto oben sind es vor allem Bromelien) übersteigt in manchen Regenwäldern das Gewicht der Blätter am Baum um mehr als das Doppelte. Diese »Aufsitzerpflanzen« ernähren sich ausschließlich von dem, was über die Luft an Nährstoffen eingetragen wird. Ihre Wurzeln zapfen den Baum nicht an.

In den Blatttrichtern der Bromelien (Foto Mitte links) sammelt sich Wasser in »Miniaturaquarien«, die von Fröschen, Libellen, Krebstieren, Mückenlarven und anderen Kleintieren bewohnt werden. Die Kannenpflanzen (Nepenthes; Foto Mitte rechts) nutzen diese Miniaturaquarien sehr direkt aus. Sie entnehmen der Flüssigkeit, die sich in den zu Fangtrichtern umgestalteten Blättern ansammelt, mineralische Nährstoffe, vor allem Stickstoffverbindungen aus Insekten, die in die Fallen geraten sind und »verdaut« wurden.

Die Orchideen (Foto unten) decken ihren geringen Nährstoffbedarf über besondere Wurzeln, die über ein Gewebe an der Oberfläche, das Velamen radicum, Wasser und Nährsalze aus der Luft aufnehmen. Bei diesem geringen Nährstoffzustrom wachsen sie nur sehr langsam und blühen in großen Abständen nach Jahren des Ansammelns von Reservestoffen.

gischen Sprachgebrauch werden die Pilze daher auch »Destruenten« genannt, weil sie pflanzliches Material zerstören und in die anorganischen Grundstoffe abbauen oder die Angriffsmöglichkeiten für Bakterien eröffnen, die diesen begonnenen Abbau zu Ende führen. Im tropischen Regenwald sind die Pilze aber keineswegs nur oder in überwiegendem Maße Abbauer, sondern ganz wichtige, ja unentbehrliche Helfer für den Aufbau von lebendem pflanzlichem Material. Ihre Rolle ist aus diesem Grunde anders zu sehen und zu werten als im einfachen Grundschema eines Ökosystems. Danach leisten die grünen Pflanzen den Aufbau und werden als Produzenten geführt, Tiere und Menschen treten als Verbraucher auf und werden Konsumenten genannt, während Pilze und Bakterien als Abbauer, als Destruenten, den Kreislauf der Stoffe vollenden.

Diese Grundbeziehungen waren näher zu behandeln, weil sich darin die Besonderheit des tropischen Regenwaldes und die Schwierigkeiten mit seiner Nutzung überzeugend erläutern lassen. Doch bevor dieser Schritt vollzogen werden kann, bedarf es der Berücksichtigung eines anderen Sachverhaltes, der den tropischen Regenwald in ganz besonderem Maße kennzeichnet.

Unvorstellbarer Artenreichtum

Im tropischen Regenwald gleicht ein Baum dem anderen und doch gehört (fast) jeder zu einer anderen Art. Diese paradoxe Feststellung stimmt, wenn wir von einigen Regenwaldgebieten absehen, die über einen einheitlicheren Bestandsaufbau verfügen. Die Gründe dafür werden später erläutert, wenn es um die weltweiten Unterschiede und um die Nutzungsmöglichkeiten tropischer Regenwälder geht. Hier hingegen ist es angebracht, die immense, nahezu unglaubliche Artenvielfalt der Waldbäume hervorzuheben. In Zentralamazonien wurden auf einem einzigen Hektar Regenwald mehr als 500 verschiedene Baumarten ermittelt. Diese Artenfülle auf kleinster Fläche übertrifft die Baumartenzahl von ganz Europa bei weitem. Eine derartige Vielfalt bedeutet, daß kaum zwei Bäume der gleichen Art auf dieser 100 mal 100 Meter messenden Fläche vorhanden waren. Nahezu jeder größere Baum gehörte einer anderen Art an. Auch bei Untersuchung größerer Probeflächen stellt sich eine ähnlich hohe Artenzahl heraus. Hunderte verschiedener Baumarten kommen in den gleichen Gebieten vor, und zwar weltweit in den Tropen. Die größte Artenvielfalt wurde in Amazonien, auf Sumatra und Borneo festgestellt.

Der unkundige Betrachter solch artenreicher Tropenwälder wird diese Vielfalt allerdings nicht bemerken. Denn die meisten Bäume sehen einander so ähnlich, daß es selbst Spezialisten schwer fällt, eine Vorstellung von den Artenzahlen zu gewinnen, wenn die Bäume nicht in Blüte sind. Die Lebensbedingungen bewirken so gleichförmige Wuchsformen, daß zahlreiche Arten nur mit großer Mühe und besten Kenntnissen zu bestimmen sind.

Nun könnte man daraus schließen, daß die Arten einander so ähnlich sind, weil sie so eng miteinander verwandt sind. Die von den Botanikern ermittelten Unterschiede würden nur wissenschaftliche Feinheiten ohne praktische Bedeutung darstellen. Tatsächlich gibt es in Südostasien ausgedehnte Waldgebiete, die von Bäumen einer einzigen Gattung beherrscht sind, deren Artenvielfalt auf hohem Verwandtschaftsgrad beruht. Es sind dies die *Dipterocarpus*-Wälder. Als Ausnahme bestätigen sie den Regelfall, und der lautet, daß dem normalerweise nicht so ist. Die Ähnlichkeit beruht auf gleichsinnigen Entwicklungen, auf sogenannter Konvergenz, und nicht auf enger Verwandtschaft. Das beweisen die ungemein differenzierten Inhaltsstoffe der Regenwaldbäume. Sie sind von Baumart zu Baumart so verschieden, daß fast alle Pflanzenverwerter unter den Insekten oder unter kleineren Säugetieren hochgradige Spezialisten sein müssen. Haben sie die chemische Abwehr der einen Baumart überwunden, können sie diese als Nahrungsquelle zwar nutzen, aber keine andere Art mehr. Anders ausgedrückt: Nicht das, was äußerlich zu sehen ist, macht die Unterschiedlichkeit der Arten aus, sondern das, was unter ihrer Rinde und in ihren Blättern steckt. Die beinahe unglaubliche Artenfülle stellt daher kein Kunstprodukt der Pflanzenkundler dar, die in den Verdacht geraten könnten, gänzlich unbedeutende Kleinstunterschiede unzulässig aufgewertet zu haben. Eher trifft das Gegenteil zu. Immer wieder stellt sich nämlich heraus, daß auch unter jenen Arten, die nach bisherigen Klassifikationskriterien der Botaniker zu einer Art zu rechnen sind, mehrere Arten verborgen sind, die sich durch chemische Unterschiede oder durch Unverträglichkeit von Erbgut auszeichnen. Man nennt sie »kryptische Arten«. Ihr Anteil scheint gerade in den Tropenwäldern besonders hoch auszufallen. Man kennt aber die Verhältnisse noch nicht gut genug.

Somit muß ein weiterer höchst bedeutsamer Befund festgehalten werden: Der tropische Regenwald ist außerordentlich artenreich. Wie paßt dieser Artenreich-

tum mit der Gleichförmigkeit der Lebensbedingungen zusammen, die weit weniger Variationen zeigen als außertropische Waldgebiete? Wie ist er entstanden? Warum ist er entstanden und wie erhält er sich?

Mit diesen Fragen nähern wir uns dem Kern der Regenwaldproblematik. Wenn wir nämlich die Ursachen des Artenreichtums ermittelt haben, können wir die Folgen der gegenwärtigen Regenwaldzerstörung besser beurteilen und Alternativen entwickeln, die den Regenwald erhalten, aber seine sinnvolle Nutzung nicht von vornherein ausschließen.

Hierzu fügen wir noch einen letzten Baustein in das Bild der Befunde. Dann werden die Grundprozesse hervortreten, die das Leben des tropischen Regenwaldes bestimmen.

Urwalddynamik

Die außerordentliche Vielfalt an Baumarten, die den tropischen Regenwald auszeichnet, stellt die Forschung vor ein Rätsel. Warum bilden sich keine größeren Bestände einzelner Arten aus? Im Laufe der Zeiten müßten doch winzige Unterschiede in den Überlebensvor- oder -nachteilen bestimmte Baumarten bevorzugen und somit ihre Ausbreitung fördern, während andere, nur ein bißchen weniger erfolgreiche zurückgedrängt werden sollten. Im Laufe der Jahrhunderttausende würden sich die besser angepaßten durchgesetzt haben und das Waldbild beherrschen. Doch das ist ganz offensichtlich nicht der Fall. Auf Millionen von Quadratkilometern Urwaldfläche herrscht die Artenvielfalt; ganz im Gegensatz zu den außertropischen Wäldern mit ihrer geradezu monotonen Baumbeständen, die von einigen wenigen Arten bestimmt werden.

Für die Beurteilung kommt eine weitere Komplikation hinzu: Die Schwierigkeit, das Alter der Bäume im tropischen Regenwald zu bestimmen. Die Stammdicke ist dafür nur ein sehr grobes Maß. Man muß aber den Altersaufbau kennen, wenn man die Veränderungen im Wald, die Walddynamik, erfassen möchte. Ohne Kenntnis der Walddynamik läßt sich aber wiederum die Ursache der Artenvielfalt nicht ermitteln.

Sorgfältiges, langjähriges Beobachten mußte also die notwendigen Grunddaten liefern. Dies wurde zum Beispiel im Rahmen des Smithsonian-Projektes zur Erforschung des tropischen Regenwaldes auf der Insel Barro Colorado in Panama vorgenommen. Aber auch in anderen Tropenwaldgebieten setzte die Forschung langjährige Beobachtungsreihen an, um Leben und Sterben der Urwaldbäume mitverfolgen zu können.

Die Ergebnisse überraschten in mehrfacher Hinsicht. Erstens zeigte sich, daß die einzelnen Bäume um so besser wachsen, je weniger Artgenossen in ihrer unmittelbaren Nachbarschaft, das heißt im Erfassungsbereich ihrer Wurzeln, vorhanden sind. Die Zugehörigen einer Baumart vertragen sich vielfach untereinander weniger gut als artfremde Bäume. Zweitens verläuft das Wachstum recht unterschiedlich schnell, je nachdem, welche Lichtverhältnisse herrschen und welche Baumarten im Nahbereich der Wurzeln vorhanden sind. Drittens wachsen viele Urwaldbäume schneller als angenommen, so daß Urwaldriesen mit mehreren Metern Stammdurchmesser in Brusthöhe keineswegs gleich Jahrtausende alt sein müssen. Viertens sterben die großen Bäume erstaunlich schnell. Sie schleppen ihren Alterungsprozeß nicht über Jahrzehnte hin, wie wir das von alten Eichen oder Linden kennen, sondern fallen einem Gewittersturm zum Opfer, sobald sie ihre volle Lebenskraft eingebüßt haben. Ihr Wurzelwerk verläuft oft sehr flach unter der Erdoberfläche. Es gibt weniger Halt als die tiefen Pfahlwurzeln, die beispielsweise Eichen ausbilden. Es ließen sich zahlreiche weitere Eigenheiten aufführen, die jedoch zu sehr ins Detail gehen und vom zentralen Thema ablenken.

Dieses läßt sich wie folgt zusammenfassen: Die hohen Artenzahlen auf kleinen Flächen kommen dadurch zustande, daß mit überraschender Regelmäßigkeit kleinere Störungen, wie Gewitterstürme, einzelne Bäume zu Fall bringen und damit Lücken öffnen, die vom »wartenden« Jungwuchs gleich geschlossen werden (vgl. Foto S. 28). Da im unmittelbaren Einflußbereich eines großen Baumes zumeist kein Jungwuchs der gleichen Art vorhanden ist, fördert jede Lücke die Vielfalt. Noch ausgeprägter wird dies bei mittelschweren Störungen, etwa wenn starke Stürme regelrechte Schneisen im Wald aufreißen und Windwurfflächen verursachen. Auf solchen »Störflächen« steigt die Artenzahl besonders stark an.

Der Artenreichtum ist also mit den wiederkehrenden Störungen verbunden, die den Wald immer wieder auf kleinen bis kleinsten Flächen in Entwicklung halten. Aus größerer Entfernung betrachtet verursachen sie ein sehr feines Mosaik, das sich unter der Einheitlichkeit des geschlossenen Kronendaches verbirgt.

Daß Störungen den Artenreichtum fördern und die Häufigkeitsverhältnisse immer wieder zu Gunsten der seltenen Arten verschieben, war nicht erwartet worden, weil man den tropischen Regenwald für einen besonders stabilen Lebensraum gehalten hatte. Die Stabilität wäre allerdings kein Widerspruch, denn in seiner Vielfältigkeit, in seiner Diversität, ist der tropische Regenwald in der Tat sehr stabil.

Eine befriedigende Antwort auf die Ausgangsfragen gibt dieser Befund jedoch nicht. Er verschiebt die Frage vielmehr auf eine andere Ebene. Wir wissen nun zwar, daß es die vielen, alljährlich oder alle paar Jahre wiederkehrenden Störungen von außen sind, die zur hohen Diversität des Tropenwaldes beitragen, aber die Ursache des Artenreichtums können die Störungen nicht sein. Sie sind nichts weiter als der Mechanismus, vielleicht der wichtigste von mehreren, zusammenwirkenden Mechanismen, der die Vielfalt aufrechterhält. Begründet aber wurde sie ganz gewiß nicht von den Störungen.

Wo kommt sie her, diese Artenvielfalt, und welche Funktion erfüllt sie? Das sind die nach wie vor ungelösten Kernfragen. Aber wir können sie jetzt genauer fassen. Denn Sturmwurf, Waldbrände, Insektenkalamitäten, Schneebruch und Eisregen oder Ausfälle durch scharfen Frost kennen wir längst als Einflußgrößen auf die Wälder der gemäßigten und der borealen Breiten. Wenn sie dort nicht minder regelmäßig unregelmäßig auftreten, als Sturmwurf in den Tropenwäldern, aber keinen Einfluß auf den Artenreichtum genommen haben, können die Störungen also nicht die Ursache des Artenreichtums im tropischen Regenwald sein.

Arten entstehen nicht von heute auf morgen. Die Artbildung erfordert in der Regel lange Zeiträume, die sich nach Jahrtausenden bis Jahrmillionen bemessen.

Wie schnell sie abläuft, hängt unter anderem auch mit der Geschwindigkeit der Generationsfolgen zusammen. Bäume leben lange; sehr lange, verglichen mit Tieren. Ihre Generationszeiten bemessen sich nach Jahrhunderten. Setzen wir nur die höchstwahrscheinlich zu knappe Zahl von 100 Baumalter als Mindestzahl für die Artbildung an, so ergibt sich daraus eine Zeitspanne von 50 000 bis 100 000 Jahren. Die Wirklichkeit wird näher an der Million liegen, weil zur Ausbildung hinreichend bedeutender Unterschiede, aus denen sich die Aufspaltung der Ausgangsart in zwei neue Arten oder die Abspaltung einer neuen Art ergibt, viel mehr als 100 Generationen nötig sind. Also tun wir gut daran, anzunehmen, daß die heutige Artenvielfalt der Tropenbäume das Ergebnis der letzten Jahrmillion (größenordnungsmäßig) darstellt. Was sich in dieser Zeit ereignet hat, wird im Kapitel über die Regenwälder im Tropengürtel näher aufgeführt. Hier genügt als Befund, daß eine lange Entwicklung zu jener rätselhaften Artenfülle geführt hat, deren Funktion wir verstehen müssen, wenn wir die Natur des tropischen Regenwaldes begreifen wollen.

Was so lange Zeitspannen in Anspruch nahm, kann kein Produkt des Zufalls sein. Wir dürfen also davon ausgehen, daß die Artenfülle im tropischen Regenwald nicht einfach so da ist, sondern daß sie etwas Lebenswichtiges ausdrückt. Die Grundstrukturen der tropischen Regenwälder beinhalten diese zentrale Eigenschaft. Alle Bausteine zum Funktionsbild spiegeln sie. In groben Zügen haben wir das Muster bereits aufgedeckt.

4.
Der tropische Regenwald als Ökosystem

Saharastaub über Süddeutschland

In der Westsahara tobt ein Sandsturm. Scharfkantige Quarzsandkörnchen polieren wie ein Sandstrahlgebläse die bizarren Felsformationen, schmirgeln sie ab und reißen feinste Stäubchen von Gestein mit sich fort. Der Sturm scheint alles Leben zu ersticken. Nicht einmal die angefeuchteten Tücher können das Eindringen von Sand und Staub in Nase und Lungen verhindern. Das Atmen fällt schwer. Der Sturm verlangt das Äußerste an Widerstandskraft und Überlebenswillen von Pflanzen, Tieren und Menschen. Als bleiche Scheibe zeichnet sich die Sonne im Dunstbraun der Atmosphäre ab. Sandfahnen stehen über den Dünenrücken. Das dürre, trockene Gegenstück zur feuchtigkeitsgeschwängerten Fülle des Regenwaldes ist in Aufruhr.

Am nächsten Tag sind weite Landstriche nördlich der Alpen von einem hauchfeinen, gelben Staubmantel bedeckt. Auf dem sonst gewöhnlich blitzenden Lack der Autos zeichnet er sich am deutlichsten ab. Saharastaub über München vermelden die Boulevardblätter.

Ein mächtiger Zyklon hatte den aufgewirbelten Staub über dem östlichen Atlantik vor der westafrikanischen Küste erfaßt und in einem riesigen Bogen über mehrere tausend Kilometer zuerst nordwärts, dann nach Osten verfrachtet, bis sich die Staublast über dem Alpenvorland senkte. Alle paar Jahre gibt es solchen Saharastaub, aber meistens merkt es niemand; man achtet zu wenig darauf.

Was die Luftwirbel nach Mitteleuropa geworfen hatten, war allerdings nur ein geringer Teil der Staubmassen, die der Sturm mit sich führte. Die weitaus größere Menge geriet in den Passat und wurde über den Atlantik getragen. Mit großer Beständigkeit wehen diese »Handelswinde« (Trade winds), wie die alten Seefahrer sie nannten, als sie noch mit ihren Segelschiffen die Weltmeere durchkreuzten. Auf sie war Verlaß. Wochen- ja monatelang änderten sie Stärke und Richtung kaum: Stets schräg äquatorwärts zur Zone des Sonnenhöchststandes.

Über dem westlichen Pazifik stoßen diese Passatwinde auf die großen Inseln, auf Borneo und Sumatra, auf Neuguinea und die kleinere Inselwelt dazwischen. Üppige Regenwälder bedecken diese südostasiatischen Inseln. Täglich toben Gewitterstürme in dieser Turbulenzzone der Atmosphäre.

Die Boeing 747 der australischen Flugge-
sellschaft Quantas, mit der ich von Dar-
win in Nordaustralien nach Singapur
fliege, stößt in diese Turbulenzzone. Ein
gewaltiger Gewittersturm steht über der
Südspitze von Sumatra. Er reicht an die 20
Kilometer hoch in die Atmosphäre. Das
Flugzeug weicht aus, so gut es geht. Aber
die Turbulenzen erfassen dennoch den
Jumbo und rütteln an den Tragflächen,
die sich bedenklich biegen. Alle paar Sekunden zuckt ein Blitz aus dem Gewittersturm zu Boden und zeichnet ein grandio-
ses Schauspiel in den Abendhimmel. Mit
jedem Blitzstrahl verpuffen Megatonnen
an Energie. Die Maschine fliegt nun wieder ruhiger. In mehr als 12 Kilometer
Höhe folgt sie ihrem Kurs, das Inferno des
Tropengewitters als flüchtiges Ereignis
hinter sich lassend. Für die Piloten, die
diese Strecke fliegen, gehört es zur Rou-
tine. Tief unten auf den Tropeninseln ergießt sich ein Wolkenbruch übers Land.
Auch er gehört zum Alltag, denn fast jeden Nachmittag braut sich hier ein Gewitter zusammen, entlädt sich und zieht vorüber. Die sintflutartigen Regen gehören
zur Natur der feuchten, inneren Tropen.
Man nimmt sie zur Kenntnis, hält sie aber
kaum des Nachdenkens wert.

Doch es gibt einen tiefen Zusammenhang
zwischen dem Saharastaub über München und dem Tropengewitter auf dem
Flug über Indonesien; eine Verbindung,
die den Schlüssel für das Verständnis des
tropischen Regenwaldes enthält. Beim
Tropengewitter über Sumatra verschlei-
ert das Alltägliche des Ereignisses den In-
halt, beim Saharastaub das zu Außergewöhnliche. In beiden Fällen geht es im
Prinzip um den gleichen Zusammenhang,
den die Bausteine des vorausgegangenen
Kapitels herstellen sollten. Ich versuche
nun, dieses Bild zusammenzusetzen.

Vom Baustein zum Kreislauf

Drei grundlegende Einstufungen stecken
in der Bezeichnung »tropischer Regenwald«. Die erste betrifft die geographi-
sche Lage in der Tropenzone, also in je-
nem Gürtel der Erde beiderseits des Äquators, der bis zu den beiden Wendekreisen
reicht. Dort steht die Sonne einmal im
Jahr senkrecht, in dem dazwischenliegen-
den Bereich zweimal. Die Stärke der Einstrahlung hängt vom Neigungswinkel ab,
unter dem die Sonnenstrahlen auf die
Erdoberfläche fallen. Bei senkrechtem
Stand ist die Intensität am größten. Die
Tropenzone erhält deshalb die größte
Strahlungsenergie pro Fläche und damit
die stärkste Energiezufuhr von der Sonne.
Die zweite Festlegung bezieht sich auf den
Regen. Innerhalb der Tropenzone fallen die
Niederschläge keineswegs überall in gleicher Menge und Verteilung übers Jahr. Es
gibt trockene, wechselfeuchte und mehr
oder minder dauerfeuchte Zonen. Nur in
letzterer kann sich tropischer Regenwald
entwickeln. Im Regelfall müssen die Niederschlagsmengen jährlich zwei Meter erreichen oder übersteigen, und es dürfen keine
trockenen Monate auftreten.
Die dritte Festlegung schließlich besagt,
daß es sich um Wald handelt, und nicht
etwa um Feuchtsavannen, Sumpfgebiete
oder tropische Hochgebirgsregionen mit
großen Niederschlagsmengen.
Tatsächlich sind Strahlung, Wasser und
Wald die drei Grundkennzeichen für die
Natur des tropischen Regenwaldes. Wir
haben als viertes den außerordentlich hohen Artenreichtum hinzugefügt. Wie wirken nun Wärme und Licht als Strahlung,
Wasser und Wald zusammen? Wie fügen
sich die Teile in den Kreislauf des Geschehens? Diese Frage soll uns nun näher be-
schäftigen.

Gehen wir vom Bekannten aus. Der Tropenwald ist wie jeder Wald zunächst einmal pflanzliche Masse, »Biomasse«, die durch den biochemischen Prozeß der Photosynthese im wesentlichen gebildet worden ist. Die Bäume hatten über die Blätter Kohlendioxid aus der Luft aufgenommen, und dieses Gas zusammen mit Wasser, welches die Wurzeln bereitgestellt hatten, zu Zucker und Sauerstoff umgebaut. Den Sauerstoff gaben sie an die Atmosphäre ab; den Zucker speicherten sie, bauten ihn zu größeren Einheiten wie Stärke oder Zellulose zusammen und stellten Holz her. Das Ergebnis dieser Aufbautätigkeit äußert sich im Wachstum. Da die Pflanzen genauso wie die Tiere auch atmen müssen, verbrauchen sie einen Teil ihrer Aufbauleistung damit wieder. Die Rückreaktion entspricht der Umkehrung der Photosynthese: Der Zucker oder andere Kohlenhydrate werden mit Sauerstoff »verbrannt«. Es entsteht dabei wieder Kohlendioxid. Für den tropischen Regenwald gelten diese Grundbedingungen des Wachstums genauso wie für die Bäume in außertropischen Regionen.

Es kommt einfach darauf an, daß die grünen Pflanzen mit Hilfe ihres grünen Blattfarbstoffes (Chlorophyll) Lichtenergie einzufangen vermögen und in chemisch gebundene Energie umwandeln, die bei Bedarf genutzt werden kann. Im tropischen Regenwald sind die Bäume ihrer Menge und Bedeutung nach die mit weitem Abstand wichtigsten Energiewandler. Sie bauen auf und werden damit zu »Produzenten«. Die erste wesentliche Besonderheit steht nun hier bei der Produktion an. Die hochstehende Sonne schickt eine solche Energiemenge auf die inneren Tropen, daß man geradezu von einem Bombardement sprechen kann. Ungeschützte Haut würde nach kurzer Zeit verbrennen. Unvorsichtige Kurzzeitbesucher in den Tropen haben diese Tatsache oft schon recht schmerzhaft zu spüren bekommen.

Metalle und andere Stoffe, die nicht irgendwie gekühlt werden, heizen sich unter dieser intensiven Einstrahlung so stark auf, daß man sich die Finger verbrennen könnte. Wie bringen es die Pflanzen, allen voran die Bäume im Tropenwald, die ihre Kronen auch noch frei der Einstrahlung entgegenrecken, fertig, die Verbrennung zu vermeiden? Zwei Lösungsmöglichkeiten stehen zur Verfügung.

Die eine bedeutet die Ausbildung eines besonderen Strahlungsschutzes durch rückstrahlende Oberflächen, durch isolierende Luftschichten zwischen toten Teilen und dem lebendigen Gewebe, durch Verminderung der angestrahlten Oberfläche und durch entsprechende Blattstellungen parallel zur Sonneneinstrahlung. Diese Grundformen des Sonnenschutzes finden wir insbesondere bei Wüsten- und Halbwüstenpflanzen, also bei Pflanzen, die in Lebensräumen wachsen, die unzureichend mit Wasser versorgt sind. Die Wuchsformen, die dabei zustandekommen, werden recht bezeichnend als »Xeromorphie« typisiert. Der Fachausdruck bedeutet »Form, die der Trockenheit angepaßt ist«. Pflanzen, die solche Bildungen entwickeln, gehen mit dem zur Verfügung stehenden Wasser sehr haushälterisch um und verwenden es nur in ganz geringem Maße zur Kühlung.

Der Wärmeentzug, der bei der Verdunstung von Wasser auftritt, stellt nun die andere Möglichkeit, mit der hohen Strahlenintensität zurechtzukommen, dar. Sie läßt sich nur dort verwirklichen, wo genügend Wasser vorhanden ist. Die Strahlungswärme läßt das Wasser in den Blättern verdunsten und so wird die Kühlwirkung erzielt, die für die Feinstrukturen der Blätter lebensnotwendig ist. Ohne ausreichende Kühlung würde die Strahlung die Zellen zerstören, ihren komplizierten chemischen Mechanismus vernichten, mit dem sie organische Stoffe aufbauen.

Im tropischen Regenwald ist genug Wasser vorhanden. Dennoch ähneln die Blätter, insbesondere im Kronenbereich, mehr jenen der Hartlaubgewächse im Mittelmeerraum als solchen, die in den wasserreichen Auen auf Bäumen und Büschen wachsen. Diese Blattformen weisen darauf hin, daß ein erheblicher Strahlungsdruck in den Kronen der Regenwaldbäume trotz der ausgezeichneten Wasserversorgung herrscht.

Die Pflanzen können die Einstrahlung nicht abschalten. Nur wenige sind in der Lage, durch Veränderungen in der Blattstellung ein wenig günstigere Verhältnisse zu erlangen.

Tiere weichen aus, wenn es ihnen zu heiß wird. Sie suchen den Schatten oder Kühlung auf. Den Regenwaldbäumen bleibt gar nichts anderes übrig, als über ausreichende Verdunstung ihre Blätter vor der zerstörerischen Wirkung der Strahlung zu schützen und dabei während der Hellphase des Tages die Photosynthese weiterlaufen zu lassen. Die Fließgleichgewichte in den Zellen können nicht stehenbleiben oder durch Eindickung der Zellsäfte verlangsamt laufen.

Das üppige Wachstum des tropischen Regenwaldes ist also die Folge der hohen Einstrahlungsintensität unter dem Äquator. Für die Bäume gereicht dies nicht unbedingt zum Vorteil, müssen sie doch die Produkte der Photosynthese irgendwie bewältigen. Der Sauerstoff verschafft keine Probleme. Er wird über die Spaltöffnungen nach außen abgegeben. Jedoch

die Zucker bleiben übrig. Sie entstehen in viel größeren Mengen als sie der Baum zur Erhaltung seiner Lebenstätigkeit braucht. Nicht einmal für die Vermehrung sind sie unabdingbar, weil diese an ganz anderen Stoffen hängt. Die Photosynthese stellt nämlich kein Eiweiß und keine Phosphorverbindungen her, die für die Vermehrung des Erbgutes benötigt werden. Diese Verbindungen werden durch andere Vorgänge in den Zellen synthetisiert; von Vorgängen, wie sie in tierischen Zellen oder in den Zellen der Pilze ablaufen. Die Herstellung von Eiweiß erfordert Stickstoffverbindungen, und Phosphor stellt in noch stärkerem Maße ein lebenswichtiges Element dar. Aus ihnen stellen die Zellen die Trägersubstanzen des Lebens her. Die Kohlenhydrate aus der Photosynthese sind »Betriebsmittel« und »Brennstoffe« für den Stoffwechsel. Sie sind die Energiespeicher.

So betrachtet ist nicht alles, was die Photosynthese zustandebringt, unbedingt etwas Notwendiges. Es kann durchaus auch unnötige Überschußproduktion darstellen, die »unschädlich« gemacht werden muß. Diese ungewöhnliche Sicht wird vielleicht verständlicher, wenn wir uns die Tatsache vergegenwärtigen, daß der Baum genau genommen eine größtenteils tote Ansammlung organischer Stoffe darstellt, die von einer sehr dünnen, lebendigen Hülle umgeben werden. Sogar die Blätter gehören nicht uneingeschränkt zum lebenden Teil des Baumes, weil sie nach Ablauf einer gewissen Lebenszeit abgeworfen werden. Sie haben ihre Funktionen erfüllt. Was weiter lebt, ist das millimeterdünne Bildungsgewebe zwischen Borke und Holz!

Im Laufe seines Lebens sammelt der Baum somit unablässig bestimmte, lebenswichtige Stoffe. Er nimmt sie mit den Wurzeln

55

oder mit anderen Teilen auf und legt sie zusammen mit den Produkten der Photosynthese fest. Von Zeit zu Zeit werden sodann die gespeicherten Reserven dazu benutzt, Samen zu entwickeln. Schübe von Fortpflanzungsvorgängen wechseln mit längeren Abschnitten reinen Wachstums ab.

Für die Fortpflanzung benötigt der Baum in erster Linie jene Stoffe, aus denen sein Eiweiß und sein Erbgut aufgebaut sind. Energieliefernde Stärke, Fette oder Zukker stellen Beiwerk dar, das unter den gegebenen Umweltbedingungen gebraucht wird, um erfolgreich keimen zu können. Der reinen Fortpflanzung sind jedoch die staubfeinen, nahezu nur aus Erbgut bestehenden Samen der Orchideen genauso dienlich wie die schweren, massiv verpackten Samen der Paranuß oder gar die Kokosnuß, die so viel Reservestoffe enthält, daß die junge Kokospalme meterhoch damit werden kann, ohne auf Nährstoffe aus der Umgebung zurückgreifen zu müssen.

In den Samen wird besonders deutlich, daß es zwei Lebensvorgänge sind, die zwar sehr eng zusammenkommen, aber trotzdem getrennt betrachtet werden müssen: Wachstum, Stoffspeicherung und -herstellung einerseits und die Erhaltung und Ausbreitung des Erbgutes andererseits. Dieser Zusammenhang führt nicht, wie man argwöhnen könnte, vom Thema weg, sondern ganz im Gegenteil zum Kern der Abläufe im tropischen Regenwald hin. Denn es mangelt diesem Wald nicht an den Voraussetzungen und Grundstoffen für das Wachstum, sondern an jenen Stoffen, die für die Herstellung von Eiweiß und Erbmaterial ausschlaggebend sind. Kohlendioxid und Wasser, Wärme und Licht, sind als chemisch-physikalische Wachstumsbedingungen im Überfluß verfügbar. Es fehlt dem tropischen Regenwald an Stickstoff-, Phosphor- und einigen anderen mineralischen Rohstoffen, die für die Herstellung der Eiweißverbindungen, insbesondere von Enzymen und von Erbmaterial vonnöten sind.

Diese Feststellung muß noch überzeugend untermauert werden. Betrachten wir hierzu zunächst die indirekten Hinweise. Der Besucher tropischer Regenwälder kann sie selbst nachvollziehen. So finden sich etwa Blüten als sichtbarer Ausdruck von Fortpflanzung nur höchst selten. Ein Blick über das Blätterdach — von Türmen, die zu Forschungszwecken beispielsweise im zentralamazonischen Regenwald errichtet worden sind — wird dies bestätigen: Das Meer der stumpfgrünen Baumkronen erstreckt sich nach allen Seiten bis zum Horizont (vgl. Foto S. 27), und wenn überhaupt, so heben sich nur einzelne Bäume durch Blüten hervor.

Den gleichen Befund vermittelt eine Fahrt auf den Regenwaldflüssen. Die grünen Mauern entlang der Ufer enthalten kaum irgendwelche Farbflecke, die man für Blüten halten könnte. Bei der überquellenden Fülle des Wachstums sollte man eigentlich eine entsprechende Blütenfülle erwarten. Sie ist nicht vorhanden. Zahlreiche Bäume tragen ihre Blüten nicht oben in den Kronen, sondern sie sprießen aus den oberen Stammteilen und aus dicken Ästen hervor. »Stammblütigkeit« (Kauliflorie) nennen die Botaniker dieses Phänomen. Wir kennen es beispielsweise vom Kakao und vom Brotfruchtbaum. Wenn die Bäume blühen, dann vollzieht es sich nicht mit der uns wohlbekannten Geschwindigkeit der Baumblüte im Frühling, sondern bei vielen Arten anhaltend, Blüte für Blüte. Besonders lange halten sich die Blüten der meisten Orchideen. Die Ausbildung der Samen oder Früchte nimmt überraschend viel Zeit in Anspruch.

Zahlreiche weitere Einzelbefunde ließen sich hierzu aufführen. Ihr gemeinsames Kennzeichen ist der Eindruck, daß die Bäume und die anderen Pflanzen im tropischen Regenwald ganz im Gegensatz zum verschwenderischen Wachstum äußerst sorgfältig mit der Produktion von Samen umgehen. Wenn in unseren mitteleuropäischen Wäldern die Eichen oder die Buchen in Massen ihre sehr nährstoffreichen Samen im Herbst ausschütten, sprechen wir bezeichnenderweise von »Mast«. Ein vergleichbares Phänomen wird man in tropischen Regenwäldern vergeblich suchen. An dieser Feststellung ändert auch die von Zeit zu Zeit auftretende »reiche Ernte« bei bestimmten Fruchtbäumen nichts. Das Ereignis bleibt zu selten und zu lokal, verglichen mit der Massenproduktion von Samen in außertropischen Waldgebieten. Die Nutzer tropischer Fruchtbäume müssen weit umherschweifen, um von einem, der gerade reifende Früchte trägt, zum nächsten zu kommen, der in einem ähnlichen Zustand ist. Dazwischen liegen Tausende oder Zehntausende von Bäumen, an denen so gut wie kein Samen- oder Fruchtansatz zu finden ist. Es herrscht, zumindest aus der Sicht der Frucht- und Samennutzer im tropischen Regenwald, Mangel an qualitativ hochwertiger Nahrung.

Dieser indirekte Hinweis auf Schwächen in der Versorgung mit Grundnährstoffen reicht natürlich noch nicht aus, weil auch andere Gründe vorstellbar wären. Wir müssen die Nährstoffe direkter aufspüren. Das geht nur mit entsprechender Untersuchungstechnik. Die vergangenen zwei Jahrzehnte haben in dieser Hinsicht aufschlußreiche Ergebnisse gebracht.

Nehmen wir den einfachsten Ausgangspunkt: ein Blatt. Es befand sich oben in der Krone, also in der Lichtzone. Der Wasserstrom aus den Wurzeln versorgte es mit Kühlflüssigkeit, aber auch mit gelösten mineralischen Nährstoffen. Die blattgrünhaltigen Zellen nutzten die Energie bestimmter Wellenlängen des Sonnenlichtes und erzeugten Kohlenhydrate. Sie leisteten aber noch mehr. Mit Hilfe der eingefangenen Energie und unter Verwendung der Stickstoff- und Phosphorverbindungen stellten die Zellen Eiweißstoffe, energiereiche Phosphorverbindungen und Bausteine für die Vermehrung von Erbgut her. Über besondere Leitungsbahnen, die durch die Blattrippen und die Stiele verlaufen, transportierte der Baum diese »hochwertigen Produkte« in die Speicher unter der Rinde oder hinab bis zu den Wurzeln. Die Blätter wurden weitgehend geleert, so weit dies möglich war, weil für den Transport die Mithilfe lebender Zellen benötigt wird.

Reste der Stickstoff- und Phosphorverbindungen sowie lebenswichtige Metalle, wie Magnesium und Kalium, blieben unvermeidbarerweise in den Blättern zurück, die gleichsam ausgedient hatten. Ihre Umfärbung auf Rot- oder Brauntöne signalisierte nach außen die tiefgreifende Veränderung, die abgelaufen war Diese »Herbstfarben« sind die Farbe des Alterns. Daß sie unter Umständen bei jungen, frischen Trieben »nachgemacht« werden, darauf ist schon hingewiesen worden. Die Täuschung gelingt in der Regel: Die rötlichen Blätter werden nicht als attraktive, frische Triebe erkannt, sondern als ausgedientes Laub eingestuft. War keine Täuschung im Spiel, sondern das Blatt tatsächlich unbrauchbar geworden, löst eine besondere chemische Verbindung den Abwurf aus. Der Baum entledigt sich des alt gewordenen Blattes.

Der vorausgegangene aktive Entzug von Nährstoffen ist jedoch nicht das Ende. Ein zweiter Schritt der Nährstoffnutzung setzt ein, kaum daß das Blatt den Boden berührt hat. Es dauert kaum einen Tag in den feuchten Tropen, daß nicht bereits Pilze auf dem abgefallenen Blatt zu wuchern beginnen. Den Pilzen folgen häufig unmittelbar die Haarwurzeln der Bäume. Sie wachsen der eigentlich schon ziemlich ausgelaugten Nährstoffquelle »totes Blatt« entgegen, durchdringen es und entnehmen die letzten Reste von Mineralien, die noch vorhanden gewesen sind. Die Pilze zerlegen die schwer zu knackenden Zelluloseverbindungen und andere hochmolekulare Stoffe, die das Blatt während seines Wachstums aufgebaut hatte. Sie enthalten in erster Linie Kohlenstoffverbindungen, die den Pilzen als Nahrung dienen. Wenn das Blatt schließlich in seine letzten Reste zerfällt, hinterläßt es keinen Humus. Es hat sich, nachdem ihm die mineralischen Feststoffe entzogen waren, buchstäblich in Luft aufgelöst. Denn die Zersetzung bewirkte die Freisetzung des Kohlenstoffs in Form des gasförmigen Kohlendioxids und sie setzte den enthaltenen Wasserstoff mit Hilfe von Sauerstoff zu Wasser um. Damit sind die Ausgangsstoffe für die Photosynthese wieder entstanden und alles, was dazwischen lag, ist in den Kreislauf zurückgebracht worden. Die Zersetzung verläuft so schnell, daß sich – im Gegensatz zu den außertropischen Regionen oder auch zu den trockenen und den wechselfeuchten Tropen – kein Nährstoffvorrat in Form von Humus im Boden aufbauen kann. Wir hatten diesen Umstand bemerkt: Die Humusschicht ist sehr dünn, die wir in tropischen Regenwäldern an-

treffen können. Sie stellt keinen nennenswerten Speicher von Nährstoffen dar. Die Bäume können davon nicht leben.

Nun hatte sich aber auch gezeigt, daß viele Bäume im tropischen Regenwald ein sehr flaches Wurzelwerk ausbilden, und daß dies ein wichtiger Grund dafür ist, daß sie Brettwurzeln ausbilden, die ihnen die nötige Standfestigkeit verleihen. Wenn die feinen Wurzeln, wie ausgeführt, nach oben, dem Fallaub entgegen, wachsen, und wenn sie mit Meßinstrumenten kaum erfaßbare Restmengen an Mineralstoffen daraus noch entnehmen, muß man wohl annehmen, daß sie diese nötig haben. Gäbe es reichlich mineralische Nährstoffe im Boden selbst, wären solche extremen Nährstoffnutzungen kaum erklärlich. Warum sollten Wurzeln, die in der üblichen Weise in den Mineralboden abwärts wachsen können und dort die Phosphorsalze, das Kalium und die Stickstoffverbindungen finden, die sie brauchen, nach oben wachsen, um mit viel größerem Aufwand die letzten Reste aus den abgefallenen Blättern herauszuholen?

Die Erklärung dafür ist ganz einfach die Tatsache, daß es dort, wo sich die Wurzeln so verhalten, so gut wie keine pflanzennutzbaren Mineralstoffe im Boden (mehr) gibt. Die Böden sind so extrem ausgelaugt und nährstoffarm, daß die Reste in den Blättern tatsächlich mehr bieten. Die tropischen Regenwälder wachsen in weiten Teilen ihres Vorkommens auf ganz außerordentlich nährstoffarmen Böden.

Wie ausgelaugt sie sind, das geht aus der Analyse des Wassers hervor, das über die Waldbäche diese Böden verläßt. Messungen in Amazonien ergaben, daß das Wasser der Waldbäche weniger gelöste Nährsalze enthält als Regenwasser. Es kommt fast destilliertem Wasser gleich. Mit seiner Leitfähigkeit von kaum mehr als 5 Mikrosiemens pro Zentimeter liegt es um zwei Größenordnungen unter dem Wert, der die meisten der mitteleuropäischen Bäche kennzeichnet. 300 bis 600 Mikrosiemens pro Zentimeter sind hier normal. Die Leitfähigkeit stellt das Maß für die Gesamtheit der im Wasser gelösten Ionen dar, so daß im Falle der amazonischen Befunde nicht nur Metallionen, wie Kalium, Natrium oder Kalzium und Magnesium sowie Nitrate und Ammoniumionen erfaßt worden sind, sondern auch die sogenannten Huminsäuren, also wasserlösliche Humusstoffe, die den Waldbächen im Schwarzwasserbereich die charakteristisch kaffeebraune Farbe verleihen. Die Feststellung »reiner als Regenwasser« trifft also wirklich zu.

Nun könnte man dieses Ergebnis einfach so werten, daß der tropische Regenwald eben das Wasser so hervorragend filtert, daß fast alle gelösten Stoffe zurückgehalten werden, die hineingekommen sind. Wie noch näher ausgeführt wird, trifft dies im Prinzip auch zu. Jedoch im speziellen Fall der Leitfähigkeit des Waldbachwassers reicht die Erklärung nicht. Denn das Wasser ist deutlich sauer. Die pH-Werte liegen zwischen 4 und 5. Ein derart leicht saures Wasser ist in der Lage, Mineralstoffe aus dem mineralischen Boden oder aus dem anstehenden Muttergestein herauszulösen. Deswegen müßten die Waldbäche eine erheblich höhere Leitfähigkeit aufweisen, weil sie hauptsächlich von Grundwasser gespeist werden. Daß dies nicht der Fall ist, bestätigt die Annahme, daß die Böden so wenig hergeben, weil sie so extrem ausgelaugt sind.

Das geht aus den konkreten Befunden zu den einzelnen gelösten Stoffen klar hervor: Das als Pflanzennährstoff unentbehrliche Kalium erreichte eine Konzentration von 0,08 bis 0,5 Milligramm pro Liter, das für die Herstellung von Blattgrün benötigte Magnesium 0,01 bis 0,05 Milligramm pro Liter, Phosphorverbindungen waren nur in der Größenordnung von kaum 10 Millionstel Gramm pro Liter nachzuweisen und Kalzium lag unter der analytischen Nachweisgrenze.

Trotzdem könnten die Verhältnisse für die Bäume anders aussehen, wenn nämlich die Böden so strukturiert wären, daß sie keine Ionen ans Grundwasser abgeben. Deshalb erbringen erst die Analysen der Nährstoffvorräte in den Böden selbst den entscheidenden Aufschluß. Die Arbeitsgruppe um Professor Fittkau, damals am Max-Planck-Institut für Limnologie, Abteilung Tropenökologie, in Plön tätig, erarbeitete für Zentralamazonien folgenden Befund: In der obersten Meterschicht des Bodens, in welcher sich die Hauptmasse der Baumwurzeln befindet, gab es nur 14,7 Kilogramm Phosphor je Hektar, was rund eineinhalb Gramm je Kubikmeter Boden entspricht. Davon kann natürlich kein Baum der Größe eines »Urwaldriesen« leben, weil das Angebot einem Verhältnis im Boden von 1,5 zu einer Million entspricht. Hinzu kommt, daß nicht einmal alles von diesen Phosphorspuren in pflanzenverfügbarer Form vorliegt. Die Bäume können also ihren Phosphorbedarf aus dem Boden mit Sicherheit nicht decken. Das gilt genauso für das Kalium, das in 58 Kilogramm je Hektar und für das Magnesium, welches in 23 Kilogramm pro Hektar im Boden vorhanden war.

Noch deutlicher wird dieser Mangel, wenn wir dem »Vorrat« im Boden jene Mengen gegenüberstellen, die in den Bäumen festgelegt sind. Der dortige

Pflanzenbestand wies fast genau 500 Kilogramm Kalium und 257 Kilogramm Magnesium pro Hektar auf. Fast die zehnfache Menge dieser Mineralstoffe wurde also in der Pflanzenmasse gespeichert, verglichen mit dem Vorrat im Boden. Aus diesem Mißverhältnis wird klar, weshalb die Wurzeln den abgefallenen Blättern entgegenwachsen und nicht den Weg nach unten nehmen. Die Pflanzenreste bieten erheblich mehr als der mineralische Boden. Beim Stickstoff fallen die Verhältnisse nicht so extrem aus, weil der Vorrat im Boden viel größer ist. Jedoch ergibt sich für die Pflanzen häufig die Schwierigkeit, daß sie den Stickstoff nicht nutzen können, weil er nicht als Ammonium oder als Nitrat vorliegt. Leicht wasserlösliche Stickstoffverbindungen sind aber die Voraussetzung für eine wirkungsvolle Nutzung durch die Pflanzen.

Fassen wir dieses Ergebnis zusammen: Die Vegetation, die im wesentlichen vom Baumbestand im tropischen Regenwald gebildet wird, enthält ungefähr das Zehnfache des im Boden vorhandenen Mineralstoffvorrates an Pflanzennährstoffen. Das Grundwasser und die davon gespeisten Waldbäche exportieren davon nahezu nichts. Daraus folgt, daß die Nährstoffe außerordentlich wirkungsvoll im Kreislauf gehalten werden, sonst müßten größere Nährstoffverluste zu verzeichnen sein. Der Kreislauf ist im tropischen Regenwald hochgradig geschlossen. Nur dadurch ist der Wald in der Lage, die für seine Selbsterhaltung nötigen Grundstoffe jederzeit verfügbar zu halten. Der tropische Regenwald läßt sich, um dies nochmals zu betonen, als »geschlossenes Ökosystem« charakterisieren.

Was das bedeutet, soll an einer konkreten Studie ausgeführt werden, die im Regenwald von Zentralamazonien schon vor einem Vierteljahrhundert gemacht worden ist. Die beiden deutschen Tropenökologen Ernst Josef Fittkau und Hans Klinge hatten die Untersuchungen und Messungen hierzu vorgenommen.

Sie wählten dazu ein Stück typischen »terra-firme-Regenwald« im Hinterland von Manaus in Brasilien aus. Dieser Hochwald liegt außerhalb des Überschwemmungsbereiches von Flüssen. Er enthielt eine Pflanzenbiomasse von ziemlich genau 1000 Tonnen pro Hektar. Davon entfielen auf die Blätter 20 Tonnen, also 2 Prozent. 98 Prozent der »lebenden« Pflanzenmasse steckten in verholzten Teilen, und zwar 50 Prozent in den Stämmen, 21 Prozent in den Ästen und Zweigen und 27 Prozent entfielen auf die Wurzeln. An der Gesamtmasse machen die Lianen, Epiphyten und Schmarotzerpflanzen (Parasiten) 50 Tonnen aus. Mit 5 Prozent übertrafen sie die Blattmasse um mehr als das Doppelte. Die große Bedeutung der Lianen und Epiphyten geht aus diesem Vergleich hervor.

Der untersuchte Wald war sehr artenreich. Auf einem Hektar wurden mehr als 500 verschiedene Baumarten ermittelt. Sie verteilten sich auf knapp 10 000 Laubbäume, Palmen und große Lianen. Durchschnittlich waren also die verschiedenen Arten nur mit 20 Individuen vertreten. Das macht eine anteilsmäßige Häufigkeit von 0,002 aus: Erst jedes 500. Holzgewächs gehörte zur selben Art! Der untersuchte Wald kann somit als außerordentlich divers charakterisiert werden. Insgesamt war fast das Zehnfache an Einzelpflanzen vorhanden, aber 90 Prozent der auf 2000 Quadratmetern genau ausgezählten fiel auf die Gewächse mit weniger als 1,5 Meter Höhe, also auf den Jungwuchs. Sein Gesamtgewicht wurde mit 1,5 Tonnen berechnet.

Zusammengenommen stellen diese Pflanzen die Produzenten dar. Mit 1000 Tonnen pro Hektar lag ihre Biomasse zwar recht hoch, aber durchaus noch nicht in der Spitzengruppe. Im Andenvorland und in den südostasiatischen Regenwäldern kann die Waldbiomasse fast doppelt so hoch liegen. Dieser lebenden Pflanzenmasse steht die abgestorbene, in Zersetzung begriffene gegenüber. Sie machte im amazonischen Untersuchungsgebiet mit gut 100 Tonnen pro Hektar ziemlich genau 10 Prozent der lebenden aus. In ihr steckt zumindest teilweise auch die Biomasse der Pilze, die mit ihren Fäden das tote Pflanzenmaterial so fein durchdringen, daß eine Trennung der Pilze vom Bestandsabfall nicht möglich war.

Nach unseren Beobachtungen zur raschen Zersetzung und Wiederverwertung des Fallaubes ist der geringe Anteil des toten Pflanzenmaterials nicht weiter verwunderlich. Die eigentliche Überraschung ergab sich, als für die Tiere Bilanz gemacht wurde, die in diesem untersuchten Waldstück lebten. Sie brachten zusammen nicht mehr als etwa 210 Kilogramm auf die Waage. Das entspricht einem Anteil von 0,02 Prozent an der Biomasse des Waldes. Das Tierleben fiel also mehr als bescheiden aus!

Der Anteil schrumpft aber noch weiter zusammen, wenn wir die Tiere etwas untergliedern. So stellte die zumeist aus winzig kleinen Organismen zusammengesetzte Bodenfauna mit 165 Kilogramm pro Hektar fast 80 Prozent der tierischen Biomasse. Vom verbleibenden Rest nahmen die Pflanzenverwerter (herbivore Konsumenten) noch 30 Kilogramm pro Hektar ein. Nur kümmerliche 15 Kilogramm pro Hektar blieben für die sogenannte »karnivore tierische Biomasse«, also für Jaguar, Ozelot, Nasenbär, für die meisten Vögel, Echsen, Spinnen und einige andere Tiergruppen übrig.

Dieser Wert zeigt, daß die Feststellung der Seltenheit der Vögel in Zentralamazonien, die eingangs angeschnitten worden ist, keinen Beobachtungsfehler darstellt, sondern daß sie vielmehr die tatsächlichen Gegebenheiten widerspiegelt. Nicht im Boden lebende Tiere erwiesen sich insgesamt als außerordentlich selten. Sie erreichten nur einen Anteil von 0,0045 Prozent an der Gesamtbiomasse. Kein Wunder, daß die Tierwelt im tropischen Regenwald Amazoniens so gut wie nicht in Erscheinung tritt. Die geringen Gewichtsanteile verschwinden regelrecht in der grünen Masse des Waldes. Das erste Kennenlernen im Hinterland von Manaus hatte durchaus den richtigen Eindruck von der Seltenheit des Tierlebens vermittelt, so wie es vor einem Jahrhundert Henry Bates und Alfred R. Wallace aufgefallen war.

Selbst die Bodenfauna, der weltweit eine große Bedeutung bei der Zersetzung des abgestorbenen Pflanzenmaterials und bei der Bildung von Humus zukommt, ist mit 165 Kilogramm je Hektar höchst dürftig vertreten. Der Zusammenhang mit der hauchdünnen Humusdecke liegt nun auch auf der Hand. Die Bodenkleintiere haben fast nichts, was ihnen übrigbleibt zur Verwertung, nachdem die Pilze und die Haarwurzeln der Bäume die letzten Nährstoffreste den abgefallenen Blättern entnommen haben. Nur wenn, was selten genug vorkommt, ein ganzer Baum fällt und damit plötzlich eine Masse sterbendes oder bereits totes Pflanzenmaterial anfällt, kann sich die tierische Zersetzergemeinschaft ausbreiten. Der Vergleich mit den Aasverwertern und Tierleichen drängt sich dabei auf. Nur dort, wo tote Tiere liegen, konzentriert sich das Klein-

61

tierleben, und so ist es auch mit den Bäumen und der Zersetzerfauna.

Wir müssen an dieser Stelle noch etwas ausholen, um das Besondere der ökologischen Struktur des tropischen Regenwaldes zu verdeutlichen. Nehmen wir eine Savanne als Vergleichsbeispiel. Die Produktion der Pflanzenmasse, die »Primärproduktion« im ökologischen Sinne, leisten die Gräser und Kräuter, zu einem geringen Anteil die Blätter der locker verstreut stehenden Bäume. Diese Produktion macht pro Hektar und Jahr vielleicht bis zu 100 Tonnen aus; also ein Zehntel der Biomasse unseres Regenwaldbeispiels. Von diesen 100 Tonnen leben aber bis zu 20 Tonnen »Großtierbiomasse«; die zahlreichen Kleintiere des Bodens und im Grasland nicht eingerechnet. Gemeint sind vielmehr die Weidetiere, wie Zebras, Antilopen und Gazellen, Büffel oder andere weidende Großtiere. Ihr Biomasseanteil macht im Durchschnitt 12 bis 15 Prozent der pflanzlichen Biomasse aus. Zeitweise kann er sich dieser aber nähern und sie sogar übertreffen, wenn das Gelände abgeweidet ist. Die Großtierherden ziehen nun weiter und beweiden die Produktion eines anderen Abschnittes ihres Jahreslebensraumes. Wandernde Herden kommen auf diese Weise kurzfristig zu sehr hohen Nutzungsraten der pflanzlichen Nahrungsbasis, die sich aber langfristig auf einen Anteil von 10 bis 15 Prozent einpendeln.

Diese Nutzungsrate läßt sich für sehr viele daraufhin untersuchte Lebensräume nachweisen. Grob gesprochen können für jeden Folgeschritt in der Nutzung (»Nahrungskette«) rund 10 Prozent der jeweiligen Produktion angesetzt werden. In der Abfolge der Nahrungskette bedeutet dies, daß von den 100 Prozent pflanzlicher Primärproduktion ungefähr 10 Prozent den Pflanzenverwertern (Konsumenten 1. Ordnung) zukommt. Von diesen werden wiederum rund 10 Prozent von den »Fleischessern« (Karnivore oder Konsumenten 2. Ordnung) genutzt, und wenn von diesen weitere Konsumenten (3. Ordnung) leben, verbleibt letzteren wieder ungefähr dieser Anteil. Auf die Ausgangsmenge von 100% bezogen vollzieht sich folgender Abfall:

1. Nutzungsschritt = 10%,
2. Nutzungsschritt = 1%,
3. Nutzungsschritt = 0,1%
und so weiter.

Setzen wir die einzelnen Nutzungsstufen aufeinander, kommt eine sich rasch verjüngende Pyramide zustande.

Wie sieht unser tropischer Regenwald in diesem Schema aus? Für ihn bleibt fast nichts weiter als ein breiter Balken, welcher die 100 Prozent Ausgangsbiomasse der Pflanzen darstellt. Schon für die Konsumenten 1. Ordnung bleibt nicht viel mehr als ein hauchdünner Strich übrig. Weitere Konsumenten höherer Ordnung lassen sich zeichnerisch gar nicht mehr

Schwarzwasser des Rio Negro, Zentralbrasilien (oberes Foto). Es mischt sich beim Zusammenfluß mit dem Amazonas nur langsam mit dessen Weißwasser (Foto unten links). Das Weißwasser führen die Flüsse aus dem Andengebiet (Foto unten rechts), die beim Verlassen des Gebirges in weiten Schlingen mäandrieren. Schwarzwasser ist reich an Humusstoffen, welche die kaffeebraune bis schwärzliche Farbe verleihen, und sehr arm an Elektrolyten. Im Überschwemmungsbereich der Schwarzwasserflüsse entwickelt sich ein ganz anderer Uferwald, der igapó, als im nährstofffreien Weißwassergebiet. Dort wächst in der sogenannten várzea Reis und liefert brauchbare Ernten.

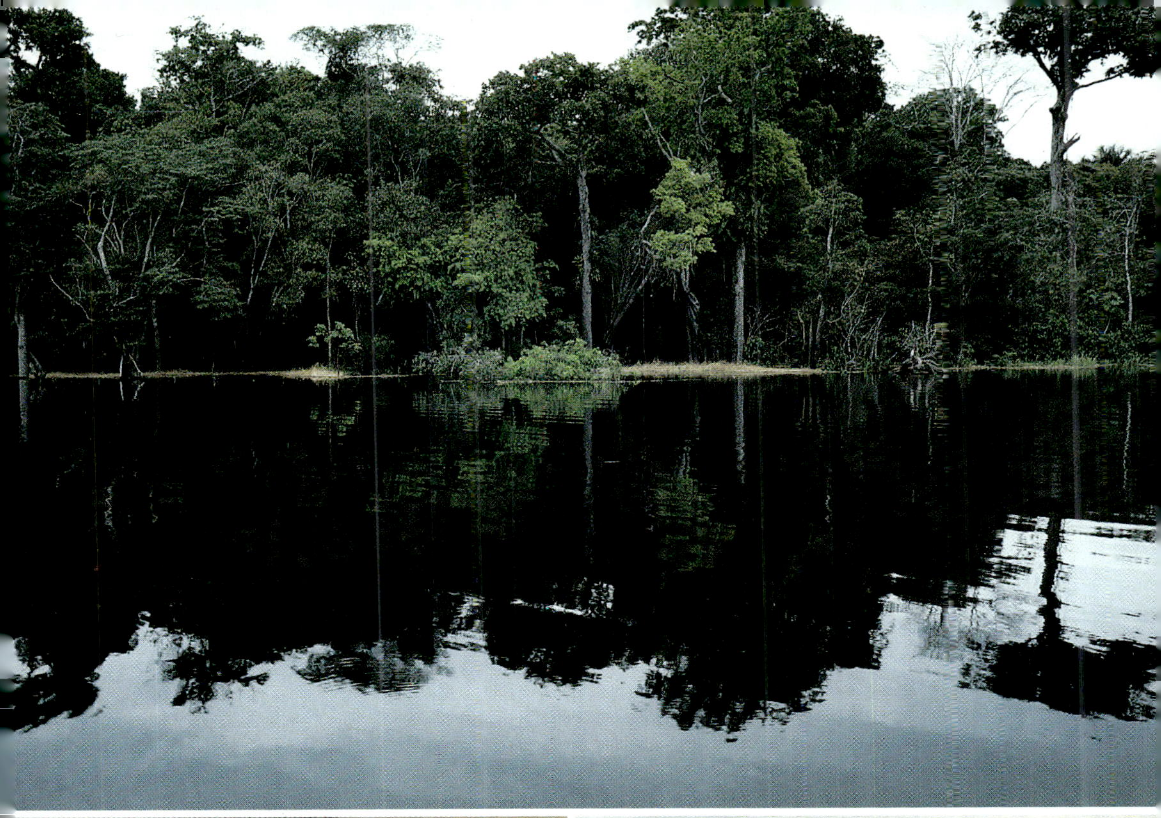

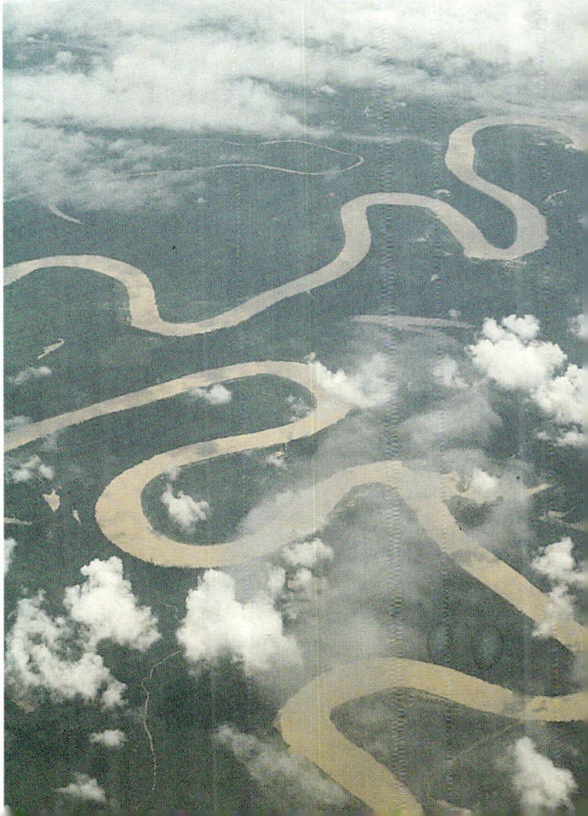

darstellen. Denn die Konsumentenbiomasse zusammen erreichte ja nur 45 Kilogramm, die den 1000 Tonnen (= 1 Million Kilogramm) gegenüberstehen. Von einer Pyramide kann überhaupt keine Rede mehr sein. Der tropische Regenwald hat nach Mengenanteilen praktisch keine Konsumenten. Selbst in solchen Regenwaldgebieten, die sich durch eine gesteigerte Häufigkeit der Tiere auszeichnen, steigt ihr Anteil wohl nie über ein Promille an. Es fehlt folglich am mehr als Hundertfachen bei den Konsumenten. Sie sind nach diesen Befunden offenbar bedeutungslos.

Dieses Ergebnis wird sich als weitaus bedeutungsvoller erweisen, als es zum gegenwärtigen Stand der Darlegung der Grundstruktur des tropischen Regenwaldes als Ökosystem zu verstehen ist. Genau genommen hat es bereits den Schlüssel zum Verständnis der Schwierigkeiten geliefert, die der Mensch mit der Nutzung der Regenwälder hat. Wir werden diesen Befund daher in größerer Tiefe auszuloten versuchen.

Zurück zum Befund: Die Konsumenten fallen anteilsmäßig weit unter die Genauigkeitsgrenze der Erfassung pflanzlicher Biomasse im tropischen Regenwald. Wie kann dieser Wald dann aber zu einem

Hochwasser (Foto oben) in einer Lagune (Yarinacocha) am Ucayali in Amazonien. Die Ufer sind mit Wasserhyazinthen bewachsen. Bei Niedrigwasser (im Foto unten der Manu-Fluß in Peru) werden Sandbänke frei, auf denen Scherenschnäbel und andere Vögel nisten. Der gelbliche Schlick verrät die Herkunft des Schwemmgutes aus den Anden. Die Flüsse Amazoniens, die diesen Schlick führen, gehören zum verhältnismäßig fruchtbaren Weißwassergebiet.

»Ökosystem« werden? In einem Ökosystem wird gewöhnlich die Produktion von Konsumenten genutzt und über die Reduzenten wieder remineralisiert. Im Klartext heißt das, daß die Pflanzenstoffe von Tieren verzehrt werden, und diese zusammen mit dem abgestorbenen pflanzlichen Material von den Mikroben wieder zersetzt werden. Die Nährstoffe durchlaufen die verschiedenen Nutzungsstufen. Sie schließen sich zu einem Kreisprozeß, der von der Energie der Sonne angetrieben wird. Die Energie fließt durch das System und hält es in Gang, während die Nährstoffe zirkulieren. So funktionieren die Ökosysteme.

Befinden sich solche Systeme im Gleichgewicht, halten sich Produktion, Nutzung und Abbau die Waage. Ist kein Gleichgewicht eingestellt, kommt es unweigerlich zur Anhäufung von Stoffen an irgendeiner Stelle im Kreisprozeß. Am häufigsten geschieht dies im Bereich der Abbauer, weil die Mikroben für ihre Tätigkeit sowohl ausreichende Feuchtigkeit (Wasser) als auch günstige Temperaturen benötigen. Sinkt die Temperatur unter Null, unterbleibt der Abbauprozeß. Die Pflanzen- oder Tiermassen sammeln sich an und werden unvollständig abgebaut. In unseren gemäßigten Breiten bildet sich auf diese Weise der Humus, weil die Pflanzen im Sommerhalbjahr schneller Biomasse aufbauen, als die Bakterien und Pilze im Winterhalbjahr wieder abbauen können. Die Folge davon ist eine langsame, teilweise Zersetzung und die Speicherung von Nährstoffen im Humus. Wegen dieser Eigenschaft wird der Humus als Träger der Bodenfruchtbarkeit so sehr geschätzt.

Im tropischen Regenwald fehlt die Humusbildung weitgehend. Was sich als dünne Lage an der Bodenoberfläche ausbildet, ist nicht der Rede wert, weil darin viel zu wenig Nährstoffe gespeichert werden, verglichen mit dem Nährstoffvorrat in den Pflanzen selbst und mit ihrem Bedarf. Andererseits verlaufen unter den tropischen Wärme- und Feuchtigkeitsverhältnissen die Zersetzungsprozesse so schnell, daß sich kein organisches Abfallmaterial längere Zeit halten kann.

Nicht nur hinsichtlich des Anteils der Tiere unterscheidet sich infolgedessen der tropische Regenwald von den anderen Großökosystemen der Erde, sondern auch durch das Fehlen von Humus als Speicherphase für die Nährstoffe. Somit stellt sich die Frage, wie er als Ökosystem überhaupt funktionieren kann, wenn ihm die beiden so wichtigen Teilbereiche fast völlig fehlen. Für die Speicherung von Nährstoffen fällt die Antwort leicht: Sie findet nicht im Boden, sondern in den Pflanzen selbst statt. Die zugehörigen Zahlenverhältnisse wurden auf den Seiten 59/60 genannt. Aus ihnen geht hervor, daß es in erster Linie die Bäume selbst sind, welche die lebenswichtigen Nährstoffe speichern. Deshalb sind sie erst dann verfügbar, wenn die Bäume absterben und der Zersetzungsprozeß den Nährstoffvorrat erfassen kann.

Die Bäume schützen ihre Substanz mit allen Mitteln. Manche bilden so außerordentlich hartes Holz aus, daß sie im Volksmund recht treffend »Axtbrecher« (zum Beispiel das Rote Eisenholz: Quebracho colorado!) genannt werden. Andere lagern große Mengen von Harzen, Balsam oder anderen Schutzstoffen ein, die das Holz für holzzerstörende Pilze fast unangreifbar machen. Wieder andere »vergiften« es regelrecht mit Phenolen und anderen Giften. Das macht den hohen Nutzwert tropischer Edelhölzer aus. Sie sind für die holzzerstörenden Organismen nahezu unangreifbar, sehr dauerhaft und

formbeständig. Nicht einmal die Termiten kommen mit manchen tropischen Edelhölzern zurecht, so gut hat die betreffende Baumart ihr Holz geschützt.

Was die Nährstoffspeicherung betrifft, so sind die Verhältnisse nun klar. Wie steht es aber um den Nährstoffkreislauf, um die Struktur des Ökosystems? Wodurch werden die Konsumenten ersetzt, oder sind sie gar unnötig?

Diese Frage hat die Tropenökologen besonders stark beschäftigt, weil es doch einfach nicht sein kann, daß die so artenreiche, vielfältige und oftmals auch auffallende und bizarre Tierwelt keine Rolle im Naturhaushalt des tropischen Regenwaldes spielen sollte. Die Mengenverhältnisse zwischen pflanzlicher und tierischer Biomasse legen diese Annahme zwar nahe, aber die Vorstellung, daß auf die Tierwelt tatsächlich verzichtet werden könnte, erscheint einfach absurd. Zurecht absurd, wie gezeigt werden wird! Noch aber sprechen die Fakten dagegen.

Blenden wir nochmals zurück zu den großen Bilanzen aus der Untersuchung in Zentralamazonien. In ihnen steckt auch der Anteil von rund 100 Tonnen abgestorbenen Pflanzenmaterials. Es wird zersetzt und remineralisiert. Aus diesem Befund geht hervor, daß hinsichtlich des Nährstoffkreislaufes das amazonische Regenwald-Ökosystem gleichsam kurzgeschlossen ist. Die Nährstoffe zirkulieren in der Vegetation. Sie verlassen diese so gut wie nicht, zumindest nur in so geringen Mengen, daß sie in den Bilanzen über kürzere Zeiträume nicht auffallen. Die lebende Vegetation holt sich, wie bei der Restnutzung des Mineralstoffgehaltes der Blätter geschildert, die Nährstoffe aus dem unvermeidlicherweise auftretenden Bestandsabfall gleich wieder zurück. Eine Weitergabe an Tiere findet nicht in nen-

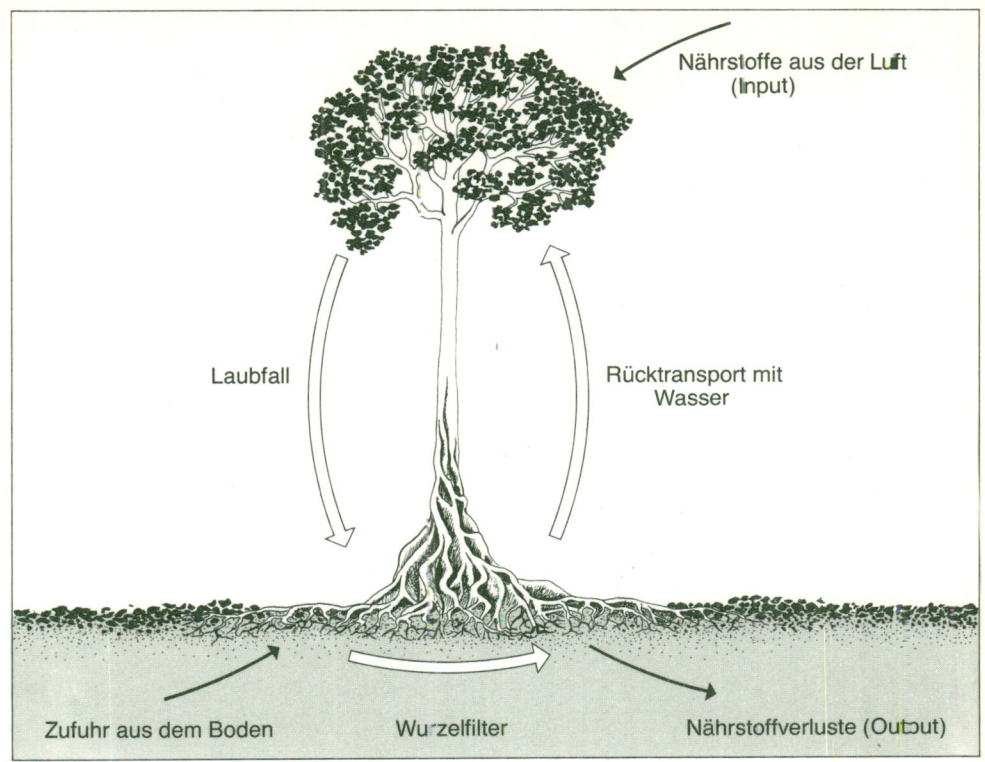

Nährstoffe aus der Luft
(Input)

Laubfall

Rücktransport mit
Wasser

Zufuhr aus dem Boden

Wurzelfilter

Nährstoffverluste (Output)

Auf nährstoffarmen Böden haben die tropischen Regenwälder außerordentlich gut geschlossene Nährstoffkreisläufe entwickelt. Die hohe Artendiversität wirkt wie ein riesiger Filter für Nährstoffe. Das Wasser, welches dieser »Filter« durchläßt, kommt reiner als Regenwasser in die Waldbäche. Das Wurzelwerk fängt die von oben kommenden Nährstoffe mit Hilfe symbiontischer Wurzelpilze auf. Die Restnährstoffe, die noch in den abgefallenen Blättern vorhanden sind, werden so schnell daraus hervorgeholt, daß sich kein Humus bilden kann. Die Nährstoffe zirkulieren in diesem System fast verlustfrei. Die geringen, unvermeidbarerweise auftretenden Verluste entnimmt der Regenwald nicht dem Boden, sondern dem Niederschlagswasser.

nenswertem Umfang statt. Daher die Kennzeichnung als »kurzgeschlossenes Ökosystem«: Die Abb. oben bringt dies zum Ausdruck. Jeder Baum stellt während seiner Lebenszeit ein Recycling-System dar, das mit fortschreitendem Wachstum immer mehr Nährstoffe bindet und immer weniger abgibt. Damit verschafft sich der tropische Regenwald nicht nur ein eigenes Klima feuchter

Schwüle mit außergewöhnlich geringen Schwankungen von Temperatur und Luftfeuchtigkeit, sondern auch ein eigenes »Nährstoffklima«. Der Wald hat was er braucht und erhält sich seine Existenzgrundlagen.
Könnte es ein eindrucksvolleres Beispiel für einen ausgewogenen Naturhaushalt geben? So betrachtet herrschen doch ideale Verhältnisse. Alles ist im Gleichge-

wicht; das Leben des Regenwaldes erhält sich selbst. Vielleicht erfaßt man unbewußt diese großartige Geschlossenheit der Lebensabläufe im tropischen Regenwald, wenn man die erste noch unsichere Bekanntschaft mit diesem Wald gemacht hat, der so rätselhaft und so abweisend erscheint. Der Gedanke an die paradoxe Beurteilung als »grüne Hölle« und als »grünes Paradies« drängt sich wieder auf. Ein gutes Stück zum Verständnis des »grünen Paradieses« haben wir gewonnen. Als »grüne Hölle« wird er sich auch noch ausweisen.

Der seltsame Weg der Nährstoffe

Die Geschlossenheit der Nährstoffkreisläufe im tropischen Regenwald darf nicht darüber hinwegtäuschen, daß es dennoch auch Verluste gibt. Sogar die nur in Spuren im Wasser der zentralamazonischen Bäche nachgewiesenen Elemente, wie Kalium und Phosphor, fehlen im Endeffekt, weil der Boden höchstens kurzfristig letzte Reserven abgeben könnte. Langfristig werden sich auch die Restvorkommen im Boden erschöpfen. Dann steht der Wald, wie das vielerorts bereits der Fall ist, auf chemisch reinem Sand oder Aluminiumoxid — und trotzdem büßt er seine Lebenskraft nicht ein! Auf den ärmsten Böden in den feuchten Tropen kann sich ein reichhaltiger Regenwald selbst erhalten, auch wenn er bei extremem Nährstoffmangel ein wenig von seiner phänomenalen Diversität einbüßt. Der Diversitätsverlust wird viel größer, wenn die Böden gut mit Nährstoffen versorgt sind. Dann treten einförmige Baumbestände an die Stelle der vielartigen.
Wie groß die Nährstoffverluste wirklich sind, läßt sich ganz einfach über die Wassermassen hochrechnen, welche die Flüsse Jahr für Jahr aus den Tropenwäldern hinaus und dem Meer zuführen. Der Amazonas schickt an die 120 000 Kubikmeter Wasser jede Sekunde in den Atlantik. Auch wenn dieses Wasser aus einem Einzugsgebiet kommt, welches Europa an Größe übertrifft, ändert dies nichts an der Tatsache, daß in jeder Sekunde mehr als 100 Kilogramm Kalium dem Großraum verlorengehen; in einem einzigen Jahr über 3 Millionen Tonnen. Kein Ökosystem kann so perfekt funktionieren, daß es nicht zu Verlusten käme. Sie würden sich in langen Zeiträumen zu bedeutenden Mengen entwickeln. Was in einem Jahr noch in die Millionen Tonnen geht, erreicht in einem Jahrtausend schon die Milliarden — und so fort.
Ohne Ausgleich hätte in der jahrmillionenlangen Existenz des amazonischen Regenwaldes der gesamte Nährstoffvorrat aufgebraucht sein müssen. Es muß also eine Quelle für den Ausgleich der Nährstoffverluste geben; eine Quelle, die nicht in langen erdgeschichtlichen Abständen neue Nährstoffe an die Oberfläche befördert, wie dies bei Lavaergüssen oder beim Auswurf von Asche bei Vulkanausbrüchen geschieht, sondern die kontinuierlich Nachschub liefert. Sonst könnte ein so fein ausbalanciertes System wie der tropische Regenwald nicht existieren. Bei der Knappheit der mineralischen Nährstoffe wirken sich schon geringfügige Veränderungen aus.
Anders ausgedrückt: Wir brauchen für ein wirklichkeitsnahes Bild des tropischen Regenwaldes als Ökosystem ein Gegenstück zum »Abfluß«, zum Output. Woher kann dieser »Zufluß«, dieser Input an Mineralstoffen kommen?
Den entscheidenden Hinweis zu dieser Frage hatten die Epiphyten vermittelt. Wenn die gemeinsame Masse von Orchi-

deen, Bromelien und anderen Pflanzen, die auf den Bäumen des tropischen Regenwaldes wachsen, mehr als das Doppelte der Blattmasse der Bäume ausmacht, dann sind diese »Aufwuchspflanzen« gewiß kein vernachlässigbares Ornament im Bild des Regenwaldes, sondern eine höchst erfolgreiche Überlebensstrategie von Pflanzen ganz unterschiedlicher verwandtschaftlicher Herkunft. Orchideen und Moose, Bromelien und Farne, ja sogar Kakteen finden sich im Spektrum der Epiphyten. Woher erhalten sie ihre mineralischen Nährstoffe? Vom Boden können sie nicht kommen, weil ihre Wurzeln nicht hinabreichen; das wurde bereits festgestellt. Ebenso zeigte die Ausbildung besonderer Saugwurzeln, daß diese Pflanzen in der Lage sind, Wasser aus der Luftfeuchtigkeit zu entnehmen.

Sie können auch die mineralischen Nährstoffe aus der Luft gewinnen! Jeder Regenguß schwemmt feinste Stäube aus der Luft aus, löst die darin befindlichen Ionen und stellt eine »Nährlösung« dar. Sie ist zwar sehr stark verdünnt, aber dafür kommt der Regen reichlich: Zwischen 1500 und 12 000 Millimeter pro Jahr. Wir bekommen beim Umrechnen auf längere Zeiträume und die großen Wassermassen den gleichen Effekt, wie bei der Berechnung der Exportverluste durch die Flüsse. Was in der Einzelprobe eine unbedeutende Verunreinigung fast chemisch reinen Wassers darstellt, läuft in der langfristigen und überregionalen Bilanz zu beachtlichen Mengen auf. Die Epiphyten leben von dieser Nährlösung, die von oben kommt. Sie müssen damit auskommen, weil es gar keine andere Möglichkeit gibt. Nur Parasiten, wie Misteln, die das Leitungssystem der Wirtspflanze anzapfen, sind in diesem Zusammenhang anders zu

beurteilen. Bemerkenswerterweise sind sie viel seltener als die Epiphyten, die den Baum nur als Unterlage benutzen.

Da wir bereits über die Ergebnisse der Stoffmengen, die im Wald umgesetzt werden, die über die Bäche und das Grundwasser verloren gehen, und die als letzte Reserven noch im Boden vorhanden sind, verfügen, können wir die Bedingung aufstellen, daß die Nährstoffzufuhr aus der Luft wenigstens die Auswaschungsverluste auszugleichen imstande sein muß. Wie genaue Analysen in den letzten Jahren gezeigt haben, ist dies tatsächlich der Fall. Mit dem Niederschlag erhält der tropische Regenwald höchst beachtliche Mengen an Pflanzennährstoffen. So gehen über Amazonien etwa 4 Millionen Tonnen Kalium mit dem Niederschlag Jahr für Jahr nieder. Der Auswaschungsverlust von etwa 3 Millionen Tonnen wird dadurch gut ausgeglichen. Bei anderen Stoffen lassen sich ähnliche Ergebnisse hochrechnen. Natürlich stecken noch zahlreiche Unsicherheiten in so großräumigen Berechnungen, aber sie zeigen, daß das Prinzip nicht in Frage gestellt wird.

Wenn über dem nördlichen Rand von Südamerika 12,6 Kilogramm Kalium, 2,7 Kilogramm Phosphor oder 11 bis 16 Kilogramm Kalzium pro Hektar und Jahr niedergehen, so kommen diese Mengen größenordnungsmäßig den Reserven im Boden und in dem modernden Pflanzenmaterial gleich. Im Gegensatz zum sich nicht unablässig erneuernden Vorrat im Boden kommt der Zustrom über die Luft kontinuierlich. Die Pflanzen können sich mit ihrem Wachstum auf diese spärlich, aber regelmäßig fließende Nährstoffquelle einstellen. Die Fülle der Epiphyten zeigt, wie gut diese Einstellung gelungen ist und wie zuverlässig die Nährstoffquelle fließt.

Der Weg nach oben in die Baumkronen brachte die Epiphyten nicht nur näher an den Zufluß der lebenswichtigen Nährstoffe, sondern er weicht auch der intensiven Konkurrenz aus, die unten am Boden von den Baumwurzeln ausgeht. Auch diese wachsen dem Zufluß entgegen, und damit nach oben in die obersten Bodenschichten, und nicht nach unten, wo es im ausgelaugten Mineralboden so gut wie nichts mehr zu holen gibt.

Ernährung aus der Luft! Klingt das nicht zu unglaublich? Was für die genügsamen Epiphyten noch angehen mag, müßte doch bei den ungleich größeren Bäumen des Regenwaldes schnell an die natürlichen Grenzen stoßen. Nun sind aber die Befunde klar auf der Seite dieser Erklärung. Wo kommen diese Nährstoffe her? Sie können nicht einfach in der Luft entstehen.

Für die mineralischen Nährstoffe, wie Kalium, Phosphor oder Magnesium, ist dieser Einwand berechtigt, nicht aber für die Stickstoffverbindungen. Denn das größte Reservoir an Stickstoff stellt die Luft dar. 78 Prozent der Luft bestehen aus Stickstoff. Mit jedem Blitz, der durch die Atmosphäre rast, verbrennt Luftstickstoff zu Stickoxiden. Diese reagieren mit dem Wassergehalt der Luft zu Nitriten und Nitraten. Der Regen wäscht sie aus und transportiert diese Stickstofffracht hinein in den Tropenwald, wo das Element für die Herstellung von Eiweißstoffen benötigt wird.

Der Gewittersturm über Sumatra hatte sehr viel mit dem tropischen Regenwald darunter zu tun. Er lieferte nicht nur den täglichen Regenguß, sondern auch die Nährstoffe aus der Luft, allen voran die Stickstoffverbindungen aus den Blitzschlägen. Tausende und abertausende von Blitzen gibt es tagtäglich im Tropen-gürtel. Ihr Beitrag zur Stickstoffversorgung von Gebieten mit Mangel an mineralischen Nährstoffen ist nicht zu unterschätzen. Hans Klinge ging Anfang der 70er Jahre in Zentralamazonien noch von rund 10 Kilogramm Stickstoffeintrag pro Hektar und Jahr aus. Wahrscheinlich ist dieser Wert erheblich zu niedrig angesetzt. Über Mitteleuropa gehen mittlerweile an die 40 Kilogramm pro Hektar und Jahr nieder. Die Verbrennungsmotoren liefern davon etwa die Hälfte. Bei der ungleich höheren Häufigkeit und größeren Intensität der Gewitter im Tropengürtel ist anzunehmen, daß der Anteil der Verbrennungsmotoren davon leicht aufgewogen wird.

Den Ansatz zur Lösung der Frage nach der Herkunft anderer Mineralstoffe, die über die Luft eingetragen werden, wurde mit dem Saharastaub über München gegeben. Der Weg, den dieser Staub zurückgelegt hat, ist ungefähr genauso lang wie die direkte Entfernung zwischen dem nordafrikanischen Wüstengebiet und dem amazonischen Regenwald. Bei Luftuntersuchungen in der Karibik stellte sich heraus, daß die windseitigen Zonen der Inseln erheblich mehr Nährstoffe über die Luft abbekommen als die Bereiche an der windabgewandten Seite. Örtlich aufgewirbelte Mineralstoffe feinster Konsistenz mögen gebietsweise eine gewisse Rolle spielen, aber sie können die Großflächigkeit der »Ernährung tropischer Regenwälder aus der Luft« nicht ermöglichen.

Einen weiteren Ansatz zur Gewinnung der Antwort ergibt die Betrachtung der innertropischen Windsysteme. Beherrschend sind die Passate in Südostasien und in Südamerika. Sie wehen beständig und sehr gleichmäßig aus Richtung Nordost oder Südost. Über dem afrikanischen Regenwaldgebiet herrschen andere

Windsysteme. Aber diese grenzen, um einen später wichtigen Befund hier schon kurz anzureißen, unmittelbar an die sehr mineralstoffreichen vulkanischen Gebirge und Hochflächen im Osten. Solche fehlen insbesondere in Südamerika. Dort sind die Windsysteme auf den Gebirgswall der Anden gerichtet. Die darin vorhandenen Vulkane richten sich westwärts zur Küste und nicht nach Osten ins größte Regenwaldgebiet der Erde. In der zersplitterten südostasiatischen Inselwelt sind die Verhältnisse am kompliziertesten.

Die beste Übersicht bietet Amazonien. Wenn die Sonne am Äquator steht und sich in Richtung südlicher Wendekreis (scheinbar) bewegt, bringt der beständige Nordpassat die feuchtigkeitsgeschwängerte Luft in das kontinentweite Tiefland. Das Ursprungsgebiet dieses Passates reicht bis hinüber nach Afrika zur Sahara. Die Windrichtungen passen recht genau zur Fracht von Mineralstoffen. Tonnen gehen Jahr für Jahr über dem nördlichen Südamerika und über der Karibik nieder. Es ist somit nicht abwegig, in der Sahara eine bedeutende Nährstoffquelle für die Versorgung des südamerikanischen Regenwaldes zu sehen. J. M. Prospero und seine Mitarbeiter hatten 1981 diese Möglichkeit bereits in Erwägung gezogen. Spätere Untersuchungen bestärkten diese Annahme.

Sie muß aber nicht die alleinige Quelle der Kalium-, Phosphor- oder Magnesiumversorgung sein. Auch die Trockengebete im Nordosten Brasiliens und die Llanos in Venezuela kommen hierfür in Frage. Weitere Forschungen sind nötig, um die Ernährung des tropischen Regenwaldes aus der Luft umfassend zu klären.

Wenn sie wirklich die ausschlaggebende Nährstoffversorgung darstellt – und vieles deutet darauf hin, daß dies so ist – dann wird eine weitere Grundeigenschaft des Ökosystems tropischer Regenwälder verständlich. Es ist dies die Wirkung als »Filtersystem«.

Der Regenwald als Nährstoffilter

Mangel an bestimmten Pflanzennährstoffen kennzeichnet offenbar den tropischen Regenwald. Lassen wir wiederum örtliche Besonderheiten außer acht, die auf gutem Nährstoffangebot in Böden vulkanischen Ursprungs begründet sind. Sie machen nur ein paar Prozent der Regenwaldfläche der Erde aus. Großflächig trifft die Charakterisierung zu, daß Licht, Wärme und Wasser im Überfluß, mineralische Nährstoffe aber gänzlich unzureichend verfügbar sind. Wie kommt der Wald an diese Mangelstoffe? Wenn sie im Niederschlag in Tausendstel Gramm vorhanden sind, im Boden feinst verteilt und auch im verrottenden Pflanzenmaterial nicht konzentriert vorkommen, müssen die Pflanzen über wirkungsvolle Mechanismen verfügen, die sie in die Lage versetzen, fein bis feinstverteilte Mineralien aufzunehmen.

Auch diese Mechanismen sind bereits genannt und in Grundzügen erläutert worden. Der bedeutendste ist die Symbiose mit den Wurzelpilzen, weil die Pilzfäden viel feiner als die Haarwurzeln sind und deswegen noch an geringste Nährsalzkonzentrationen herankommen. Wahrscheinlich kann man die Rolle der Pilze im Nährstoffhaushalt des tropischen Regenwaldes nicht hoch genug einschätzen. Auch die Orchideen bedienen sich, wie ausgeführt, der Pilze. Das Wurzelwerk der Bäume entwickelt sich flächenhaft, wie eine sehr dicht gewobene Matte, die

71

Nährstoffe abfängt, sobald sie die obersten Bodenschichten erreichen.

Eine direkte Nährstoffaufnahme kann in manchen Blättern erfolgen. Das Beispiel der Bromelien hatte diesen Mechanismus angedeutet. Zu den Möglichkeiten, den Zustrom von oben besser zu nutzen, gehört auch die Bildung von Sproßtrichtern, in denen sich Blätter und Mulm sammeln. Wurzeln wachsen in diese Trichter und nehmen Nährstoffe auf.

Der wichtigste Nährstofffilter ist aber der Wald selbst. Seine bis über 50 Meter dicke Schicht hochgradig diversen Pflanzenmaterials sammelt die von oben kommenden Nährstoffe wirkungsvoller als jeder andere Großlebensraum. Die so unverständlich erscheinende Artenvielfalt mit Hunderten von Baumarten auf einem Hektar bedeutet, daß die möglichen ökologischen Nischen bis in die allerletzten Winkel abgedeckt sind. Jede Art hat ihre besonderen Fähigkeiten. Zusammen lassen die Hunderte von Arten keine Lücken offen. Der artenreiche Regenwald deckt alle Nischen und Kanäle ab. Was die eine Art nicht kann, schafft die nächste oder die dritte. Der hochgradig geschlossene Nährstoffkreislauf begründet sich auf dem Artenreichtum. Er garantiert das Funktionieren des Zyklus und schränkt die Nährstoffverluste auf einen so geringen Wert ein, daß die Fracht, welche die Niederschläge mit sich führen, ausreicht, um die Bilanz wieder auszugleichen.

Keine Baumart wäre dazu für sich allein in der Lage. So wie sich das Artenspektrum vereinheitlicht, geht die Vollständigkeit der Nischenabdeckung verloren. Wo von Natur aus artenarme Bestände mit dem Charakter von tropischem Regenwald vorkommen, handelt es sich wohl stets um Gebiete, die sehr reichlich mit Nährstoffen versorgt sind. Unter solchen Um-

ständen können einzelne Arten ihre besondere Überlegenheit ausspielen und nach und nach die Vielfalt verdrängen. Bei Nährstoffmangel hingegen führt die Vielfalt zu einer Verbesserung der Nutzung des knappen Angebotes und damit zur Sicherung der Funktionsfähigkeit des Tropenwaldes als Ökosystem. Die hohe Diversität ist also kein Garant der Stabilität oder deren Ursache. Sie ist vielmehr die Antwort der Natur auf die Nährstoffknappheit. Artenreichtum, Diversität sind Folgen ökologischer Zustände und nicht deren Ursachen. Deshalb signalisiert das Schwinden der Diversität mehr als bloße Artenverschiebungen oder -verluste. Es zeigt an, wie stark sich die Lebensbedingungen verändern.

Inzwischen gibt es viele umfassende Befunde, aus denen klar hervorgeht, daß der Artenreichtum des tropischen Regenwaldes direkt mit dem Nährstoffangebot zusammenhängt. Sind die Nährstoffe extrem knapp, geht die Artenzahl zurück, weil nur noch wenige am Existenzminimum durchhalten können. Mit geringer Zunahme der Nährstoffversorgung steigt die Artenzahl rasch an, erreicht den Höchstwert, wenn alle Nährstoffe zwar im Mangelangebot sind, aber kein wichtiger fehlt, um danach mit steigender Nährstoffversorgung abzunehmen. Diversität und Filterfunktion zur Aufnahme der knappen Nährstoffe bedingen einander. Sie sind Grundkennzeichen des tropischen Regenwaldes.

Wald und Wasser — eine Funktionseinheit

Wenn es zutrifft, daß die Verluste an Nährstoffen dadurch ausgeglichen werden, daß der Wald den Regen filtert und

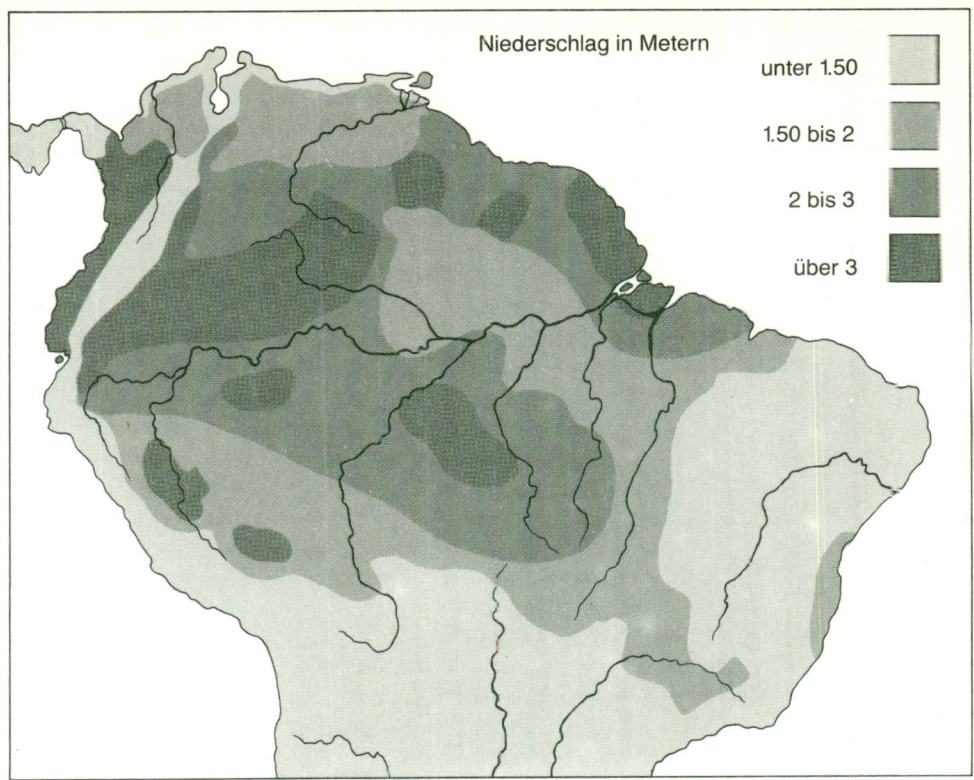

Niederschlag in Metern

unter 1.50	
1.50 bis 2	
2 bis 3	
über 3	

In Amazonien verteilen sich die jährlichen Niederschläge nicht gleichmäßig über die Gesamtfläche. Niederschlagszentren befinden sich im Nordwesten im Stau der Anden, im Bereich der Amazonasmündung und inselartig an weiteren Stellen. Von den zentralbrasilianischen Savannen, dem Cerrado, schiebt sich eine Zone geringerer Regenmengen quer durch Amazonen bis zu den Llanos von Venezuela. Aus diesem Muster der heutigen Niederschlagsverhältnisse lassen sich Schlüsse auf die Niederschlagsverteilung während der eiszeitlichen Trockenphase ziehen. Wahrscheinlich war der amazonische Regenwald damals inselartig aufgeteilt. Ähnliche Verhältnisse ungleicher Niederschlagsverteilung finden sich auch in Afrika und Südostasien (verändert nach Colinvaux, 1989).

aus den darin gelösten Stoffen entnimmt, was er braucht, dann kommt dem Niederschlag eine zentrale Funktion im Naturhaushalt der feuchten Tropen zu. Die Menge des Niederschlages, die für die Erhaltung des tropischen Regenwaldes nötig ist, bemißt sich dann nicht nur am Mindestwert, welcher die Verdunstungsverluste in der Tropenwärme gerade noch ausgleicht, sondern auch am Versorgungs-

grad des Waldes mit Nährstoffen. Es sollte, anders ausgedrückt, nicht gleichgültig sein, ob pro Jahr nur der Grenzwert von etwa 2 Metern Regen erreicht wird, oder ob mehr Niederschlag kommt. Kurz: Es geht um den Wasserhaushalt des Tropenwaldes.

Dazu einige Befunde, die wiederum direkt beobachtbar sind. Im Großraum des amazonischen Regenwaldes sind die Niederschlagsmengen recht verschieden verteilt. Eine Zone geringer Regenmengen zieht sich bogenförmig durch den östlichen Teil und greift etwa bei der brasilianischen Stadt Santarem über den Amazonas. Zur Amazonasmündung hin steigen die Niederschlagsmengen deutlich an, aber noch viel stärker nehmen sie westwärts zu. Am nordperuanisch-ecuadorianischen Andenabhang erreichen sie den Höchstwert mit durchschnittlich mehr als 8 Metern pro Jahr. Die Karte S. 73 zeigt das Muster der Niederschlagsverteilung. Besucht man die Wälder im »Trockengürtel«, nahe der Mündung bei Belém, im Hinterland von Manaus, bei Iquitos in Peru und im touristisch schon recht vielbesuchten Jívaro-Gebiet in Ecuador, so fallen die Unterschiede in der Häufigkeit von Bromelien und Orchideen auf den Bäumen ganz sicher auf. Je größer die Niederschlagsmengen, desto häufiger sind die Epiphyten und um so artenreicher erweisen sie sich bei näherer Betrachtung.

Dieser Zusammenhang gilt nicht nur für die Epiphyten, sondern für sehr viele andere Gruppen von Pflanzen und Tieren. Die Zentren der Vielfalt liegen nicht etwa dort, wo die Witterung gleichsam eine »gute Mischung« aus feuchteren und trockeneren, aus sonnigen und regenverhangenen Phasen einstellt, sondern dort, wo es fast täglich regnet. Aus unserer menschlichen Sicht also in der unerfreulichsten Zone, wo man sich der permanenten Feuchtigkeit nicht entziehen kann.

Für die Epiphyten kommt ein weiterer unmittelbar beobachtbarer Befund hinzu: Ihre Häufigkeit ist dort am größten, wo sie Regen und Wind direkt ausgesetzt sind, also auf der »Wetterseite« von Bergrücken oder Gebirgsflanken. Im Kleinen kennen wir das aus unseren Wäldern. Die bemooste, flechtenbewachsene Seite der

Stämme ist stets die dem Regen zugewandte. Denn für die kleinen Flechten und Moose gilt das gleiche Prinzip, daß sie nicht nur das Wasser, das sie brauchen, sondern auch die Nährstoffe, von denen sie leben, aus der Luft bekommen.

Im tropischen Regenwald sind diese Abhängigkeiten auf kontinentweiten Räumen gegeben, so daß sie nicht so schnell erkannt wurden wie die kleinräumige Verteilung. Was Amazonien aufgrund seiner einheitlichen Großstruktur sichtbar macht, trifft genauso für Borneo zu, wo am Mont Kinabalu die Epiphytenhäufigkeit sehr viel größer ist als in den flachen Niederungen Kalimantans, oder im Kongobecken.

Gerade auf Borneo kommt ein weiterer Befund hinzu, der auf die engen Abhängigkeiten von der Nährstoffversorgung aus der Luft hinweist. Es ist dies die Häufigkeit von sogenannten fleischfressenden Pflanzen. Artenreichtum und Häufigkeit der Kannenpflanzen (Gattung *Nepenthes*; s. Foto S. 46) lassen sich sehr gut mit dem Nährstoffangebot in den Böden zur Deckung bringen. Wo reichlich Nährstoffe verfügbar sind, tritt die Häufigkeit der Kannenpflanzen zurück und umgekehrt. In diesem speziellen Fall »fliegen die Nährstoffe« aktiv in die Fallen, weil Insekten damit gemeint sind. Das Insekteneiweiß bildet die Stickstoffquelle. *Nepenthes* hat keine »Filterstruktur«. Sie macht eine Nährstoffalle. Damit entsprechen die Kannenpflanzen den Bromelien, denen gleichfalls die feinen Filterstrukturen fehlen. Sie benutzen ihre wassergefüllten Blatttrichter als Nährstoff-Fangvorrichtung.

Diese Besonderheiten zeigen, daß es durchaus auch unterschiedliche Strategien gibt, an die lebenswichtigen Nährstoffe heranzukommen. Für die großen

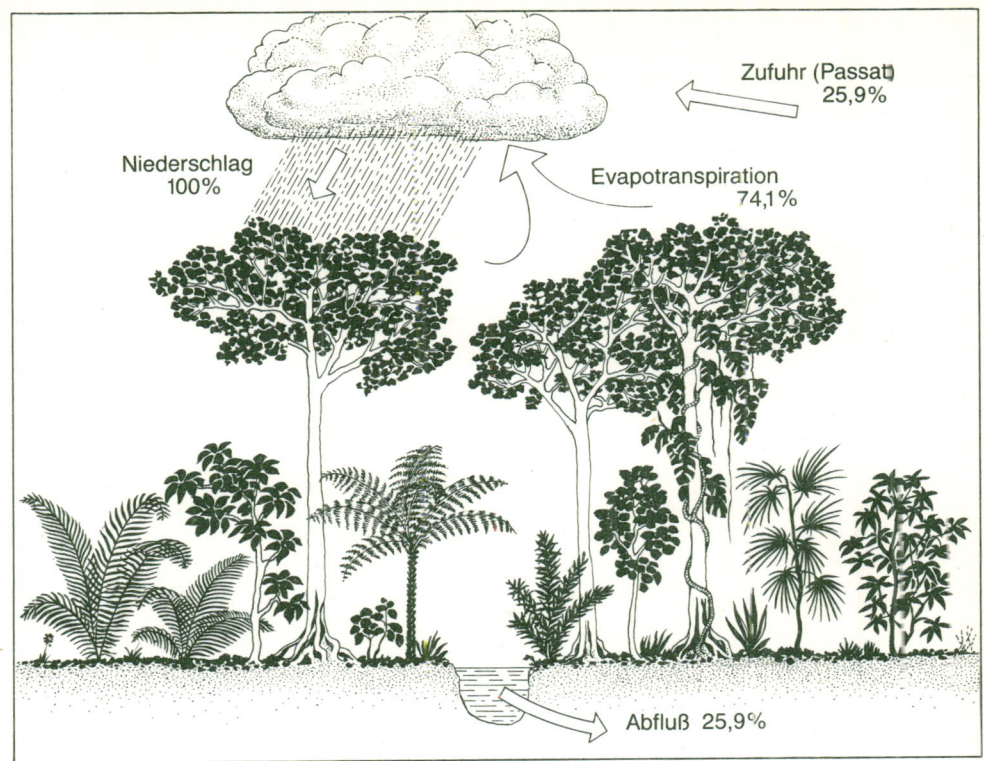

Der Wald als »Regenmacher«: 74,1% des Niederschlags liefert in Amazonien der Regenwald selbst durch Verdunstung (Evapotranspiration). Nur 25,9% bringt der Passat vom Atlantik her, und die gleiche Menge fließt über den Amazonas wieder zurück zum Meer. In weiten Bereichen Amazoniens würden daher die vom Passat herangebrachten Niederschlagsmengen nicht mehr ausreichen, um die kritische Regenmenge von 2000 Millimetern zu gewährleisten, die der Wald zum Gedeihen braucht, wenn großflächige Rodungen den Regenwald zersplittern (Angaben aus Salati & Vose, 1984). Folglich können kleinflächige Regenwaldreste nur dort erhalten bleiben, wo das Niederschlagswasser fast vollständig vom Meer direkt kommt.

Bilanzen im Regenwald spielen diese Sonderlösungen jedoch keine Rolle. Hier zählt die Filterfunktion des Waldes insgesamt. Wie aufgezeigt worden ist, steht sie in direktem Zusammenhang mit dem Artenreichtum der Vegetation. Also muß die Abhängigkeit von der Menge und der Verteilung der Niederschläge auf den Wald als Ganzes bezogen noch tiefgreifender sein.

Was der aufmerksame Beobachter in tropischen Regenwäldern direkt sehen kann, vermittelt zwar die Hinweise auf die Zusammenhänge, aber es läßt sich daraus noch keine Bilanz zu den großen Zusammenhängen ziehen. Sie bleibt dem Einsatz aufwendiger Forschung vorbehalten, die eine Vielzahl von Einzelmessungen braucht, um das Gesamtbild zeichnen zu können.

Für Amazonien wurde dies 1984 von E. Salati und P. B. Vose versucht. Sie zogen in doppelter Hinsicht Bilanz, nämlich für die Niederschlags- und für die Abflußverhältnisse. Das Ergebnis, zusammengefaßt in der Abb. S. 75 förderte einen höchst bedeutsamen Befund zutage: Drei Viertel des Niederschlages erzeugt der Wald selbst; nur ein Viertel liefert der Ozean. Und genau dieses letzte Viertel fließt wieder dorthin zurück in Form jener gewaltigen Wassermassen von mehr als 6 Billionen Kubikmetern, die der Amazonas jährlich in den Atlantik schickt. Die dreifache Menge setzt in der gleichen Zeit der Wald um. Das sind wahrlich unvorstellbare Massen an Wasser. Die Anteilszahlen lassen sich leichter handhaben, um das Ergebnis verständlich zu machen.

Was besagt es? Zunächst einmal, daß das Wasser, welches der Passat vom Atlantik herangetragen hatte, das sich in Wolken verdichtete und als Niederschlag nach Amazonien kam, im großen Durchschnitt dreimal über diesem Raum zirkulierte, bis es vom Amazonas wieder zum Atlantik zurückgebracht werden konnte. Der (geographisch) große Wasserkreislauf zwischen Meer und amazonischem Regenwald, der sich über Tausende von Kilometern erstreckt, wird folglich von einem kleinen Wasserkreislauf überlagert, der sich zwischen Wald und Atmosphäre abspielt. Er wird von der Sonneneinstrahlung getrieben. Sie verursacht durch ihre hohe Strahlungsintensität eine starke Verdunstung, die »Evapotranspiration«. Die Bäume geben das Wasser ab, wobei sie ihre Blätter kühlen, und speisen damit den Feuchtigkeitsvorrat in der Atmosphäre bis wieder Sättigung eintritt. Die aufsteigenden, von der Tropensonne erwärmten Luftmassen kühlen ab, die Feuchtigkeit verdichtet sich zu Wolken, die eine typische Form annehmen: die Kumulonimben. Sie sind als kompakte, einzeln entwickelte Wolkenkegel vom Flugzeug aus zu sehen (vgl. Foto rechts). Sie türmen sich auf, »wachsen« in die kritischen Höhen empor, wo die Abkühlung so stark wird, daß die Feuchtigkeit zu schweren Tropfen kondensiert. Aufwärts gerichtete Luftströmungen reißen sie weiter hoch, bis der Punkt erreicht ist, wo die Tragkraft der Luft nicht mehr ausreicht, die Wassermenge zu halten. Sie entlädt sich als heftiger Tropenschauer, häufig mit Gewitter verbunden, und schickt auf diese Weise die von den Bäumen abgegebene Feuchtigkeit wieder in den Wald zurück. Ein nächster Kreislauf kann beginnen.

In Zentral- und Oberamazonien zirkuliert auf diese Weise das Wasser nicht nur mehrfach, sondern vielfach zwischen Wald und Atmosphäre, bis es schlußendlich über die Flüsse wieder dem Meer zugeführt werden kann. Der kleine Kreislauf ist also, und das ist das wichtigste Teilergebnis aus diesen Befunden, mengenmäßig umfangreicher als der große. Die hohen Niederschlagsmengen sind ein Produkt des Regenwaldes, der sich damit sein dauerfeuchtes Eigenklima schafft und erhält. Es verhindert, daß die starke Sonneneinstrahlung die Wasserbilanz negativ werden läßt, wie das zeitweise in den wechselfeuchten Tropen und dauerhaft in den Wüstengebieten der Fall ist. Ohne diese Eigenleistung des Regenwaldes könnte das sogenannte perhumide Klima, also die Dauerfeuchtigkeit, nicht aufrechterhalten werden. Nur wenige Teilbereiche erhalten soviel Regenzufuhr vom Meer, daß sie nicht auf den kleinen Kreislauf angewiesen sind. Die großen Regenwaldflächen brauchen die Eigenerzeugung von Regen, um funktionieren zu können.

In eine Vielzahl von Inseln und Seitenarmen fächert der Amazonas bei Manaus auf. Das »weiße« Wasser setzt sich deutlich von den seitwärts zuströmenden Schwarzwassern ab. Die Wasserspiegelschwankungen belaufen sich hier auf rund 10 Meter im Jahreslauf. Ein amphibischer Wald, die várzea, folgt dem Flußlauf. Er bildet das fruchtbare Band quer durch Amazonien.

Die Feststellung, daß sich Wald und Wasser im tropischen Regenwald zu einer Einheit verbinden, ist also vollauf gerechtfertigt. Wir werden diese Verhältnisse zwischen großem und kleinem Wasserkreislauf erneut aufzugreifen haben, wenn es um die Einflußnahme des Menschen auf den Regenwald geht.

Produktive Gebiete im Regenwaldbereich

Das Klima macht den tropischen Regenwald, und dieser macht sich sein Klima selbst. Wald, Wasser und Atmosphäre verschränken sich zu einem Großlebensraum, zu einem Biom weltweiter Ausdehnung. Der tropische Regenwald legt sich als Gürtel über die Kontinente im äquatorialen Bereich. Wenn auch die Rahmenbedingungen des Klimas für seine Existenz ausschlaggebend sind, so bestimmen sie dennoch nicht allein darüber, welche Lebensbedingungen sich an jedem Ort des feuchten Gürtels der inneren Tropen entwickeln. Der Untergrund mischt mit im Kreislauf der Nährstoffe. Das, was er freigibt oder das, was von außen an Nährstoffen den Wurzeln der Pflanzen zugeführt wird, nimmt Einfluß auf den Ablauf des Wachstums und auf das Ausmaß abschöpfbarer Produktion.

Wenn sich das Großökosystem des tropischen Regenwaldes allein mit Hilfe der Nährstoffergänzung aus der Luft erhalten kann, dann sollte jede zusätzliche Nährstoffversorgung die Grundlage für eine Überschußproduktion abgeben. Die ökologische Theorie sagt dies voraus: Natürliche, sonnengetriebene Ökosysteme produzieren kaum einen Überschuß, wenn sie sich im Gleichgewicht befinden. Nur wenn sie zusätzlich mit Nährstoffen oder mit Fremdenergie versorgt sind, können sie mehr produzieren, als sie zur Aufrechterhaltung ihres ausgewogenen Zustandes benötigen.

Graue Theorie oder vernünftiges Modell der Wirklichkeit? Diese für die Nutzung von Tropenwäldern außerordentlich wichtige Frage läßt sich leicht beantworten. Die natürlichen Verhältnisse halten die Lösung bereit. Es gibt zwei Möglichkeiten zusätzlicher Nährstoffversorgung. Bei der einen stammen die Nährstoffe aus dem Boden, der aus geologischen Gründen mehr als gewöhnlich bietet, bei der anderen kommen sie mit den Flüssen.

Der Nährstoffreichtum im Boden hängt direkt davon ab, wie reichhaltig das verwitternde Gestein ist. Geologisch alte, ausgewitterte Ablagerungen können nur noch das bieten, was sie an Restnährstoffen enthalten. Hingegen sind junge, aus vulkanischer Tätigkeit hervorgegangene Böden reich an pflanzenverfügbaren Mineralstoffen. Wir können daher auffallende Unterschiede in den Produktionsbedingungen insbesondere dort erwarten, wo vulkanische Tätigkeit Lava oder Asche oder beides an die Oberfläche gebracht hat.

Entsprechendes gilt für die Nährstoffzufuhr aus fernen Gebieten durch die Flüsse. Das beste Beispiel hierfür ist wiederum der Amazonas, der in seinem Hauptlauf aus Flüssen gebildet wird, die aus dem geologisch jungen Hochgebirge der Anden kommen. Sie führen sogenanntes Weißwasser, weil die starke Flußerosion Gesteinspartikel aus den Anden heraustransportiert und nach Zentral- und Unteramazonien verfrachtet. Die in den erdgeschichtlich viel älteren Rumpfgebirgen des brasilianischen Schildes entspringenden Flüsse führen keine derartige Fracht. Ihr Wasser düngt die Flußniederung bei Hochwasser kaum. Deswegen tragen die Klar- und die Schwarzwasserflüsse Amazoniens kaum zur Verbesserung der Fruchtbarkeit bei, während das Weißwasser des Amazonas eine verhältnismäßig ausgedehnte Flußoasenkultur entstehen ließ, die bis heute andauert, in ihren Ursprüngen aber auf die vorkolumbianische Zeit zurückgeht (vgl. Fotos S. 63 und 77).

Mineralstoffreiche Böden vulkanischen Ursprungs gaben auch, wie im Kapitel über die Menschen im Regenwald ausgeführt wird, den Ausschlag für die ungleiche Besiedelungsdichte und für die Feinstruktur der Muster der ursprünglichen Verteilung von Menschen in der Regenwaldzone. In diesen Gebieten fällt die Diversität des Regenwaldes merklich bis stark ab, während die Fähigkeit Überschuß zu produzieren, entsprechend zunimmt.

Die Tatsache, daß es im Regenwaldgürtel der Erde durchaus Gebiete mit zufriedenstellender bis hoher Produktivität gibt, bildet somit keinen Widerspruch. Vielmehr fügt sich diese Feststellung sehr präzise in das erarbeitete Grundkonzept der ökologischen Struktur tropischer Regenwälder.

Ob es stimmig ist und wenn ja, in welchem Umfang das Folgen für die Nutzung des Regenwaldes hat, muß keineswegs in einem umfangreichen und riskanten Großversuch überprüft werden. Die Antworten legt uns die Tierwelt vor, die bislang nahezu unbeachtet geblieben ist. Gewiß, ihr Anteil im zentralamazonischen Regenwald war so gering, daß sie vernachlässigbar erschien. Aber bei der Feinheit der ökologischen Beziehungen und Wechselwirkungen im tropischen Regenwald, bei denen es offenbar um feinstverteilte Nährstoffe aus Niederschlag und Boden geht, wäre es sicher eine grobe Unterlassung, wenn die Rolle der Tiere nicht auch näher beleuchtet würde.

Schließlich zwingt allein die Feststellung, daß im tropischen Regenwald weitaus die meisten Tierarten, die es auf der Erde gibt, leben und sich darin entwickelt haben, für eine Berücksichtigung der Tiere. Sie bilden die natürlichen Nutzer, die Konsumenten. Die Probleme, die sich ihnen stellen, werden im Prinzip auch die Probleme sein, denen sich der Mensch als Nutzer des Regenwaldes ausgesetzt sieht, und die Lösungen, die sie gefunden haben, können uns vielleicht Möglichkeiten weisen, vom Regenwald zu profitieren, ohne ihn zu zerstören. Seit Jahrmillionen setzen sie sich mit dem tropischer Regenwald auseinander, und nicht erst seit ein paar Jahrtausenden, wie der Mensch oder gar erst seit einem guten Vierteljahrhundert, wie der technisierte Mensch. Werfen wir daher einige neugierige Blicke auf das Tierleben des tropischen Regenwaldes.

5.
Die Rolle der Tierwelt

Merkwürdige Faultiere

Fast geräuschlos gleitet das Boot am Ufer entlang, vorbei an blauviolett blühenden Wasserhyazinthen. Draußen auf der Lagune spielen einige Flußdelphine. Sie schnellen empor, heben für Bruchteile von Sekunden fast den ganzen Körper aus dem Wasser und tauchen sofort wieder ein. Ihr Spiel ist nicht annähernd so ungestüm, wie jenes der Großen Tümmler oder anderer Delphine küstennaher Meeresgewässer. Eher wirkt es verträumt. Einige Riesenotter heben ihre Köpfe in einer Bucht der alten Flußschlinge, durch die nun langsam das Wasser strömt. Es ist Hochwasserzeit in Oberamazonien. Das »Ufer« bilden die Kronen der Bäume. Dem Indio vom Stamm der Chipibo, der

das Boot geschickt lenkt, macht es keine Mühe, durch die Baumkronen hindurchzufahren. Dort, wo sich das Wasser des Ucayali nicht so stark staut, ragen nicht nur die Kronen, sondern auch die oberen Teile der Stämme über die glitzernde Wasseroberfläche heraus.

Es ist sehr still. Selbst die Zikaden haben ihr Gezirpe eingestellt. Wenn Amazonenpapageien über die Lagune fliegen, stört ihr Geschrei die Ruhe. Nichts deutet auf die Anwesenheit von Menschen: Natur im Urzustand! Ein großer blauschillernder Falter, ein Morpho, fliegt vorüber. Die großen Otter sind verschwunden. Zwischen den blasig aufgetriebenen Schwimmblättern der Wasserhyazinthen, die überall vorbeitreiben, zeigt sich einen Augenblick lang der Kopf eines kleinen

Blattschneiderameisen (Gattung *Atta*). Stück für Stück schneiden die Ameisen aus den Blättern heraus. Die Größe der Blattstücke entspricht ungefähr der Reichweite ihrer Beine während des Schneidens (vgl. Foto oben rechts). Hat sich das Blattstück gelöst, wird es aufgerichtet und wie ein Segel transportiert. Die »Straßen« der Blattschneiderameisen sind am Waldboden nicht zu übersehen (großes Foto). Sie führen zu den unterirdischen Nestern, in denen die Blattschneiderameisen auch ihre Pilzgärten anlegen. Das Bild links unten zeigt ein Myzel des Pilzes *Rhizotes gongylophora*, das aus einer der Kammern herausgeholt worden ist. Der Pilz hat mit der Fruchtkörperbildung (»Ambrosiakörper«) begonnen. Nur von diesen Pilzfrüchten leben die Blattschneiderameisen.

Kaimans. Der Zustand ist paradiesisch. Unablässig gibt es viel und doch wieder nichts zu sehen. Die beiden großen, seeschwalbenähnlichen Vögel, die mit heruntergeklapptem Unterschnabel durch das Wasser pflügen, verschwinden viel zu schnell, um sie ein bißchen ausgiebiger beobachten zu können. Jetzt, zur Hochwasserzeit, halten sie sich nur kurze Zeit an den Lagunen. Die Sandbänke im Fluß, auf denen sie genistet hatten, sind meterhoch überflutet. Es wird noch viele Wochen dauern, bis sie von den Wassermassen wieder freigegeben werden, die sich darüber hinwegwälzen. Alles verliert sich in der Wasserfülle. Selbst das Fischen klappt nicht mehr, erzählt der Indio, weil der Fluß viel zu groß geworden ist. Die Fische stehen irgendwo zwischen den Baumkronen und lassen sich auch mit guten Ködern kaum mehr angeln.

Ein leichter Dunst steigt über der Lagune auf. Wir biegen in einen Flußarm ein. Die Kronen rücken näher, scheinen einander zu berühren, und entfernen sich wieder. Der Indio deutet mit einer Handbewegung zu einem Baum. Eine dunkle Kugel befindet sich in einer Astgabel; gerade dort, wo die ersten großen Blätter beginnen. Vielleicht ein Wespen- oder ein Termitennest? Als sich das Boot weiter genähert hat, stellt sich schnell heraus, um was es sich handelt. Die Kugel ist ein Faultier. Es scheint zu schlafen. Das Nahen des Bootes beachtet es nicht. Ein weiteres hängt ein Stück davon entfernt gleichfalls in der Krone eines Baumes. Ein Junges klammert sich daran. Nicht einmal dieses rührt sich. Siesta: Schlafenszeit? Sie dauert lange bei den Faultieren. Stundenlang ruhen sie, gleich ob es Nacht ist oder ob strahlender Sonnenschein herrscht. Ihr Leben läuft auf »Sparflamme«, wie es scheint.

Daß sie guten Grund haben, keine hektischen Bewegungen zu machen, wird uns schnell sehr schmerzhaft klar. Wir haben uns dem Baum mit dem einen Faultier genähert. Die Spitze des Bootes stößt kurz an. Das Faultier stört dies nicht. Es schläft weiter. Aber wir im Boot werden plötzlich

Termiten. Zusammen mit den Ameisen sind sie die bedeutendste Tiergruppe in den Tropenwäldern. Sie leisten einen höchst wichtigen Beitrag zum Abbau von Holz und anderen Pflanzenstoffen und damit für die Rückführung von Nährstoffen in den Kreislauf.
Links oben ein Baumnest von amazonischen Termiten, die in der Überschwemmungszone leben. Dünne Röhren sind als Laufgänge dem Stamm aufgesetzt. Sie führen nach oben in die Kronen und nach unten zum Boden. Termiten meiden das Licht.
Manche Arten bauen bizarr geformte, aber sehr funktionelle Nester, wie die im westafrikanischen Regenwaldgebiet vorkommenden *Cubitermes*-Termiten (rechts unten die Nestanlage). Die pilzhutförmigen Kuppen sorgen dafür, daß das Regenwasser gut abläuft.
Die Termitenköniginnen, Mitte rechts in natürlicher Größe, sehen madenförmig aus. Sie produzieren unablässig Eier, die von den zahllosen Arbeitstieren versorgt werden. Termitenstaaten können sehr ausgeprägte Unterschiede bei den geschlechtslosen Tieren zeigen, die ganz bestimmten Aufgaben entsprechen. So die mit gewaltigen Kiefern ausgestatteten »Soldaten« von *Trinervitermes* (Foto oben rechts) und der *Macrotermes*-Soldat (Foto unten links). Letzterer trägt ein »Spitzhorn« am Kopf, aus dem eine klebrige Substanz ausgestoßen wird, wenn der Soldat kämpft. Sie verklebt die Kiefer und die Beine des Gegners. Beim *Trinervitermes*-Soldat (oben rechts) besteht fast die gesamte Kopfkapsel aus Muskeln, welche die Kraft erzeugen, mit der die Kiefer zubeißen.

sehr aktiv. Hunderte von Ameisen lassen sich vom Baum fallen und verursachen eine ziemlich unangenehme Überraschung. Ihre Angriffsspritzen sind wirklich kein Vergnügen. Jetzt erst sehen wir, daß überall aus Löchern im Stamm Tausende von Ameisen hervorquellen. Sie halten uns auf gebührende Distanz.

Die Bäume, auf denen wir nach und nach an die 20 Faultiere finden, gehören ausnahmslos zu den »Ameisenbäumen« der Gattung *Cecropia*. Unverkennbar an den großen Fiederblättern fallen die Cecropien am Flußufer auf. Sie wachsen dort, wo die Überschwemmungen regelmäßig hinkommen am besten. Und sie wachsen schnell; sehr schnell für amazonische Verhältnisse. Es dauert nur ein paar Jahre, dann ist aus den jungen Trieben schon ein kräftiger Baum geworden. Ihre Stämme und die größeren Äste werden von kleinen Ameisen bewohnt. Die hohlen Stämme gliedern sich ähnlich wie Bambus in Abschnitte, und in jedem steckt eine Wohnkammer der Ameisen. Die Löcher, aus denen sie hervorkommen, befinden sich meist unterhalb der Ansatzstellen der Blätter. Dort befinden sich in der sonst dünnen, glatten Rinde merkwürdige Wucherungen mit knötchenartigen Verdickungen (vgl. Grafik). Die Ameisen sind daran besonders interessiert. Immer wieder kommen sie dorthin, untersuchen die Knötchen und knabbern daran.

Es handelt sich um zucker- und eiweißhaltige Abscheidungen des Baumes, sogenannte »extraflorale Nektarien«. Diese Fachbezeichnung der Botaniker bedeutet, daß dort eine Art Nektar außerhalb von Blüten abgegeben wird. Dafür interessieren sich die Ameisen. Die Cecropia bietet »ihren« Ameisen also nicht nur Wohnraum in Stamm und dicken Ästen, sondern auch gleich noch die Nahrung.

Denn von diesen Absonderungen an der Basis der Blattstiele leben die Ameisen.

Wenn ein Baum, noch dazu eine raschwüchsige, offensichtlich vitale Art, Ameisen mit »Kost und Wohnung« versorgt, so muß wohl mehr dahinter stehen als nur eine Laune der Natur – falls es »Launen« überhaupt geben sollte. Worum es sich handelt, mußten wir im Boot schmerzhaft gewahr werden. Die Ameisen betätigen sich als höchst wirkungsvolle »Feindabwehr«. Sie hatte uns mit eingeschlossen. Normalerweise richtet sich die Abwehr gegen Insekten aller Art und gegen Säugetiere, die an die Blätter gehen, um sie zu verzehren. Die Abwehr gestaltet sich so wirkungsvoll, daß Cecropien-Blätter kaum jemals in nennenswertem Maße durch Freßfeinde geschädigt werden – die Faultiere ausgenommen! Sie verstehen es, durch ihre fast unglaubliche Langsamkeit die Abwehr der Ameisen zu umgehen. Oftmals wird ihr Vorhandensein gar nicht bemerkt, so langsam bewegen sie sich in den Kronen. Der »Reiz«, den sie verursachen, wirkt nicht stärker als die Windbewegung. Deshalb bleiben sie unentdeckt. Die zahllosen kleinen Angreifer aus dem Heer der Insekten haben so gut wie keine Chancen, der Wachsamkeit der Ameisen zu entgehen.

Ein unablässiger »Kampf« herrscht in den Kronen der Cecropien, den in aller Regel die Ameisen gewinnen. Der Baum »dankt« ihnen dies durch die Bereitstellung von nahrhaften Absonderungen speziell für sie. Dieses Zusammenleben und -wirken zwischen Ameisen und Baum, auf dem sie leben, paßt so gut zusammen, daß es geradezu ein Musterbeispiel für feine Abstimmungen im Tropenleben abgeben würde, wenn die perfekte Harmonie nicht durch die schiere Langsamkeit der Faultiere so plump überlistet

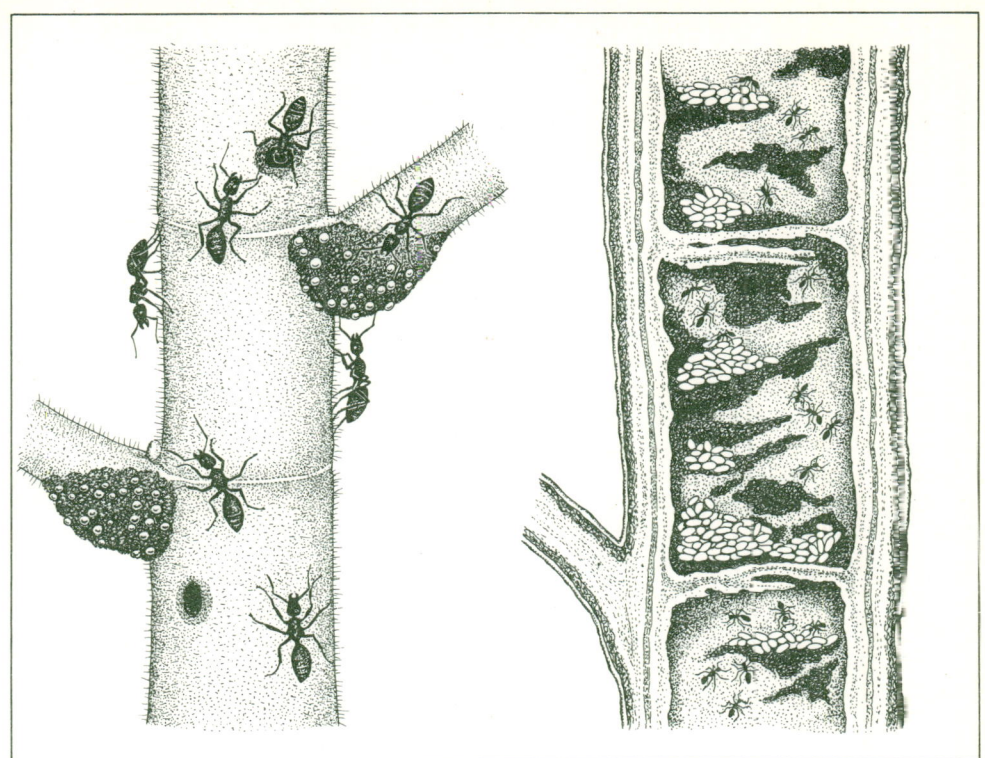

Die Ameisen-*Cecropia*-Symbiose. In den hohlen Stämmen erbauen die Ameisen ihre Nest-
kammern. Die länglichen, hellen Häufchen sind Puppen. Im linken Bildteil sind die Eingänge
zu den Nestanlagen zu erkennen. Am Ansatz der Blattstiele entwickeln sich die weißen,
halbkugeligen Gebilde, von denen sich die Ameisen ernähren. Nach ihrem Entdecker, dem
deutschbrasilianischen Biologen Fritz Müller, werden sie »Müllersche Körperchen« genannt.
Sie sind reich an leicht verdaulichen Kohlehydraten, enthalten aber auch Eiweiß und Fett.
Als Gegenleistung für Nahrung und Wohnraum, die den Beitrag des Baumes zu dieser Symbiose
darstellen, halten die Ameisen Insekten und andere Feinde vom Baum fern (nach Suchantke, 1982).

würde. Sogar beim Kauen der Blätter lassen sie sich ungemein viel Zeit, was aber
trotzdem nicht darüber hinwegtäuschen
kann, daß sie frisches Grün der *Cecropia*
verspeisen, das von Ameisen bestens geschützt werden sollte. Die Symbiose funktioniert zwar, aber nicht perfekt. Man
muß sich diese Unvollkommenheit immer
wieder vergegenwärtigen, weil man

sonst allzu leicht unter dem Eindruck der
Tropenfülle zu falschen Schlüssen kommen könnte. Sie würden einen paradiesischen Zustand vortäuschen, der in Wirklichkeit nicht vorhanden ist, sondern eher
unserem Wunschdenken entspringt, daß
die Tropennatur so ganz anders als die
uns wohlbekannte sein müsse und einfach in vollendeter Harmonie lebt.

Das Faultier schiebt sich von außen in das feine Beziehungsgefüge zwischen Baum und Ameisen, ohne etwas als Gegenleistung mitzubringen. Es nutzt die Blätter der *Cecropia* in grundsätzlich gleicher Weise, wie die Kühe auf der Weide das Gras nutzen.

Mit solch nüchternen Überlegungen das sich aufdrängende »Paradies« abwehrend, ohne den wundervollen Eindruck zu schmälern, den die Natur hier dem Besucher von außen in der Tat verschaffte, wandte ich meine Aufmerksamkeit wieder den Faultieren zu. Eines hatte gerade eine kleine Bewegung gemacht. Es schickte sich an, wie in extremer Zeitlupe den Griff der sichelförmig gebogenen Krallen der Vorderbeine zu lockern. Äußerst bedächtig langte es nach oben, erfaßte den nächsten Ast und hangelte sich nach und nach daran hoch, bis es wieder einen sicheren Halt erreicht hatte. Die Bewegung insgesamt schien eine kleine Ewigkeit zu dauern, obwohl sie in Wirklichkeit nur ein paar Minuten in Anspruch nahm. Nun ergriff das Faultier sogar ein *Cecropia*-Blatt, führte es zum Mund und fing an, Stück für Stück davon abzubeißen. Ich wußte, daß es danach, kaum daß eine Handvoll Blätter verspeist waren, wieder viele Stunden ruhen würde.

Doch die Minuten der Aktivität lösten eine andere aus. Im Fell wurde es plötzlich lebendig. Irgendetwas huschte darauf umher und verschwand wieder zwischen den langen, grünlichgrauen Haaren, die so bezeichnend gegen den Strich wachsen, nämlich von der Bauchseite zur Rückenseite hin, und nicht umgekehrt, wie bei so gut wie allen übrigen Säugetieren. Diese »falsche« Wachstumsrichtung der Haare fällt auf den ersten Blick gar nicht so sehr auf, weil das Faultier ja fast immer mit dem Rücken nach unten gerichtet im Geäst hängt, so daß die Haare dann »richtig« wachsen (s. Foto S. 141).

Bei den umherhuschenden Tierchen handelte es sich um einen Kleinschmetterling mit dem wissenschaftlichen Namen *Bradypodicola hahneli*, der sich nur selten sehen läßt. Fast sein ganzes Leben spielt sich im Fell der Dreifinger-Faultiere der Gattung *Bradypus* ab, die an den Flußufern auf den *Cecropia*-Bäumen leben. Doch diese »Motten« befallen nicht etwa das Fell, obgleich es von seinem Träger kaum jemals richtig gesäubert wird. Die Verhältnisse sind nämlich viel verwickelter.

Die kleinen Schmetterlinge paaren sich im Fell des Faultieres. Die Weibchen legen ihre Eier nach Art der Schmetterlinge ab und nach einigen Tagen schlüpfen die kleinen, unscheinbaren Raupen. Sie haben kräftige Kiefer, und mit diesen fangen sie sogleich an, die Haare des Faultieres abzugrasen. Dabei passiert allerdings den Haaren selbst nichts; sie bleiben unversehrt. Denn was die Räupchen wirklich aufnehmen, sind winzig kleine Algen, die in Rillen wachsen, die sich an den Haaren befinden. Diese Blaualgen der Gattungen *Trichophilus* und *Cyanoderma* stellen die Nahrung der Raupen dieses Kleinschmetterlings dar. Tag für Tag grasen sie den staubfeinen Algenbelag in den Haarrillen ab, der dem Fell jenen blaugrünen Schimmer verleiht, welcher die Dreifingerfaultiere auszeichnet. Haben sie schließlich nach wochenlanger Nahrungsaufnahme und mehrmaliger Häutung die Endgröße erreicht, verpuppen sie die Raupen nach Art der Schmetterlinge und wandeln sich während der Puppenruhe in das Falterstadium um, welches das Fortpflanzungsstadium darstellt. Der Kreis hat sich geschlossen, wenn die frisch geschlüpften Männchen und Weibchen einander finden und die Paarung vollziehen.

Mit einer Symbiose, mit wechselseitigem Vorteil, hat diese Lebensweise gewiß nichts mehr zu tun. Für die Schmetterlinge im Faultierfell sind die winzigen Algen am Haar nichts weiter als eine Nahrung. Daß sie der Träger dieses Algengartens von Zeit zu Zeit ein wenig bewegt, tut nichts zur Sache und wird von den Schmetterlingen nicht beachtet. Selbst wenn das Faultier von einem Gewittersturm ins Wasser geworfen wird, bedeutet das für die Raupen und die Falter im Fell noch nicht unbedingt die große Katastrophe. Die Faultiere schwimmen nämlich erstaunlich gut und zielsicher, so daß sie zumeist rasch wieder einen Baum erreichen, an dem sie hochklettern können. Die im Fell eingeschlossene Luft sorgt dafür, daß wenigstens ein Teil des Raupen- und Falterbestandes überlebt. Da sich die Faultiere selbst auch immer wieder einmal paaren und dabei einander aufsuchen, bleiben sie für die Schmetterlinge keine verlorenen Inseln im Meer des Waldes. Bei den seltenen, im Jahreslauf aber dennoch regelmäßigen Treffen der Faultiergeschlechter kann es auch bei den Faltern zum Austausch kommen, falls er nötig sein sollte.

Der Blick aufs Leben der Faultiere rückte somit das Bild der perfekten Abstimmung zunächst etwas zurecht, führte aber dafür eine um so erstaunlichere Lebensweise vor Augen, die beinahe noch wundervoller erscheint, als das Zusammenleben von Ameisen und Bäumen.

Doch die Faultiere können noch mit weiteren Überraschungen aufwarten. Es gibt nämlich nicht nur eine Faultierart, sondern mehrere, um nicht nur eine Schmetterlingsart im ihrem Fell, sondern wenigstens eine weitere, deren Lebensweise fast wie ein Tropenmärchen klingt. Sie hängt eng mit der erwartungsgemäß sehr langsamen Verdauung der Faultiere zusammen. Über eine Woche und länger zieht sich die Verdauung der Blätter hin, bis sie schließlich so weit abgeschlossen ist, daß ein Exkrement gebildet werden kann. Ist es so weit, klettert das Faultier umständlich den Baum hinunter und geht mit ungelenkigen Bewegungen — die Beine sind auf eine vierfüßige Fortbewegung nicht eingerichtet — zu einer ganz bestimmten Stelle, um dort das Exkrement abzusetzen. Diese Plätze werden Faultier-Latrinen genannt. Ist es schon merkwürdig genug, daß das Faultier diesen für das Tier sehr anstrengenden und aufwendigen Gang überhaupt unternimmt, so überbietet das nun folgende Geschehen alle Erwartungen.

In den Augenblicken der Kotabgabe fliegen nämlich Falter einer anderen Kleinschmetterlingsart aus dem Fell heraus, landen auf dem frischen Exkrement und setzen darauf sofort ein Gelege aus kleinen Eiern ab. Daneben starten Falter der gleichen Art von den alten Resten des Faultierexkrements der Latrine und fliegen ins Fell. Hier vollzieht sich die Paarung, und hier warten die befruchteten Weibchen auf den nächsten Latrinengang, der nach ein bis zwei Wochen stattfinden wird. Währenddessen entwickelten sich unten in den Ausscheidungen die Eier; Räupchen schlüpften und ernähren sich nun von den unverdauten Pflanzenresten und vermutlich auch von Bakterien, welche die Zersetzung weiter vorantreiben. Sie wachsen heran, häuten sich, fressen weiter, häuten sich wieder und so fort, bis sie ausgewachsen sind. Dann verpuppen sie sich, und die geschlüpften Falter warten auf das nächste Kommen des Faultieres.

So fein diese Anpassungen auch sein mögen, und so wundervoll sie wirken, so unverständlich bleiben sie doch, verglichen mit der Symbiose von *Cecropia* und Ameisen. Was hat das Faultier von den Schmetterlingen in seinem Fell oder von der Nutzung seiner Exkremente durch Raupen von Kleinschmetterlingen? Offensichtlich nichts! Wenn sich aber kein beiderseitiger Vorteil feststellen läßt, dann fällt es schwer, überhaupt ein Verständnis für so komplizierte und gänzlich außergewöhnliche Lebensweisen aufzubringen. Wenn frühe Naturforscher diese und ähnliche Fälle als »Luxurieren der Tropen« kennzeichneten, so lieferten sie für das Phänomen nichts weiter als einen Namen, aber keine Erklärung. Denn worin sollte der Luxus bestehen, wenn mikroskopisch kleine Algen in Haarrillen oder mehr oder minder verdauter Blattbrei als Nahrung dienen, während um die Faultiere herum der Wald überquillt vor Blättern, vor grüner Pflanzenmasse? Muß man sich nicht eher fragen, was diese Kleinschmetterlinge veranlaßt, auf eine so außergewöhnliche Art und Weise ihr Leben zu fristen anstatt direkt die Pflanzenfülle zu nutzen, die sie umgibt?

Ameisen als »Gärtner«

Kehren wir vorerst aber wieder zurück zu den Ameisen. Die Lebensweise der Faultiere läßt sich ja bei einem Besuch in Oberamazonien oder in den herrlichen Urwaldreservaten von Costa Rica einigermaßen gut beobachten, aber das was sich in den Lebenszyklen der Faultierschmetterlinge verbirgt, erfordert schon einen größeren Forschungsaufwand. Man muß Glück haben, die Schmetterlinge zu sehen oder im richtigen Moment der Exkrementabgabe an der richtigen Stelle zu sein.
Im Gegensatz dazu drängen sich die Ameisen geradezu auf. Ein unvorsichtiger Schlag mit dem Buschmesser, der in einem »Ameisenbaum« landet, wird sich schnell als besserer Lehrmeister im Umgang mit dem Haumesser herausstellen als das ungleich seltenere Ereignis, daß man sich mit der Machete ins Bein hackt. Mit bemerkenswerter Geschwindigkeit lernt man, nicht den wilden, zu allem entschlossenen Dschungeleroberer zu spielen, sondern Vorsicht walten zu lassen. Denn die Allgegenwart der Ameisen bestimmt, wie man sich zu verhalten hat, und was man besser sein läßt.
Es gibt Ameisen von zwei bis drei Zentimetern Größe, deren Stiche schmerzhafter als jeder andere Insektenstich sind. Bezeichnungen, wie »Feuerameisen« wurden nicht einfach erfunden. Aus ihnen spricht die Erfahrung.
Am meisten faszinierten mich aber die Blattschneiderameisen. Ihnen zuzusehen, wird nie langweilig. Ihre Leistungen nötigten auch ihren Gegnern aus der chemischen Industrie immer wieder Respekt ab. Blattschneiderameisen bilden riesige Kolonien, die mehrere Millionen Ameisen umfassen können. Sie fallen aber vornehmlich dann auf, wenn sie über Nacht eine Pflanzung weitgehend kahlgefressen haben. Oder aber, wenn man auf eine ihrer Straßen stößt.
Die Bezeichnung »Straße« trifft wirklich zu, denn die Ameisen haben den Untergrund gesäubert und frei passierbar gemacht (vgl. Foto S. 81). Unablässig strömen sie in die eine Richtung und entgegengesetzt dazu. Welche Richtung zum Nest führt, läßt sich leicht feststellen. Denn die Kolonnen von Ameisen, die abgeschnittene Blattstücke wie Segel transportieren, bewegen sich zum Nest. Die Entgegenkommenden tragen nichts. Ohne Stockungen fließen Bänder von Ameisen

über diese Straßen. Verglichen mit der Körpergröße der Ameisen sind sie gewaltig. Sie entsprechen durchaus unseren Prachtstraßen, den südamerikanischen Avenidas, mit 10, 12 oder mehr Spuren. Eine mäßige Störung, etwa ein unbeabsichtigter Fußtritt oder ein absichtliches Verscharren der Bahn, bringt sie kaum in Verlegenheit. Sofort suchen die Ameisen intensiv herum, bis sie die Spur wiederfinden, die Tausende und Abertausende Nestgenossen vor ihnen schon dem Boden eingeimpft hatten. Legt man einen Stein oder ein anderes Hindernis in den Weg, so überklettern oder umgehen es die Ameisen, je nachdem, welche Lösung die günstigere ist. Der Eingriff muß schon sehr massiv sein, wenn er einen Teil des Ameisenstromes vom Nest abschneiden soll.

Folgt man den Blattstücke tragenden Ameisen in der Gegenrichtung, läßt sich bald die Quelle ausmachen. Irgendwo in 20, 30 oder mehr Metern Entfernung von der Nestanlage haben sie einen Baum oder einen Busch ausgewählt, aus dessen Blättern sie nun Stück für Stück herausschneiden und abtransportieren, bis die Blätter skelettiert sind. Auch Blüten und Früchte zögern sie nicht anzunehmen. Sie sind heute da, morgen oder übermorgen können sie schon an ganz anderer Stelle im Einzugsbereich ihrer Nestanlage tätig werden. Es fällt schwer, dahinterzukommen, warum sie den einen oder den anderen Baum wählen, bevorzugen oder alsbald wieder ablehnen. Sie handeln nicht etwa nach der Vorstellung, daß die Pflanzen nicht zu sehr geschädigt werden dürften, oder gar im Sinne einer Symbiose. Eher das Gegenteil scheint der Fall zu sein. Sie kümmern sich nicht darum, ob die Pflanze gerade Samen angesetzt hat, die nun nicht mehr reifen können, oder

Blüten, bereit zur Entfaltung, die nun verdorren. Sie sind den Farmern verhaßt, weil sie die mühsam hochgezogenen Kulturpflanzen bedrohen und die erwarteten Ernten vernichten.

Wie passen solche Ameisen in einen Wald, der mit allem und jedem in geradezu unglaublicher Weise sparsam umgeht? Nehmen wir nun die Gegenrichtung, auch wenn sie nicht mehr viel an unmittelbar Beobachtbarem bringt. Verfolgen wir die Kolonnen der Blattträger zu den Nesteingängen. Wie große, blankgeputzte Mauselöcher führen sie in den Boden hinab. Ein Strom von Blattstücke transportierenden Ameisen ergießt sich unablässig hinunter und verschwindet in den unterirdischen Gangsystemen, die Hunderte von Kubikmetern Boden durchsetzen können. Es wurde viel geforscht, was sich darin abspielt, weil die Blattschneiderameisen in Mittel- und Südamerika so große wirtschaftliche Bedeutung (als Schädlinge in Kulturen) erlangen können. Das Ergebnis verblüffte selbst Ameisenkenner, und es muß auch heute nachdem es schon lange in den Grundzügen bekannt ist, nach wie vor verblüffen: Die Blattschneiderameisen züchten in unterirdischen Kammern Pilze.

Dabei handelt es sich um einen ganz besonderen Pilz mit dem Namen *Rhizotes gongylophora*. Das Besondere steckt in den Fruchtkörpern, die dieser Pilz in den von Ameisen gehegten Kulturen ausbildet. Sie werden von den Ameisenforschern »Ambrosiakörper« genannt, was sehr treffend ihre Rolle charakterisiert. Denn von diesen Fruchtkörpern, und nur davon, ernähren sich die Millionen und Abermillionen von Blattschneiderameisen. Der ganze Aufwand des Straßenbaues, des Schneidens und Transportes der Blattstücke, ihr Zerkleinern zu einem

Brei unten in den Kammern und die Kontrolle der raumklimatischen Verhältnisse in den Pilzgärten, in denen günstigste Wärme- und Feuchtigkeitsverhältnisse herrschen, dienen nur dazu, die Ambrosiakörper hervorzubringen. Es handelt sich also um eine richtige Eigenproduktion von Nahrung, und sie enthält überraschenderweise eine ähnliche Zusammensetzung an Zuckern, Eiweiß und Phosphorverbindungen wie die »Fruchtkörper«, welche die Cecropia-Bäume an der Basis ihrer Blätter wachsen lassen zur Ernährung ihrer symbiontischen Ameisen. Die Blattschneiderameisen sind nicht auf solche Gegenleistungen von Bäumen angewiesen. Sie erzeugen ihre Nahrung selbst, wenngleich mit Einsatz eines »Edelpilzes« (aus ihrer Sicht), der keine Giftstoffe enthält.

Hier stoßen wir wieder auf die Symbiose, denn nun hat wenigstens der Pilz als »Partner« auch etwas davon. Er wird in den unterirdischen Pilzgärten gehegt und gepflegt, mit Nahrung versorgt und, wenn sich die Kolonie vermehrt, mit weitertransportiert zum neuen Nest. Dabei äußert sich jedoch gleichzeitig die große Abhängigkeit der Ameisen von ihrem Pilz. Keine Neugründung einer Kolonie wird Erfolg haben, der es nicht gelingt, zuerst einen kleinen Pilzgarten zum Wachsen und Gedeihen zu bringen. Keine Königin wird ein neues Ameisenvolk begründen können, wenn sie nicht in der Lage gewesen ist, ein Stück, ein gut lebensfähiges Stück des Pilzes mitzunehmen und in Kultur zu nehmen. Der Pilz gewinnt zwar eine schnellere, wirkungsvollere Ausbreitung durch die kontinuierliche Zufuhr von Nahrung, aber er scheint nicht annähernd so abhängig von den Ameisen zu sein, wie umgekehrt diese vom Pilz.

Partnerschaft hat zwei Seiten, und es muß keineswegs immer ein vollkommen ausgewogenes Verhältnis gegeben sein. Geringe Vorteile zahlen sich unter Umständen schon aus, wenn diese Umstände mit leichten Verbesserungen grundlegender Schwierigkeiten verbunden sind. Worin sie bestehen, deutet sich nun an: Welche Umstände veranlassen die zahlenmäßig so vorherrschenden Blattschneiderameisen, den Umweg über den Pilz bei der Ernährung einzuschlagen? Warum verzehren sie das zerkaute Blattmaterial

Goliathkäfer (Goliathus sp.; Foto oben). Diese westafrikanischen Käfer gehören zu den größten und schwersten Insekten. Sie sind Verwandte der Rosenkäfer.
Treiber- (Gattung Eciton) und Wanderameisen ziehen zu Hunderttausenden oder Millionen durch den Wald und machen Jagd auf Insekten und andere Kleintiere, die sie bewältigen können. Im unteren Foto überquert eine Kolonne eine Straße im Regenwald der Elfenbeinküste, Westafrika. Im mittleren Foto (links) sind die mächtigen Kiefer zu erkennen, mit denen solche Ameisen ihre Beute erfassen (Peru).
Die Weberameisen (Gattung Oecophylla) leben in bis über 1500 Quadratmeter großen Revieren, die sie gegen Artgenossen aus anderen Nestern heftig verteidigen. Sie jagen tagsüber ähnlich wie die Wanderameisen, ziehen sich nachts oder bei Regenwetter in die im Foto (Mitte rechts) dargestellten Blattnester zurück. Die Seide, welche die Blattränder zusammenklebt, produzieren die Larven, die als »lebende Webeschiffchen« von den Ameisen benutzt werden. Mehrere tausend Ameisen enthält ein solches Blattnest. Es bildet einen Teil der Gesamtkolonie, die bis mehr als 150 derartiger Nester umfassen kann. Darin leben dann über eine halbe Million Ameisen. Der Zusammenhalt des Weberameisenstaates wird über chemische Signalstoffe gewährleistet und gesteuert.

nicht direkt? Welche Rolle spielt der Pilz eigentlich? Geht es um nichts weiter als um die Fruchtkörper?

Solche Fragen tauchen um so stärker auf, als sich Abwehrreaktionen der Ameisen gegen Pflanzenschutzmittel zeigen. Da hatte vor rund zwei Jahrzehnten eine Herstellerfirma von Pflanzenschutzmitteln angenommen, die perfekte Lösung gefunden zu haben. Sie bot den Farmern in Brasilien ein Mittel an, welches für die Ameisen völlig harmlos ist, von ihnen weder am Geruch noch am Geschmack erkannt werden konnte, aber das Wachstum des Pilzes stoppt. Es werden keine Ambrosiakörper mehr ausgebildet, und die Kolonie — weil ohne Nahrung — müßte zugrunde gehen. Zunächst schienen diese Überlegungen perfekt. Aber die Ameisen erwiesen sich als die besseren. Sie entfernten nach ein paar Tagen die geschädigten Pilzkolonien, stellten die Nutzung der mit dem Mittel behandelten Blätter so lange ein, bis die Tropenregen das Gift abgewaschen hatten, und machten ansonsten weiter wie bisher. Die Versorgung der Pilzkulturen umfaßt mehr als das bloße Beibringen von zerkauten Pflanzen; sie ist ein regelrechtes »Gärtnern«, weshalb diese Ameisen englisch sehr treffend als »Gärtner-Ameisen« bezeichnet werden.

Die Zusammenhänge müssen daher tiefer gehen. Sie erschöpfen sich nicht in oberflächlichen Abhängigkeiten von Ameisen und Pilzen. Wie wichtig die Tätigkeit der Pilze tatsächlich ist, beleuchten die besonders hochentwickelten Termiten der Tropenzone, die gleichfalls pilzzüchtenden *Macrotermes*-Arten. Wie kommt es, daß die beiden höchstentwickelten Gruppen der Ameisen und der Termiten bei der im Prinzip gleichen Lösung des Nahrungsproblems gelandet sind? Beide Tiergruppen sind nicht näher miteinander verwandt. Die Ameisen gehören zu den Hautflüglern und sind deshalb in die Verwandtschaftsgruppe der Bienen und Wespen einzuordnen, während die Termiten engere Beziehungen zu den Schaben, einer sehr ursprünglichen Insektengruppe aufweisen. Sie zeigen unvollständige Verwandlung. Ein Puppenstadium fehlt innen. Dagegen machen alle Ameisen, wie auch die Bienen und Wespen, ein richtiges Puppenstadium durch, weil sie zu den Insektengruppen mit vollständiger Verwandlung gehören. Verglichen mit den uns näherliegenden Wirbeltieren sähe der Vergleich etwa so aus: Frösche (den Termiten entsprechend) und Vögel (den Ameisen entsprechend) hätten sich in gleicher Weise Pilze als Nahrungsquelle dienstbar gemacht. So weit, ja streng genommen noch weiter, liegen Ameisen

Bunt und bizarr ist die Insektenwelt in den Regenwäldern der Tropen. Der Giraffenkäfer *(Apodea giraffa)* gehört zu den Rüsselkäfern (oben links); durchsichtige Flügel und stachelförmige Körperanhänge kennzeichnen die rechts oben gezeigte Heuschrecke aus dem peruanischen Regenwald. Ein dichtes Kleid aus giftigen Haaren schützt die Raupe (Mitte links) auf dem Bananenblatt. Die harlekinartig gelb-schwarz geringelte Heuschrecke (Mitte rechts) täuscht womöglich nur Ungenießbarkeit vor, weil das »Wespenmuster« eine Warntracht darstellt. Die Körperform lösen die Stachelhaare tragenden Fortsätze am Körper der Schmetterlingsraupe unten links auf, während die gelbe Zeichnung gleichzeitig eine Warntracht bildet (Peru). Der zur Familie Syntomidae gehörende Schmetterling *Euchromia lethia* unten rechts signalisiert seine Giftigkeit durch ein unverwechselbares Farbmuster. Er fliegt sehr langsam und wäre eine leichte Beute (Elfenbeinküste, Westafrika).

und Termiten verwandtschaftlich auseinander. Es kann gewiß kein Zufall sein, daß beide die gleiche Lösung entwickelten und beide zu den zahlenmäßig häufigsten und, wie zu zeigen sein wird, zu den im Naturhaushalt bedeutendsten Tiergruppen der Tropenzone gehören.

Beide leben sie von der Pilzzucht. Erinnern wir uns, daß wir Ähnliches auch bei den Pflanzen gefunden hatten. Da erwiesen sich die Orchideen in besonderem Maße von Pilzen abhängig, ja die große Mehrzahl der Waldbäume des tropischen Regenwaldes verdankt ihre Vitalität den Pilzen, die an ihren Wurzeln leben. Die Bootsfahrt auf der Lagune, die Beobachtungsstunden im Wald an den Straßen der Blattschneiderameisen und die Erfahrungen mit den Epiphyten und ganz besonders mit den Orchideen unter ihnen erbrachten tiefe Einblicke in die Natur des Regenwaldes. Es gilt nun, die Rolle der Tierwelt genauer kennenzulernen.

Überlebensstrategien der Insekten

Verglichen mit der Masse der Pflanzen nimmt sich das Tierleben im tropischen Regenwald mehr als bescheiden aus. Erinnern wir uns: Rund 1000 Tonnen pflanzlicher Biomasse pro Hektar entsprechen 210 kg tierische Biomasse. Von diesen 210 kg gehörten 165 kg zur Kleintierwelt des Bodens, also zu Milben, Springschwänzen, Würmern und kleinen Insekten. Somit verblieben 45 kg für die »oberirdische« Tierwelt; für die Affen im Geäst, für die Vögel, die Frösche, die Käfer und Schmetterlinge, für die Zikaden und Spinnen. Kurz: Die ganze Vielfalt des Tierlebens in diesem zentralamazonischen Regenwald wog pro Hektar weniger als ein Mensch.

Kein Wunder also, daß der Besucher so gut wie nichts von den Tieren zu sehen bekommt. Er muß lange und geduldig danach suchen. Nicht einmal die Mücken überfallen ihn bei seiner Ankunft. Auch sie sind in solchen Regenwaldbereichen eher selten.

In den Randgebieten des amazonischen Regenwaldes, am Ucayali etwa, wo an den alten, zu Lagunen gewordenen Flußschlingen die Faultiere leben und im Wasser die Flußdelphine zu finden sind, steigt die tierische Biomasse kräftig an. Doch nirgends erreicht sie auch nur annähernd Werte, wie wir sie von den großtierreichen Savannen oder aus den außertropischen Waldgebieten kennen. Schon ein Anteil von einem Prozent stellt eine große Ausnahme dar. In den zentralen Bereichen der tropischen Regenwälder nimmt die Biomasse der Tierwelt kaum mehr als ein Promille, oft sogar noch viel weniger ein.

Allgegenwärtige Vertreter der Tierwelt sind stets die Ameisen. Es gibt keinen tropischen Regenwald, in welchem sie nicht zu finden wären. Sie leben am Boden und auf den Bäumen, sie legen ihre Nester frei oder im Boden an, sie bilden kleine oder große Kolonien und sie entwickeln Arbeitstiere und Soldaten, Spezialisten für ganz bestimmte Tätigkeiten und mit besonderen Fähigkeiten. Die Spanne ihres Sozialverhaltens reicht von Weibchen, die mit ihrem Nachwuchs einzeln leben, bis hin zu Völkern in Millionenstärke, die von einer einzigen Königin gesteuert werden. Es gibt Überfälle auf die Nester anderer Ameisen, die Kriegszügen gleichen, und die dazu dienen, Vorräte zu beschaffen, den territorialen Anspruch auszudehnen, oder sogar, um »Sklaven« zu gewinnen. Die Blattschneiderameisen gehören zu den fortschrittlichsten Entwicklungslinien der Ameisen. Ihre Pilzzuchten in unterirdischen Gärten stellen Spitzenleistungen im Reich der Insekten dar. Genau das Gegenteil machen die Wander- und die Treiberameisen: Sie leben in nur kurzzeitig eingenommenen Biwaks, in welchen sie mit der Masse der Körper ihrer Arbeitstiere und ihrer Soldaten die Königin und die Brut schützen, wenn sie die Nacht über an einem bestimmten Platz verweilen. Tagsüber ziehen sie weiter. Zehntausende dieser Ameisen fließen wie eine sich verselbständigende Masse auf unverkennbaren Bahnen durch den Wald (vgl. Foto S. 91). Sie scheuchen alles auf, was sich fortbewegen kann.

Insekten aller Art, gleich ob es sich um dicke, wehrlose Raupen oder um schnelle Heuschrecken handelt, Spinnen, Tausendfüßler, Jungvögel im Nest, kleine Säugetiere, sofern sie nicht schnell genug flüchten können, und eine Vielzahl anderer Kleintiere werden von den Ameisenmassen überwältigt, in Stücke zerlegt, an die Brut verfüttert oder selbst verzehrt. Die Wirkung dieser Wanderameisen ist so vollständig, daß ein Lager binnen Minuten vollständig von »Ungeziefer« gereinigt ist, wenn es von den Ameisen heimgesucht wird. Kleintierkadaver werden genauso angenommen, wie noch lebende Tiere.

Wenn die Wanderameisen kommen, ist ein Ausweichen, eine Flucht, die einzige Möglichkeit. Größere Tiere und der Mensch können sich den Ameisen rechtzeitig entziehen. Am besten haben es die Vögel, weil sie dank ihres Flugvermögens noch im letzten Moment ausweichen können. Das verschafft ihnen einen besonderen Vorteil, den eine ganze Gruppe südamerikanischer Vögel im Verlaufe ihrer Stammesgeschichte sich zunutze gemacht hat: die Ameisenvögel.

Vertreter dieser Vogelgruppe folgen den Wanderzügen der Ameisen und lassen sich gleichsam von diesen ihre Insektenbeute aufjagen, die sie sonst kaum entdecken könnten, weil die meisten der verwertbaren, nicht durch besondere Giftstoffe geschützten Insekten außerordentlich gut getarnt sind. Gegen die Ameisen, die sich nicht der Augen bedienen, um ihre Beute ausfindig zu machen, sondern ihre chemischen Sinnesorgane einsetzen, nützt die beste Tarnung nichts. Was dem Vogelauge verborgen bleibt, wenn es sich nicht bewegt, entgeht den Ameisen nicht. Haben sie ein getarntes Insekt entdeckt und nicht gleich überwältigt, so versucht dieses, davonzuspringen oder wegzufliegen. Das ist die Chance der Ameisenvögel. Sie sehen nun das sich bewegende Beutetier und fangen es. Die »Zusammenarbeit« zwischen Ameisen und Vögeln ist in diesem Fall wieder ausgesprochen einseitig. Nur die Vögel ziehen Nutzen daraus, nicht die Ameisen, für die sogar eine Konkurrenz zustandekommt, weil manches Insekt, das ihnen zunächst entgangen ist, vielleicht beim zweiten oder dritten Aufstöbern doch hätte erbeutet werden können. Die Vögel vereiteln dies, weil sie schneller sind.

Es sind Dutzende von Vogelarten, die Nutzen aus den Wanderzügen der Ameisen ziehen. Eine bunte Palette von Arten stellt sich ein, wenn am Morgen die Ameisenbiwaks aufgelöst werden und die Kolonnen zu marschieren beginnen. Die meisten der Vogelarten, die sich auf diese Weise Nahrung beschaffen, sind ziemlich abhängig von den Ameisen. Daraus geht hervor, daß die Zusammenhänge stammesgeschichtlicher Natur sind, und nicht etwa nur kurzfristige Einstellungen auf ein günstiges Nahrungsangebot, ähnlich wie wir dies bei Staren oder Lachmöwen beobachten können, wenn sie auf frisch gemähten Wiesen oder den Pflügen folgend nach Nahrung suchen, die in dieser Form erst über die Entwicklung der Landwirtschaft verfügbar geworden ist.

Die Ameisenvögel haben sich in langen Zeiträumen der Stammesgeschichte, in Jahrhunderttausenden oder Jahrmillionen entwickelt. Ihr Vorhandensein bedeutet daher, daß diese Form der Nahrungsbeschaffung einen ganz wesentlichen Vorteil mit sich brachte, der »bessere« Ernährung und somit bessere Überlebenschancen bedeutete. Die Hinwendung zu den Ameisen erschloß eine Nahrungsbasis, die anderen Vogelarten, die von Insekten im tropischen Regenwald leben, nicht zugänglich war, weil ihre Beute zu gut getarnt ist. Dieser Befund wirft ein bezeichnendes Licht auf die Rolle der Ameisen, die weit über das hinausgeht, was sich auf die bloße Verwertung von pflanzlicher oder tierischer Nahrung bezieht. Sie sind damit auch Schrittmacher der Evolution geworden, zumindest im Großraum des südamerikanischen Tropenwaldes.

Die Ameisen sind die zahlreichsten, auffälligsten und aktivsten Vertreter der Tierwelt im tropischen Regenwald. An zweiter Stelle folgen aber schon die Termiten, die früher irreführend als »Weiße Ameisen« bezeichnet worden sind. Wie die Ameisen leben sie in kleineren oder größeren Staaten, in denen eine Königin und ein König vorhanden sind. Sie entwickeln gleichfalls verschiedene Kasten von Arbeitstieren und Soldaten. Die Vielfalt ihrer Verteidigungs- und Angriffsmöglichkeiten ist noch größer als bei den Ameisen, die im wesentlichen eine ätzende, brennende Flüssigkeit, die unter anderem Ameisensäure enthält, verspritzen oder injizieren. Die Termiten entwickeln

Spritzapparate am Kopf, aus denen sie dem Gegner kunststoffähnliche, klebrige Stoffe entgegenschleudern und sie damit kampfunfähig machen.

Im Gegensatz zu den Ameisen bleibt der Hinterleib der Termiten weich und verletzlich, weshalb sie ihre Tätigkeit vornehmlich in die Nacht hinein und unter schützende Oberflächen verlegen. Sie graben Gänge ins Holz oder ziehen mit einer zementartigen Substanz gefestigte, überdachte Gänge außen an den Stämmen empor, wenn sie ihre Nester im Hochwassergebiet auf Bäumen anlegen müssen (s. Foto S. 82). Ansonsten versuchen sie zumeist, ihre Nestanlagen unter die Erde zu bringen. Darüber errichten sie, vornehmlich in den offenen Grasländern tropischer Steppen und Savannen, charakteristische Bauten, die ganze Landschaften prägen können. Es gibt burgenartige Baue und solche, die wie übereinandergestülpte Hüte riesenhafter Pilze aussehen (s. Foto S. 82). Im heißen Nordaustralien richten die Termiten die Bauanlage so aus, daß ihre Außenfläche möglichst wenig direkte Sonneneinstrahlung abbekommt. Dadurch weisen solche Baue dann recht genau in Nord-Süd-Richtung, weil die Schmalseite in dieser Position am wenigsten von der senkrechtstehenden Sonne abbekommt, während sich die Breitseiten am Morgen und am Abend aufwärmen können.

Die Vielfalt der Lebensweisen von Ameisen und Termiten ist so groß, daß mit ihrer Beschreibung dicke Bücher gefüllt wurden. Hier geht es um das Gemeinsame. Es geht um die Grundfrage, warum gerade die staatenbildenden Insekten, die Ameisen und die Termiten, aber auch Bienen und Wespen, im tropischen Regenwald so sehr in den Vordergrund rücken, daß sie den Hauptteil der tierischen Biomasse ausmachen. Warum sitzt nicht ein Milliardenheer von Heuschrecken in den Baumkronen und zehrt vom Überfluß des tonnenschweren Grüns im tropischen Regenwald? Allein die Blattmasse macht in Zentralamazonien 20 Tonnen pro Hektar aus. Welch ein Nahrungsangebot, möchte man meinen, für solche Insekten wie die ewig hungrigen Heuschrecken, die in Afrika und im südwestlichen Asien schon als biblische Plagen beschrieben worden sind. Die Länder des »Heuschreckengürtels« zittern davor, daß wieder ein neuer Ausbruch zustandekommt und die ohnehin schon recht dürftige Vegetation vernichtet. Ist es nicht merkwürdig, daß, wie die Untersuchungen zum Artenspektrum tropischer Regenwälder ergeben haben, das Zentrum des Artenreichtums von Heuschrecken genau dort in den Tropenwäldern liegt, wo sie in der Fülle der Vegetation kaum in Einzelstücken aufzufinden sind, während eine Handvoll Heuschreckenarten als Geißel der landwirtschaftlichen Kulturen in der afrikanischen Sahelzone, in den vorderasiatischen Halbwüsten und in den südafrikanischen Trockengebieten mit einem gewaltigen Einsatz verfolgt wird, ohne daß es wirklich gelingt, sie vor der Massenvermehrung zurückzuhalten?

Oder warum geben nicht die Schmetterlinge den Ton im Artenspektrum der Insekten des tropischen Regenwaldes an? Ihre Raupen leben von Blättern oder anderer pflanzlicher Substanz. Hierzulande, in den mitteleuropäischen Wäldern verursachen Massenvermehrungen von Schmetterlingen immer wieder Kahlfraß an Bäumen oder in ganzen Wäldern. Ihre Raupen sind sehr widerstandsfähig. Hunderte von Quadratkilometern Kiefern- und Fichtenwald sind von Raupen des Kiefernschwärmers und der Nonne kahlge-

fressen worden. Warum sind unter den Zehntausenden von Schmetterlingen tropischer Wälder keine Arten, die solche Massenvermehrungen durchmachen? In der dauerwarmen Tropenzone hält sie kein Winter kurz. In den feuchten, inneren Tropen setzt ihnen auch keine ausdörrende Trockenzeit eine unüberwindliche Grenze. Wärme, Feuchtigkeit und pflanzliche Nahrung sind das ganze Jahr über in nahezu uneingeschränkter Weise verfügbar. Weshalb dominieren dann nicht die Direktverwerter der Pflanzen, sondern solche Insekten, die nur Teile oder Produkte davon nutzen, oder die sich vornehmlich im Abbau der Pflanzenstoffe betätigen, wie die Termiten? Warum kam es zu jener erstaunlichen Ähnlichkeit in der Lebensweise von Ameisen und Termiten? Beide Gruppen haben sich das Spektrum der Möglichkeiten recht eindrucksvoll aufgeteilt: Die Ameisen sind vornehmlich tags und über der Bodenoberfläche tätig. Sie ernähren sich von ebender Beute, von Absonderungen von Pflanzen sowie von Pilzzuchten. Die Termiten sind vorwiegend nachts und unterirdisch aktiv. Sie verwerten hauptsächlich tote Stoffe, darunter auch das nicht mehr lebende Holz in den Baumstämmen, und sie bedienen sich symbiontischer Pilze und Bakterien, um die schwer aufzuschließenden Pflanzenstoffe, wie das Holz, aufzuarbeiten und als Nahrung verwertbar zu machen.

Faßt man diese Fragen zusammen, lassen sie sich auf den Kernpunkt bringen: Warum machen die beiden bedeutendsten Tiergruppen des Tropenwaldes einen mehr oder minder aufwendigen Umweg bei der Nahrungsverwertung? Die Antwort kennen wir von der im Prinzip gleichen Frage, die bei den Pflanzen selbst zu stellen war. Es liegt an der Qualität der pflanzlichen Nahrung und nicht an ihrer mengenmäßigen Verfügbarkeit, an ihrer Quantität. Die große Mehrzahl der Pflanzen im tropischen Regenwald erweist sich bei näherer Untersuchung als so arm an wesentlichen Nährstoffen, daß diese erst von den Mikroben konzentriert, herausgeholt und »veredelt« werden müssen, bis Tiere davon leben können. In der großen Masse der Blätter, die von den Blattschneiderameisen in die Pilzgärten geschafft werden, steckt so wenig Eiweiß, daß die Ameisen bei ihrer Lebensweise unablässig Blätter kauen müßten, um überhaupt am Leben zu bleiben. Sie könnten sich außer der Nahrungsaufnahme keine andere Aktivität erlauben. Und selbst die Dauerernährung reichte nicht aus, um längerfristig das Überleben zu sichern, weil es noch viel mehr an Phosphorverbindungen mangelt.

Dagegen bieten die Pflanzenstoffe jede Menge an Kohlenhydraten, die, sofern sie in geeignete »Portionen« aufgeteilt sind, Brennstoff für den Betrieb des tierischen Körpers liefern. Allein die Aufteilung in Moleküle passender Größe erweist sich bei näherer Betrachtung schon als außerordentlich schwierig, weil die meisten Kohlenhydrate in hochverdichteter Form als Zellulose, als Holzstoff (Lignin) oder als andere, komplizierte Verbindungen vorliegen, deren Aufbau den Bäumen viel Energie abverlangt hatte. Diese Energie stand in überreichem Maße in Form der Einstrahlung zur Verfügung. Für eine Direktverwertung müßten die Ameisen oder andere Tiere hochspezialisierte, in ihrer chemischen Herstellung sehr aufwendige Enzyme zur Verfügung haben. Die Synthese der Enzyme wäre, zumindest bei den schwer aufschließbaren Stoffen, für die Ameisen teurer als der Gewinn, den sie daraus schöpfen könnten.

Denn sie müßten mehr Energie aufwenden, die Enzyme herzustellen, als sie danach selbst aus den Rohstoffen wieder herausholen könnten.

Die chemisch ungleich vielseitigeren Bakterien und Pilze, die ungleich weniger ihres Energieumsatzes in die Herstellung von Produkten investieren, welche die Tiere benötigen, um das komplizierte Gefüge ihres Körpers aufzubauen und in Betrieb zu halten, können die besonderen Enzyme herstellen. Ihre Zellen werden nur von einer vergleichsweise sehr einfachen Hülle umgeben. Die chemische Maschinerie steht einem vielseitigeren Einsatz offen. Aus diesem Grunde kommen Bakterien und Pilze mit fast allen Stoffen zurecht, denen sie im Naturhaushalt ausgesetzt sind, sogar mit vielen der vom Menschen hergestellten Kunststoffe, während die kompliziert gebauten Tiere und Pflanzen eine ziemlich scharfe Auswahl treffen müssen.

Stünde den Ameisen, Termiten und anderen Tieren im tropischen Regenwald qualitativ hochwertige, nährstoffreiche und leicht verdauliche Nahrung zur Verfügung, hätten sie den Umweg über die Pilze und Bakterien nicht nötig.

Warum bedienen sich aber nicht auch viele andere Arten der Mithilfe der Symbionten? Tatsächlich nehmen zahlreiche Käferlarven Mikroben in Anspruch, wenn sie Mulm verdauen. Die Zahl der Insekten, die mit Mikrobenhilfe ihre Nahrung erschließen ist sehr groß. Niemand kann gegenwärtig abschätzen, um welche Anteile am Gesamtartenspektrum es sich handelt, weil dieses noch zu wenig bekannt ist.

Dennoch liegen bei den sozialen Insekten besondere Verhältnisse vor. Sie, und nicht die Vielzahl der anderen Arten von Insekten, bestimmen den Mengenanteil der

Kerbtiere im Tropenwald. Woran mag das liegen? Hat die Frage danach einen Zusammenhang mit der Grundstruktur des Naturhaushaltes im tropischen Regenwald?

Die Antwort läßt sich nicht einfach in der Fachliteratur nachschlagen. Denn auch der Ursprung des Sozialverhaltens bei Insekten liegt noch weitgehend im Dunkeln. Die neue Sicht des tropischen Regenwaldes vermittelt aber einen Ansatz, dieser Frage näherzukommen. Versuchen wir, ihr ein wenig mehr nachzuspüren, weil die Ursachen für das Vorherrschen der sozialen Insekten offenbar mit der Nahrungsqualität zusammenhängen.

Dieses Ergebnis wirft, wie sich im Abschnitt über die Menschen im Regenwald zeigen wird, auch Probleme auf, die den Menschen unmittelbar betreffen.

Betrachten wir dazu noch einmal die Blattschneiderameisen. Was unterscheidet die einzelne Ameise von anderen, nicht in Staaten lebenden Insekten? Nehmen wir zum Vergleich vielleicht eine Stabheuschrecke oder eine bizarr geformte Buckelzirpe. In allen Fällen handelt es sich um Insekten. Die Unterschiede im Aussehen sind groß, aber sie zählen nicht. Denn unterschiedlichste Anpassungen gibt es gerade im Tropenwald in Hülle und Fülle. Der entscheidende Unterschied begründet sich auf der Tatsache, daß die so eifrig ein Blattstück schleppende Ameise nicht in der Lage ist, sich fortzupflanzen. Sie ist steril. Sie gehört einer Kaste von Arbeitstieren an, deren (weibliche) Geschlechtsorgane nicht entwickelt sind. Alles was sie leistet kommt letztendlich der Königin, tief unten im Bau, in der Nestanlage zugute. Sie allein besorgt die Fortpflanzung.

Betrachten wir dieses altbekannte Sozialsystem aus dem Blickwinkel der Nahrungsbeschaffung, so ergibt sich ein überraschend einfacher Befund: Die sterilen Arbeiterinnen tragen aus einem Hunderte von Quadratmeter großer Raum minderwertige Nahrung zusammen, die in den Pilzgärten in die von den Ameisen verwertbaren Bestandteile sortiert wird. Die hochwertigen Eiweiß- und Phosphorverbindungen gelangen auf diese Weise zur Königin, die sie für die Fortpflanzung nutzt, aber praktisch keine Energieverluste für Bewegungen mehr auszugleichen hat. Dagegen dient die kohlenhydratreiche Nahrung den Arbeiterinnen und Soldaten als Brennstoff für ihre Leistungen. Der für die Fortpflanzung unabdingbare Überschuß an Eiweiß und Phosphorverbindungen wird gleichsam von der Gesamtnahrung abgezogen und ausschließlich auf die Königin kanalisiert. Die Masse der sterilen Tiere dient somit der Beschaffung dieser für die Fortpflanzung entscheidenden Stoffe, die in so geringen Mengen in den einzelnen Nahrungsteilchen vorhanden sind, daß die nach Nahrung suchende Ameise in der verfügbaren Zeit keine Aussicht hätte, die nötige Grundmenge zusammenzubringen. Der Kohlenhydratüberschuß hingegen ermöglicht ihr die »hastigen« Bewegungen, die wir so treffend mit dem Wort »emsig« (= ameisig) belegt haben.

Wenn diese Modellvorstellung zutrifft, und viele Befunde, auch an unseren Honigbienen beispielsweise, deuten darauf hin, dann wird die Entstehung der arbeitsteiligen Sozialsysteme staatenbildender Insekten verständlich. Die befruchteten Weibchen vermögen, auf sich alleine gestellt, nicht genügend eiweißreiche Nahrung zusammenzutragen, wie sie nötig wäre, um den Larven auch die Reserven für die Ausbildung von Eiern mitzugeben. Die geschlüpften Nachkommen sind »verkümmert« und steril. Sie richten ihre Aktivität auf das Weibchen aus, das sie zunächst noch eine Weile weiter mit Nahrung versorgt. Je mehr sterile Nachkommen zusammenbleiben und zusammenarbeiten, um so besser wird die Versorgung des Weibchens, das zur »Königin« geworden ist. Es kann nun größere, besser ausgestattete Eier legen oder, was noch viel wichtiger und in der Wirkung direkter ist, es kann die Larven besser versorgen, und zwar so gut, daß ihre Geschlechtsorgane nicht verkümmern, sondern sich voll entwickeln.

Wir wissen heute von unseren Honigbienen, daß die Arbeiterinnen durchaus in der Lage sind, bei guter Versorgungslage des Stockes durch verbesserte Fütterung der Larven direkt neue Königinnen und Drohnen heranzuziehen. Sie brauchen keine Mitwirkung der Königin. Die Nahrungsversorgung mit besonders wichtigen Stoffen nimmt daher Einfluß auf Vermehrung und Fortpflanzung.

Die Ameisen, Wespen, Bienen und Termiten des Tropischen Regenwaldes bekräftigen durch ihr Vorherrschen die Mangelverhältnisse. Wären sie nicht gegeben, müßten im Prinzip die gleichen Abläufe zu erwarten sein, wie bei den Heuschrecken in der entsprechenden Zone der Alten Welt. Die Millionen Ameisen sollten sich wie Heuschrecken vermehren, den Wald kahlfressen und ihre Überlegenheit in der Insektenwelt beweisen. Sie tun es nicht; sie können es nicht tun, weil sie allesamt steril sind. Die Geschwindigkeit der Fortpflanzung bestimmt allein die Königin, aber die Qualität der Nahrungsversorgung bestimmt die Größe des Volkes, das sie aufgebaut hat.

Diese hochgradige Einschränkung der Fortpflanzung bei den vorherrschenden Insekten des Tropenwaldes stellt ein wichtiges Zwischenergebnis dar, weil es für den Naturhaushalt einen grundlegenden Unterschied macht, ob eine Million kleiner Insekten Nährstoffe zusammenträgt und konzentriert oder über die Vervielfachung bei der Fortpflanzung noch weiter verdünnt und zerstreut.

So betrachtet könnte man die Ameisen, Bienen, Wespen und Termiten als bewegliche Sammler feinstverteilter Nährstoffe charakterisieren. Etwas Vergleichbares gibt es in unserem menschlichen Bereich nicht mehr. Es war ansatzweise im Feudalsystem vorhanden, als die Erlaubnis zur Fortpflanzung von einem Mindestmaß an Besitz oder Einkommen gebunden war.

Die Ausbildung eines arbeitsteiligen »Staates« ist jedoch nicht die einzige Strategie, mit der Nährstoffknappheit zurechtzukommen. Es gibt eine ganze Reihe weiterer.

Sie spiegeln die gleichen grundlegenden Gegebenheiten und Einschränkungen, die auch zur Entstehung der komplexen Ameisenstaaten geführt haben, auch wenn sie — aus dem Zusammenhang genommen — etwas ganz anderes darzustellen scheinen. Beispielsweise die Größe. Viele Insekten des tropischen Regenwal-

Tarnung als Überlebensprinzip. Die grünfleckige Heuschrecke (großes Foto) ahmt so trefflich den moos- und flechtenbewachsenen Untergrund nach, daß das große Insekt praktisch unsichtbar wird, wenn es sich niedergelassen hat. Es kommt im Regenwald von Papua-Neuguinea vor. Die amazonische Heuschrecke (Foto oben rechts) ahmt mit ihren Flügeln ein Blatt nach. Sogar »Fraßstellen« und »Pilzbewuchs« scheinen vorhanden zu sein. Die Stabheuschrecken (Foto unten) haben ihre Körperform dünnen Ästchen angeglichen, die von keiner Tierart verzehrt werden. Diese Form der Tarnung wird als Mimese bezeichnet.

des sind durch ihre außergewöhnliche Größe aufgefallen. Da gibt es Käfer, die handspannenlang werden; der Harlekinbock zum Beispiel oder — zwar kleiner, dafür aber um so massiger — die Goliathkäfer (vgl. Foto S. 91). Ihr Körpervolumen übertrifft das kleinster Säugetiere. Gewöhnlich hält man diese Rieseninsekten für Musterbeispiele des Luxurierens der Tropen. In der ewig warmen Welt beiderseits des Äquators kann sich die Natur solche Extravaganzen leisten, so die vorherrschende Meinung.

Vielleicht ist eine solche Sicht gar nicht einmal so unangebracht. Aber sie muß zumindest auch die Schwierigkeiten berücksichtigen, die mit dem Riesenwuchs verbunden sind. Er erfordert nämlich eine sehr lange Entwicklungszeit. Die großen

Einen falschen Kopf täuscht dieser Tagfalter mit Bildungen am Rande der Flügel vor (Foto oben). Die zipfelförmigen Anhängsel werden durch ganz leichtes Reiben der Flügel aneinander wie Fühler bewegt, so daß ein Vogel nach der falschen Stelle zielt, wenn er den Falter zu erbeuten versucht. Dieser wird in der nicht erwarteten Richtung nach rechts abfliegen und dadurch vielleicht den entscheidenden Vorsprung gewinnen.
Der Windenschwärmer (Herse convolvuli; Foto unten rechts) ist eine weit verbreitete Art, die nicht nur in Tropenwäldern vorkommt und als Wanderfalter sogar in Mitteleuropa beobachtet werden kann. Die Falter tragen auf dem Rücken eine aus Schuppen zusammengesetzte Zeichnung, die den Kopf einer kleinen Schlange nachahmt. Die dreieckige Form deutet auf Giftschlangen hin. Vögel, die sich für den großen, nicht durch Giftstoffe geschützten Falter interessieren könnten, nehmen sich vor kleinen Schlangen sehr in acht.
Die »Schlangenmimikry« verstärkt die im Regenwald von Peru lebende Schmetterlingsraupe noch durch ein entsprechendes Drohverhalten, bei welchem ein »Zyklopenauge« auf den Feind gerichtet wird (Foto unten links).

Käfer wachsen nicht etwa in ein paar Wochen oder Monaten heran. Sie brauchen Jahre, bis ihre Larven so viel an Reservestoffen angesammelt haben, daß sie sich verpuppen und in den Käfer umwandeln können. Ein Jahr in den Tropen entspricht dabei zwei oder mehr Jahren in den außertropischen Regionen, in denen der Winter die Entwicklung einschränkt oder unterbricht. Würde es sich um einen wirklich luxurierenden Riesenwuchs handeln, so sollte er sich zumindest in der gleichen, möglichst aber in einer kürzeren Zeitspanne einstellen als etwa in unseren Breiten.

Solche Überlegungen könnte man sich sparen, wenn mit der Länge des wehrlosen, »gefährdeten« Larvenstadiums auch die Wahrscheinlichkeit, nicht am Leben zu bleiben, zunehmen würde. Denn je länger das Leben als »dicke, fette Käferlarve«, die vielen Tierarten, gebietsweise auch Menschen, gut schmeckt, um so geringer wird die Chance zu überleben. Die Riesenkäfer sind daher in aller Regel selten, auch wenn sie an einem bestimmten Platz unter Umständen fast gleichzeitig in größerer Zahl erscheinen können. In Anbetracht der Tatsache, daß sie sehr gut gepanzert sind; so gut, daß sie als Käfer kaum mehr einem Feind zum Opfer fallen, wäre ihre Seltenheit wiederum unverständlich, würde man nicht die Gefahren des langen Larvenstadiums berücksichtigen. Weshalb kommt es zustande? Der Grund ist wiederum der sehr geringe Nährstoffgehalt des Mulms, von dem sich die Käfer ernähren. Ohne die Mitwirkung von Mikroben könnten die wenigsten Käfer direkt von dieser Nahrungsquelle leben.

Dabei liegt es gewiß nicht am Mulm oder am faulenden Holz. Hier sind bereits Pilze eingedrungen, die hinsichtlich der lebenswichtigen Stoffe die Nahrungsqualität schon wieder etwas verbessern. Die frischen Pflanzenstoffe erweisen sich bei näherer Betrachtung als noch schwerer verwertbar. So brauchen beispielsweise die Larven von Zikaden, die an den lebenden Wurzeln saugen, gleichfalls mehrere bis viele Jahre, bis sie so weit sind, daß sie sich umwandeln und an die Oberfläche kommen können. Der Saft, den sie aufnehmen, ist so einseitig, so ungünstig hinsichtlich ihres Bedarfes zusammengesetzt, daß sie jahrelang Saft durch ihren Körper pumpen müssen, bis sie groß genug geworden sind, sich zur fortpflanzungsfähigen Geschlechtsform umzuwandeln. In dieser Zeit sind sie, trotz ihres geschützten Platzes im Wurzelwerk, zahlreichen Gefahren ausgesetzt. Pilze können sie befallen und vernichten, der Sauerstoffgehalt kann im Boden so stark absinken, daß sie nicht mehr in der Lage sind zu atmen. Überflutungen können sie ertränken oder gleichfalls die Luftzufuhr durch die Bodenteilchen abschneiden. Wühlende Tiere können sie entdecken und verspeisen, oder der Sturm könnte den Baum entwurzeln und sie, was für eine tödliche Bestrahlung reichen würde, für ein paar Stunden der Tropensonne aussetzen.

Langlebigkeit und Größe erweisen sich also, so betrachtet, eher als Hemmnis denn als Vorteil. Die Gunst der Tropennatur besteht nun darin, daß sie zu den genannten und weiteren, ungenannten Schwierigkeiten, die hier mit Krankheitserregern und Parasiten nur gestreift werden sollen, wenigstens keine massiven Unbilden der Witterung dazubringt. Es bleibt am Boden schön gleichmäßig warm und feucht.

Gerade dies sind aber die günstigsten Umstände für das Gedeihen von Pilzen. Ohne Schutz vor Pilzinfektion könnte daher kaum eine längerlebende Art überleben. Wahrscheinlich diente die Ameisensäure der Ameisen ursprünglich in erster Linie der Desinfektion der Nester, die als gleichmäßig warme und feuchte Gebilde, in die Nahrung eingetragen wird, besonders anfällig für das Verpilzen sind.

Von einem »Luxurieren« kann nun eigentlich keine Rede mehr sein. Dennoch wird sich die Frage erneut stellen, wenn es um die farbenprächtigen Tropenvögel geht.

Vorerst sind aber noch weitere Strategien der Insekten zu betrachten. Das Gegenstück zu den sehr großen bilden die (sehr) kleinen Insekten. Wenn Nahrung knapp und nur in sehr kleinen Portionen vorhanden ist, sollte sie von entsprechend kleinen Verwertern besser genutzt werden können als von großen. Besonders die neuesten Befunde zum Artenreichtum im tropischen Regenwald bestätigen einerseits diese Erwartung, weil es in der Tat weitaus mehr Kleininsektenarten gibt, als bislang bekannt war, aber andererseits schränken sie die Erwartung auch ein. Sie blieben nämlich nicht zuletzt deswegen weitgehend unbekannt, weil auch sie nicht in so großen Mengen vorkommen, wie man das annehmen möchte. Wie ist dieses Ergebnis zu verstehen?

Wer große Mengen erwartet, geht von den Verhältnissen in den gemäßigten oder kalten Breiten aus, in denen das Spektrum der Pflanzenarten schwach entwickelt ist. Weniger als zehn Baumarten bestimmen die mengenmäßige Zusammensetzung unserer Wälder. An vielen Stellen gibt es Reinbestände. Wenn sich bestimmte Insektenarten nun auf einzelne Baumarten spezialisiert haben, gelingt die Massenvermehrung verhältnismäßig leicht. Oft sind es nur die Einflüsse der Witterung oder die Ausfälle durch Krankheitserreger und Parasiten, welche die Insektenbestände in ihrer explosiven Entwicklung bremsen.

Im Tropenwald mit seiner hohen Diversität von Baumarten liegen ganz andere Voraussetzungen vor. Nicht einmal auf einem einzelnen Baum herrschen gleiche Verhältnisse. Die Konzentrationen der Nähr- und der Schutzstoffe ändern sich mit der Entfernung von der Krone. Sogar innerhalb großer Blätter können schon Unterschiede in der Verdaubarkeit auftreten. Wenn 500 Baumarten je Hektar vorkommen, entfallen auf eine Art nur wenige, meist nicht nebeneinanderstehende Bäume. Die Vielfalt der Pflanzen erzwingt eine mindestens ebensogroße Vielfalt in der Tierwelt. Sie wird durch die genannten Feinunterschiede noch gesteigert (vgl. Grafik S. 106).

Die Verhältnisse sind so verwickelt, daß es oft nur nach langwierigen Untersuchungen möglich ist, festzustellen, wo genau die Stellen an den Bäumen oder auf den Blättern sind, an denen die Kleininsekten leben können. Saugt beispielsweise ein Blattfloh an einer Mittelrippe auf der Blattoberseite unterhalb des Kronendaches, dann kann er höchstwahrscheinlich oben in der Krone nicht überleben, weil er die starke Sonneneinstrahlung nicht verträgt. Gräbt sich ein kleiner Käfer ins Blatt ein, so braucht er eine bestimmte Dicke des Blattes. Dünne Schattenblätter oder junge, noch wachsende, eignen sich für ihn genausowenig wie alt gewordene, ledrige, weil diese nun für das Minieren zu hart sind.

Diese Möglichkeiten sind gewiß nicht unbedeutende oder seltene Strategien der Anpassung von Kleininsekten im Tropenwald, sondern nur ein kleiner Ausschnitt aus der großen Palette der Möglichkeiten. Jede Baumart beherbergt Dutzende bis Hunderte von Kleininsektenarten. Viele sind so extrem spezialisiert, daß sie nicht nur auf einer Baumart allein zu leben vermögen, sondern dort sogar nur an wenigen besonderen Stellen. Wie sollten sie dann in Massen auftreten?

Der hohe Spezialisierungsgrad ist es also, der verhindert, daß wenigstens die Kleininsekten im Regenwald in großen Massen auftreten. Wenn irgendwo anscheinend doch größere Mengen vorkommen, werden wohl mit Sicherheit besondere Gründe dafür verantwortlich sein. So erkennt der erfahrene Feldforscher eine alte Rodung, die der Wald wieder zurückerobert hat, schon an den Veränderungen in der Artenzusammensetzung und in der Häufigkeit, mit der die Insekten auftreten. Am Rande von Siedlungen gibt es ungleich mehr Mücken und Fliegen als im unberührten Hochwald, wo in weiten Gebieten Zentralamazoniens oder Borneos nicht einmal ein Mückennetz notwendig ist. Aber das hängt auch mit der natürlichen Häufigkeit »blutspendender« Säugetiere zusammen. Wo diese fehlen oder sehr selten sind, können sich auch keine blutsaugenden Mücken oder Vampirfledermäuse halten.

Entsprechend gering sind die Gefahren, Krankheiten übertragen zu bekommen. Malaria und andere Fiebersorten grassieren dort, wo dicht besiedelte Gebiete an kleingewässerreichen Regenwald grenzen. Unberührte Tropenwälder sind in hygienischer Hinsicht »sauber«.

Groß und klein sind zwei wichtige Strategien der Insekten, im Regenwald zu überleben. Blieben die Ausführungen darauf beschränkt, würden sie gerade bei der Fülle der Farben und Formen, welche die Insekten im tropischen Regenwald zeigen, der Natur gewiß nicht gerecht wer-

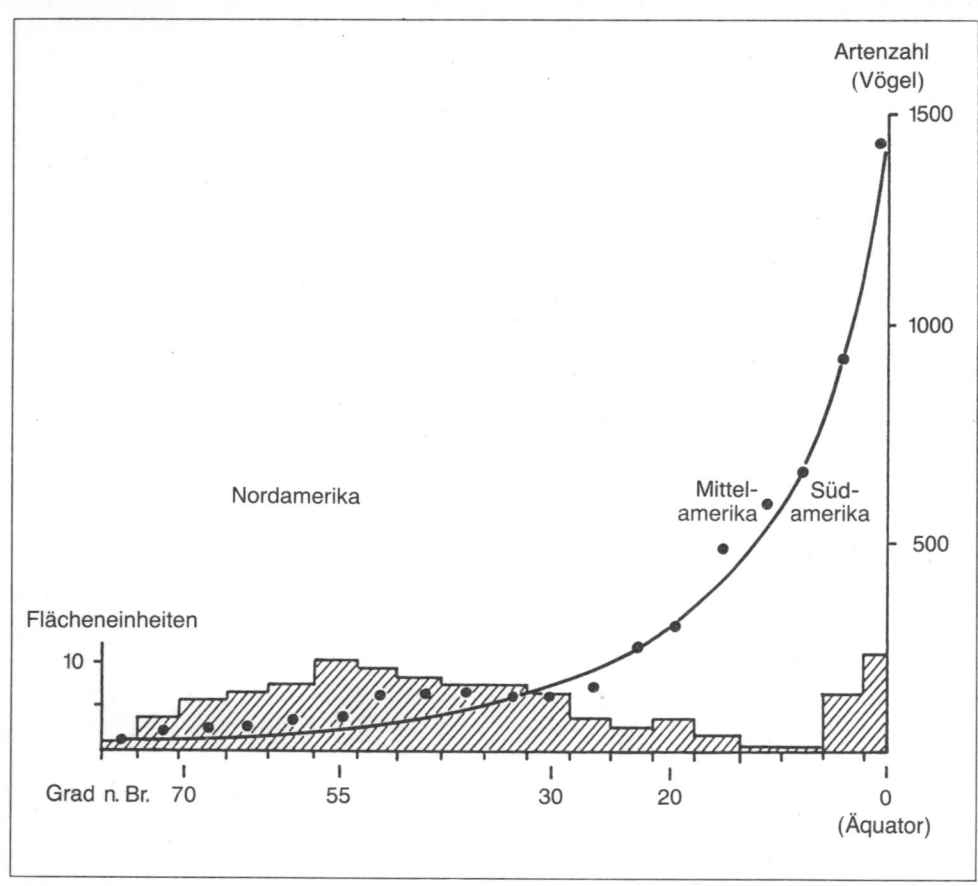

Artenzahl (Vögel)

Nordamerika

Mittel-amerika   Süd-amerika

Flächeneinheiten

10

Grad n. Br.   70   55   30   20   0
                                                    (Äquator)

Der Artenreichtum nimmt zu den Tropen hin außerordentlich stark zu. Das Beispiel zeigt den Anstieg der Artenzahlen der Vögel von Alaska und Nordkanada über den nordamerikanischen Kontinent nach Mittel- und Südamerika. Die großen Landflächen (Schraffur) Nordamerikas wirken sich kaum auf den Artenreichtum aus. Die kleine Landbrücke zwischen Nord- und Südamerika weist viel mehr Vogelarten auf als ganz Nordamerika. Die mit Abstand höchsten Werte werden am Äquator erreicht. Noch weitaus stärker steigen die Artenzahlen bei Insekten und anderen Tiergruppen an (aus Reichholf, 1989).

den. Andere drängen sich, weil auffälliger, in den Vordergrund. Nur zwei sollen herausgegriffen werden, um die Prinzipien zu erläutern, die dahinter stehen.
Die eine Strategie zeigen Insekten, die durch bunte, leuchtende Farben geradezu auffallen. Die Farben und die Mu-

ster sind so plakativ, daß man sie eigentlich nicht übersehen kann (vgl. Fotos S. 92). »Man«, was soll das heißen? Die Muster sind ja wohl nicht auf den Menschen als Betrachter gemünzt. Wenn sie uns aber so sehr auffallen, daß wir »ins Augespringen« sagen, dann muß man wohl annehmen, daß es Arten gibt, für die solche auffallenden Muster eine biologische Funktion haben. Normalerweise sind dies in erster Linie die Vögel, weil ihre Augen ähnlich farbentüchtig und für das Formerkennen geeignet sind wie unsere eigenen Augen. Wie wir bei den Ameisenvögeln schon kurz angedeutet haben, entgehen viele Insekten dank ihrer Tarnung den suchenden Vögeln. Die auffallenden Arten werden daher wohl von den Vögeln gemieden werden. Das ist auch der Fall. Fütterungsversuche mit unerfahrenen Jungvögeln zeigten, daß viele warnfarbene Insekten offenbar schlecht schmecken oder giftig sind — aber keineswegs alle! Manche Arten riechen schon so unangenehm, daß man sie gar nicht erst zu probieren braucht, um von ihrer Ungenießbarkeit überzeugt zu sein. Besonders häufige Muster, die Ungenießbarkeit anzeigen, sind rot-schwarz, gelb-schwarz oder rot-gelb. Hingegen weisen grüne oder warme blaue Töne gewöhnlich nicht auf Giftstoffe in Insekten hin. Die Warnfärbung kann auch signalisieren, daß die betreffende Art wehrhaft ist. Die »Wespentracht« ist allgemein bekannt; auch in den außertropischen Regionen.

Wenn Falter, wie beispielsweise auffällig rot-schwarz gefärbte Vertreter der in den amerikanischen Tropen weitverbreiteten Familie der Heliconiidae auch noch langsamen Fluges über Schneisen oder Lichtungen fliegen, wundert nicht, daß ihre Flügel fast nie irgendwelche Zacken oder Marken aufweisen, die auf den Versuch eines Vogelschnabels zurückgehen, den Falter zu fangen. Die meisten Vögel hätten überhaupt keine Mühe — sie unterlassen den Fangversuch, weil sie offenbar aus Erfahrung wissen, daß so gefärbte und gezeichnete Schmetterlinge ungenießbar oder giftig sind.

Die Raupen solcher Schmetterlinge ernährten sich von Pflanzen, die starke Gifte oder vergällende Geschmacksstoffe enthalten. Sie bauten diese Stoffe im Zuge ihrer Verdauung nicht ab, sondern speicherten sie in entsprechender Menge. Damit gelangten sie bis zum Falter, der keine Nahrung mehr zu sich nimmt oder nur harmlosen Blütennektar trinkt. Auf diese Weise werden die Falter durch die Giftstoffe geschützt. Ähnliches gilt für Wanzen, manche Käfer und andere Insekten. Wenn sie giftig sind oder schlecht schmecken, dann stammen die Stoffe meistens aus der Nahrung. Nicht immer: Es gibt auch Ausnahmen. Manche Arten brauen ihre Giftmischung selbst zusammen, ohne daß sie dazu bereits giftige Ausgangsstoffe benötigen. Soweit ist dieses Phänomen der Giftigkeit durchaus zu verstehen. Aber warum signalisieren es die Insekten so deutlich und weshalb gibt es Ausnahmen?

Das Signalisieren läßt sich verhältnismäßig leicht erklären. Es vermindert die Zahl der Probeversuche der Vögel, die ja lernen müssen, zu unterscheiden, welche Arten von Insekten für sie als Nahrung geeignet sind und welche nicht. Einfache, einprägsame, unverwechselbare Muster verhelfen zu schnellerem Lernen und bedeuten daher weniger Ausfälle bei der betroffenen Art als schwer erkennbare, kaum unterscheidbare Muster.

Da aber die Zahl der Insekten groß ist im Vergleich zur Zahl der insektenfangenden Vögel, reicht diese einfache Erklärung nicht ganz aus. Es muß, damit es zur Ausbildung und zur Stabilisierung der Warntrachten überhaupt kommen kann, ein entsprechend hoher Auslesedruck der Vögel vorhanden sein. Dieser Selektionsdruck bewirkt die allmähliche Veränderung und die Herausbildung der klaren, unmißverständlichen Muster. Sie sind nicht einfach da! Folglich müssen entweder die Vögel sehr zahlreich sein, um einen so hohen Selektionsdruck ausüben zu können, oder aber die Häufigkeit der betroffenen Insekten muß relativ gering sein; so gering nämlich, daß die Verluste an die Vögel wirklich zählen.

Die Warntrachten signalisieren deshalb mehr als nur die bloße Ungenießbarkeit. Sie erläutern ein Stück vom Zusammenhang zwischen den Vögeln und den Insekten im Tropenwald. Er besagt, daß insbesondere solche Insekten, die auffallende Warnmuster tragen, nicht in großen Mengen vorkommen können, sonst wäre der von den Vögeln verursachte Verlust nicht groß genug, um den Selektionsdruck auf die Musterbildung auszuüben. Ein paar Prozent Ausfall reichen gewiß nicht aus. Die Verluste müssen schon in Größenordnungen über 50 Prozent oder höher gehen. Je höher, desto stärker der Selektionsdruck – und umgekehrt!

Die zweite Einschränkung, die zu machen war, ist komplizierter. Die Fütterungsversuche an unerfahrenen Vögeln zeigten, daß keineswegs alle warnfarbenen Insekten auch giftig oder schlecht schmeckend sind. Chemische Analysen der Inhaltsstoffe bestätigten die Befunde. Es gibt nicht wenige Schmetterlinge zum Beispiel, die ausgesprochen warnfarbene Flügelmuster tragen, die dennoch ohne Einschränkungen von den Vögeln verzehrt werden können. Untersuchungen im Freiland ergaben jedoch, daß sie selten einem Vogel zum Opfer fallen.

Verwendet man für Fütterungsversuche keine nachgezüchteten Falter, sondern Fänge aus der freien Natur, so fallen die Ergebnisse ganz unterschiedlich aus. Einmal weigern sich die Testvögel gleich nach dem ersten Versuch, wieder einen derartigen Falter zu fassen, nachdem sie den gebotenen mit allen Anzeichen von Ekel wieder aus dem Schnabel zu bekommen versuchten. Ein andermal klappt das Fressen beim ersten Versuch gut, vielleicht auch noch beim zweiten, aber dann nicht mehr. Schon im vergangenen Jahrhundert hatten die Naturforscher das Phänomen richtig erkannt. Die Falter gehören nicht der gleichen Art an, sondern verschiedenen. Eine davon ist giftig oder schmeckt schlecht. Sie ist das Vorbild. Die andere oder die anderen, denn es können durchaus auch mehrere Arten beteiligt sein, sind nichts weiter als harmlose Nachahmer des gefährlichen Vorbildes. Sie verfügen über keine Giftstoffe, aber weil sie in Färbung, Zeichnung und oft auch im Flugverhalten dem Vorbild so sehr ähneln, werden sie von den Vögeln nicht entdeckt (und mitunter nicht einmal von den Biologen, welche die Falter in einer wissenschaftlichen Sammlung eingeordnet hatten).

Doch damit nicht genug. Wieder andere Falter sehen, obwohl nicht besonders nahe miteinander verwandt, einander erstaunlich ähnlich. Sie zeigen richtige Warntrachten, ohne daß festzustellen wäre, welcher von den Beteiligten nun Vorbild oder Nachahmer sein könnte, denn alle sind sie mehr oder weniger ungenießbar. Die gegenseitige Nachahmung bewirkt offensichtlich ein schnelleres und präziseres Lernen der Vögel. Sie wissen bald, daß rot-schwarz-gelb gefärbte, in einem bestimmten Muster angeordnete Signale auf den Falterflügeln Giftigkeit oder schlechten Geschmack bedeuten. Die Verluste durch Probieren werden damit geringer.

Gemeinsame Flagge der Ungenießbarkeit zu zeigen, erscheint uns absolut vernünftig. Doch muß es erst unter natürlichen Bedingungen zustandekommen können. Wiederum spielt der Selektionsdruck die entscheidende Rolle. Nur wenn er massiv genug auf die Bestände einwirkt, wird sich das gemeinsame Muster durchsetzen können. Und nur dann lohnt es sich für die genießbaren Arten auch, die Möglichkeit der Tarnung in der Umwelt aufzugeben und den gefährlichen Weg des Auffallens einzuschlagen. Die Vögel können lernen, den Nachahmer vom Vorbild richtig zu unterscheiden. Dann wäre es für sie ein leichtes, die nun auffälligen Falter gezielt herauszupicken. Genau das geschieht auch, und es verursacht den starken Selektionsdruck in Richtung auf Angleichung an das Vorbild. Je größer die Ähnlichkeit, desto geringer die Unterscheidungsmöglichkeit und um so wahrscheinlicher wird die Verwechslung. Der Selektionsdruck nimmt schnell zu und bewirkt, daß diejenigen Nachahmer die besten Überlebenschancen haben, die dem Vorbild jeweils am ähnlichsten geworden sind.

Eine Einschränkung ist jedoch zu machen: Die Nachahmer müssen seltener als die Vorbilder bleiben, außer diese sind sehr giftig. Wenn auch noch mehr als zwei Arten an solchen Abstimmungen aufeinander, die mit dem Fachausdruck »Mimikry« bezeichnet werden, beteiligt sind, werden die Verhältnisse mitunter auch für Biologen ziemlich unübersichtlich. die Mengenverhältnisse der Arten zueinander spielen eine Rolle, die Häufigkeit der Vögel, die Flugzeiten, die Flugweisen, die Verteilung der Futterpflanzen und anderes mehr. Sollte man da nicht erwarten, daß so komplizierte Mimikry-Fälle eher selten sind oder die Ausnahme bilden?

Die Tropen belehren uns, daß es anders ist. Mimikry in all ihren Formen tritt sehr häufig auf; viel häufiger als in außertropischen Gebieten. Sie ist nicht auf die Insekten beschränkt, sondern auch bei Schlangen (s. Foto S. 121) und anderen Wirbeltieren sowie bei mehreren weiteren Gruppen wirbelloser Tiere, ja selbst bei Pflanzen zu finden. Auffälliges Sich-Zeigen von Insekten kann wirkliche Giftigkeit oder Wehrhaftigkeit bedeuten, aber auch Vortäuschung falscher Tatsachen.

Dieses Bündel von Überlebensstrategien kennzeichnet mehr als die Häufigkeit der Ameisen oder das Vorkommen von sehr großen Insekten das Kerbtierleben in den Tropenwäldern. Es läßt sich eigentlich nur noch mit einer anderen Form von Überlebensstrategie in seiner Bedeutung für das Arteninventar des Regenwaldes vergleichen: mit der perfekten Tarnung. Da Warnung wie Tarnung Schutzstrategien darstellen, soll die Frage, warum die Mimikry im Regenwald so häufig ist, im Zusammenhang mit der Tarnung der Insekten behandelt werden.

Die Formen der Tarnung sind so vielfältig wie der Wald selbst (vgl. Fotos S. 109). Es gibt viele Falter, die das Rindenmuster der Bäume so genau nachahmen, daß sie schon bei der Landung gleichsam ihre Körperform darin auflösen. Fangheuschrecken ahmen Blüten nach und lauern mit zuschlagbereit geöffneten Fangarmen auf blütenbesuchende Insekten. Zikaden sehen nicht nur einzeln wie Blüten aus, sondern gruppieren sich zusammen auch noch so an Zweigspitzen, daß ein »richtiger« Blütenstand entsteht. Stabheuschrecken treiben eine extreme »Verdünnung« des Körpers auf die Spitze, Heuschrecken machen dürre Ästchen nach, auf denen Falter landen, um sich zu sonnen. Der Beispiele und der Möglichkeiten sind so viele, daß seitenlange Aufzählungen nicht einmal das Spektrum der

Möglichkeiten andeuten könnte. Tarnung und Warnung können natürlich auch ineinander übergehen. So drücken sich mehrere große Schwärmer mit rindenfarbenen Flügeln auf die Unterlage, wobei ihre Schmetterlingsform schwer auszumachen ist. Aber sie tragen auf dem Rücken eine aus Schuppen gebildete Zeichnung, die wie der Kopf einer kleinen Schlange aussieht, der sich aus einer Rindenspalte hervorschiebt (s. Foto S. 102).

Ein besonderes Beispiel für Tarnung bieten die bekannten, wundervoll blauschillernden Morpho-Falter der amerikanischen Tropen (s. Foto rechts). Sie gelten neben den riesigen Vogelflügelfaltern Südostasiens, den Ornithopteren, als besonders prachtvolle Falter. Viele halten sie für die schönsten Schmetterlinge überhaupt. Wenn man sie, präzise genadelt und gespannt, in Sammlungen betrachtet, dann bleibt ihnen selbst in diesem unnatürlichen Zustand der Glanz erhalten, der sie so berühmt gemacht hat. Die meisten Morphos sind recht große Schmetterlinge. Ihre Raupen brauchen lange zur Entwicklung: oft mehr als ein Jahr. Die Falter selbst leben gleichfalls verhältnismäßig lange. Wochen-, ja mitunter monatelang patrouillieren sie auf immer gleichen Routen an Waldlichtungen, auf Schneisen oder über kleine Anbauflächen im Regenwald. Wie wunderbar müssen diese Falter in der Natur aussehen, mögen sich viele gefragt haben, die Morphos in den Sammlungen von Museen bestaunten.

Mit die stärkste Wirkung entfalten sie jedoch in einer Umwelt, in der sie eigentlich fremd sind. Fliegt ein Morpho durch die Straßenschluchten von Rio, was in der Tat passiert, oder im Botanischen Garten von São Paulo, in den Gärten von Belem an der Amazonasmündung oder über die Boote am Ufer des oberen Amazonas in Iquitos, dann leuchtet der Blauschiller weithin. Die großen Flügel bewegen sich langsam genug, daß ihnen die Augen folgen können. Nicht nur Schmetterlingsfreunde sind dann vom Auftreten der Morphos begeistert.

Im Regenwald schwindet die Pracht; genauer gesagt: sie verschwindet. Hat man das Glück, einen vorbeifliegenden Morpho zu entdecken, dann wird man ihn im nächsten Augenblick auch schon wieder verloren haben. Ein blauer Blitz leuchtet auf, wenn die Flügel von einem Lichtfleck getroffen werden, um in Sekundenbruchteilen wieder im Dämmerlicht zu verschwinden. Denn das Blau der Morphos ist keine Farbe eines Farbstoffes, sondern eine sogenannte Strukturfarbe, die durch Lichtbrechung erzeugt wird. Die Flügelschuppen dieser Falter sind so gebaut, daß innere Hohlräume und darunterliegende, reflektierende Schichten das Sonnenlicht zerlegen. Die kurzwelligen Blautöne werden durch Brechung herausgeholt und reflektiert, die übrigen Wellenlängen des Sonnenlichtes gehen durch. Die Lichtflecken, die durch das Kronendach hindurchdringen, schalten den Blau-

Ein phantastischer Blauschiller, hervorgerufen durch Zerlegung des Lichtes an Feinstrukturen der Flügelschuppen, liegt über den Flügeln der südamerikanischen Morpho-Falter (Foto oben). Sie tarnen sich damit im Licht-und-Schatten-Spiel des Waldes.
Die farbenprächtigen Vogelflügelfalter (Ornithopteren) der südostasiatischen Tropen zeigen Samt- und Schillereffekte auf ihren mehr als handtellergroßen Flügeln. In den Bergregenwäldern von Neuguinea entwickelten sie ihre größte Formenmannigfaltigkeit. Extrem seltene, hochgradig bedrohte Arten zählen zu dieser Schmetterlingsgruppe (Foto unten).

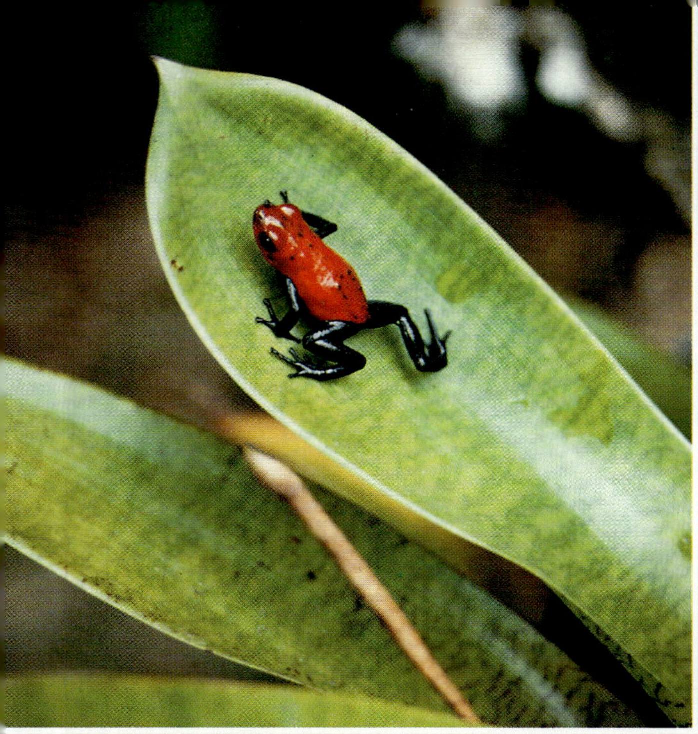
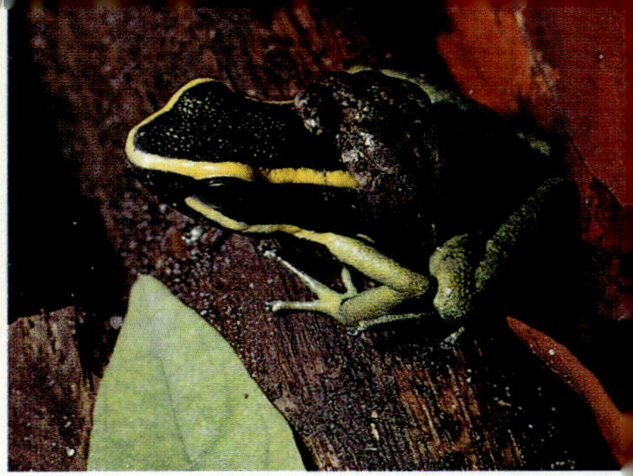
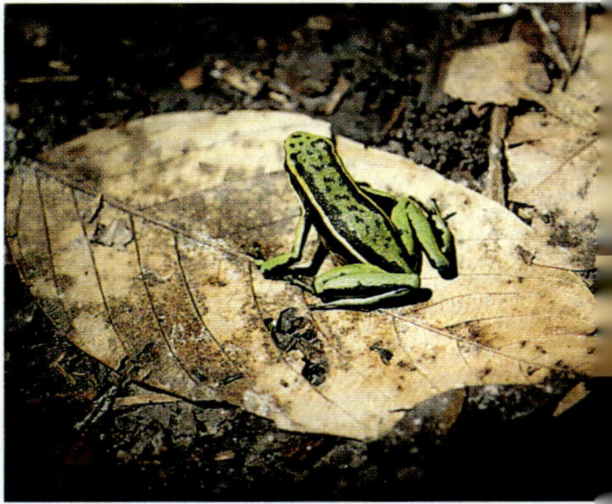
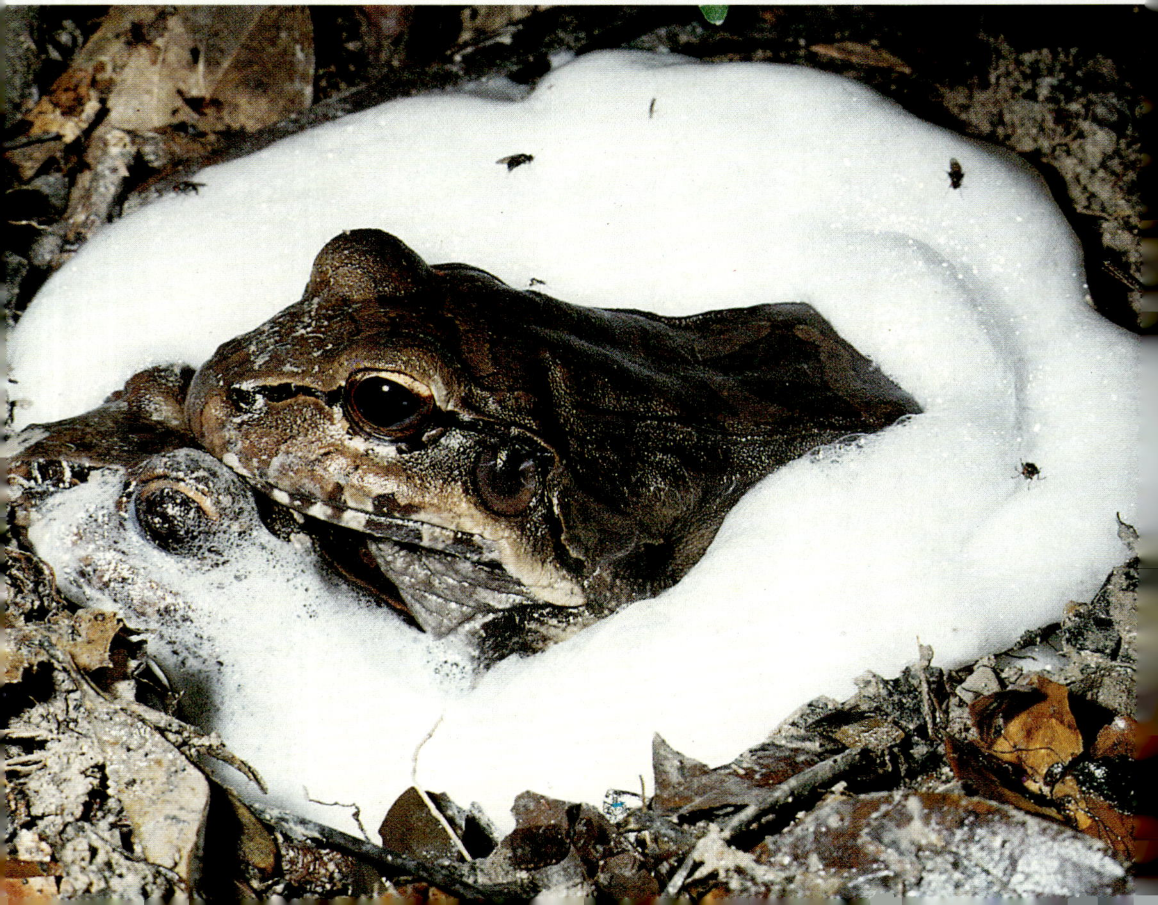

schiller jedesmal an, wenn der Falter hindurchfliegt, und wieder aus, sobald er den Lichtfleck verlassen hat.

Auf diese Weise wird der an sich langsam fliegende, aber recht wendige Großschmetterling zur fast unerreichbaren Beute für die Vögel. Sie sehen ihn nur kurz, dann ist er wieder verschwunden, taucht an anderer Stelle wieder auf, um sogleich erneut einzutauchen in die schützende Hülle des Dämmerlichtes. Was herausgelöst von der Umwelt als auffallender Schiller in Erscheinung tritt, der über freien Wiesenflächen weithin zu sehen wäre, und der tatsächlich in den Straßen tropisch-südamerikanischer Städte auffällt, erweist sich in der richtigen Umwelt als perfekte Tarnung. Sie ermöglicht es den Morphos, ein für Falter verhältnismäßig langes Leben zu führen.

Noch feiner führen manche Libellen die Tarnung vor. Es gibt Arten, die völlig glasklare Flügel besitzen, auf denen sich jedoch auffallende Farbflecken am äußeren Endbereich befinden. Sie wirken wie ein Augenmuster. Im peruanischen Regenwald fliegt dann geisterhaft ein paar großer Augen durch das Halbdunkel des Waldes. Der feine, fast strichförmige Libellenkörper dazwischen ist fast nicht auszumachen.

Sehr giftig ist das knallig rote Pfeilgiftfröschchen *(Dendrobates pumilio;* Foto oben links) aus den amerikanischen Tropenwäldern.
Auch die Baumsteiger *Phyllobates trivittatus* (oben rechts, die beiden Fotos zeigen verschiedene Farbvarianten der gleichen Art) sind durch Gifte geschützt. Das obere Fröschchen trägt gerade Kaulquappen auf dem Rücken, die es zu einem Kleinstgewässer bringen wird.
In ihrem Schaumnest (Foto unten) paaren sich *Leptodactylus knudsoni*-Frösche im amazonischen Regenwald.

Überhaupt die Augen: Sehr viele Schmetterlinge tarnen sich damit und drohen zugleich. Auf ihren Flügeln entwickeln Schuppenmuster so phantastisch perfekte Augen, daß man oft genug zurückzuckt, um sich wirklich zu vergewissern, daß sie nur eine harmlose Täuschung darstellen. Der Körper des Falters macht die Nase dazwischen, die abgespreizten Flügel tragen die Augen, so daß ein Schmetterling mittlerer Größe zum Kopf einer kleinen Raubkatze zu werden scheint. Auch andere, mehr oder weniger gefährliche Tiere werden durch Augen- und Kopfmuster (»Gesichtsbildung«) nachgemacht. Der kurze Augenblick des Verhoffens, des Prüfens, ob wirklich Gefahr droht, reicht in den meisten Fällen aus, dem mit »falschen« Augen täuschenden Insekt die Chance zur erfolgreichen Flucht zu geben.

Die Wirkung wird verstärkt, indem die Augen in der Normalhaltung verborgen werden. Die Vorderflügel legen sich mit rindenfarbenen oder sonstigem Tarnmuster darüber. Auf den Hinterflügeln befinden sich die bis zu Pupille und Pupillenschlitz äußerst genau nachgeahmten falschen Augen. Im Moment der Gefahr werden die Vorderflügel plötzlich nach vorne gezogen oder abgehoben, so daß die Augen sichtbar werden.

Nun starrt ein Augenpaar auf den Betrachter, der davon »beeindruckt« wird und nicht sogleich zufaßt. Das ist die Chance, die Überlebenschance. Warum spielt sie im tropischen Regenwald eine so große Rolle? Die gleiche Frage gilt der Mimikry ganz allgemein, der Tarnung und der Täuschung. Die Mehrzahl der größeren oder großen Insekten schützt sich auf solche Weise (vgl. Fotos S. 92, 101, 102). Kaum eine Art ist zu finden, die wie ein gewöhnlicher Heuhüpfer hierzulande oder wie die meisten unserer Nachtschmetterlinge lebt: nicht besonders auffällig, aber auch nicht hochgradig getarnt; nicht selten, zeitweise sogar häufig und eine leichte Beute für Insektenjäger. Warum fehlt dieser Lebensstil der Insekten fast gänzlich im Tropenwald?

Nur zu ganz gewissen, nicht genau vorhersagbaren Zeiten durchbricht eine Insektengruppe diese Regel. Sie schwärmt in Massen, sie hat keine Schutzstoffe, und sie kann — und wird — von Tieren und Menschen als willkommene Nahrungsquelle genutzt. Es sind dies schwärmende Termiten. Sie verursachen kurzzeitig, für ein paar Tage höchstens, ein Massenangebot an Insekten, die nicht durch Giftstoffe geschützt sind. In den Randbereichen des Regenwaldes, dort wo er anfängt, sich aufzulösen und in die Savannen oder in den Buschwald überzugehen, sind die Termiten besonders häufig. Ihr Schwärmen zieht Vögel von weither an. Monatelang, vielleicht mehrere Jahre lebten Millionen Arbeitertiere unterirdisch, dann produzieren die Kolonien plötzlich die Geschlechtstiere, die nun in solchen Mengen schwärmen, daß sie wie Rauchsäulen von Lagerfeuern aus den Termitenhügeln aufsteigen.

Das Massenschlüpfen überfordert die Feinde; sie werden buchstäblich von den Termiten überschwemmt. Die Tiere kriechen in alle verfügbaren Spalten und Ritzen. Sie paaren sich und versuchen, neue Kolonien zu begründen. Dieses kurzzeitige Massenangebot stellt eine weitere, die letzte hier zu behandelnde Strategie der Tarnung dar. Die Einzeltiere tarnen sich in der Masse. Anschließend sind sie für lange Zeit wieder verschwunden.

Nur wenige Spezialisten unter den Säugetieren, wie Ameisenbären und große Gürteltiere, in Afrika die Schuppentiere und das Erdferkel, können an ihre Baue herankommen, sie öffnen und die Termiten als Nahrungsquelle nutzen. Bei der großen Masse von Termiten, die es weltweit in der Tropenzone gibt, sind die wenigen Spezialisten eine erstaunlich kleine Gruppe, die zudem in wichtigen Eigenschaften und Merkmalen von den anderen Säugetieren abweicht. Die australischen Schnabeligel legen als Säugetiere Eier, die asiatischen und afrikanischen Schuppentiere bilden reptilienhafte Schuppenpanzer aus, und die südamerikanischen Gürteltiere und Ameisenbären gehören zu den absonderlichsten Säugetieren überhaupt. Wir werden darauf zurückkommen.

Hier genügt es, Bilanz zu ziehen für die Insekten. Sie zeigen zwar eine unfaßliche Fülle von Arten, aber trotzdem eine gut überschaubare Strategie des Überlebens, die in den unterschiedlichsten Formen stets auf eine zentrale Schwierigkeit hinweist, nämlich auf die Notwendigkeit, Verluste weitestgehend zu vermeiden. Die daran anschließende Frage, warum das so ist, würde wieder zurückführen zur ökologischen Grundstruktur. Da die Zusammenhänge mit der Nährstoffknappheit schon mehrfach aufgezeigt worden sind, erscheint der direkte Rückgriff an dieser Stelle entbehrlich, zumal die Insekten zwar mit Abstand den größten Teil der tierischen Biomasse ausmachen, aber natürlich die Regenwaldfauna nicht allein charakterisieren. Was für sie und für die Pflanzen, an denen und von denen sie leben, zutrifft, braucht für andere Tiergruppen nicht die gleiche Gültigkeit zu haben.

Es ist daher gewiß sinnvoller, weitere Gruppen in ihren Grundzügen zu beleuchten, bevor umfassendere Schlüsse gezogen werden. Sie sollen darüber hinaus nicht allein verdeutlichen, was für Lebensbedingungen die Tierwelt im tropischen Regenwald ausgesetzt ist, sondern insbesondere auch, was sich daraus für die Nutzung und für die Erhaltung der Tropenwälder lernen läßt.

Von Fischen, die Bäume zum Leben brauchen

Eine letzte Biegung der kaum erkennbaren Piste gab den Blick auf die Lagune frei. Der Anblick war überwältigend. Die Wasservögel bedeckten in solchen Scharen das flache Gewässer, daß durch die Masse der Vogelkörper kaum ein Fleckchen Wasser zu sehen war. Schneeweiße Reiher in zwei Arten, riesige Jabiru-Störche mit rot-schwarzem Halsband, krummschnäblige amerikanische Nimmersatt-Störche, braunschillernde Sichler, rosarote Löffler, metallisch-schwarze Kormorane und eine Vielzahl von Enten drängten sich zu Hunderten und zu Tausenden zusammen. Kleine Wasserläufer aus Nordamerika trippelten am Ufer, Seeschwalben mit großen, schweren Schnäbeln flogen über die Vogelmenge, vergeblich nach Wasser Ausschau haltend, in welchem sie vielleicht einen Fisch erbeuten könnten. Ketten von Flamingos zogen vorüber, truthahngroße Sumpfvögel, nach ihrem rauhen, weitschallenden Ruf Tschajas genannt, kreisten wie Geier darüber und schraubten sich in die Höhe, bis sie kaum mehr im Fernglas zu erkennen waren.

Menge und Dichte der Wasservögel waren so groß, daß es kaum möglich war, auch nur Schätzwerte zu gewinnen. Das phantastische Naturschauspiel gebot Staunen und erregte Bewunderung. Die Bäume, unter denen wir gehalten hatten, trugen schwere Trauben schwefelgelber Blüten, aber noch kein einziges Blatt. Es war Frühling in Mato Grosso, und die Lagune gehörte zu dem riesigen Sumpfgebiet des Pantanal. Hunderte solcher Flachgewässer und viele Flußläufe durchziehen dieses gewaltige Feuchtgebiet im Herzen Südamerikas. Doch sie sind klein, verglichen mit der Größe Amazoniens, dem größten Feuchtgebiet der Erde.

Welches Schauspiel müßten die Wasservögel an den Lagunen Amazoniens erst abgeben, wenn sie hier, im subtropischen Bereich schon in solcher Fülle zu finden waren? Hier waren auf dem kaum einen Kilometer im Durchmesser großen Flachsee schon weit über 10 000 Wasservögel versammelt. Die meisten, besonders die großen Arten, gehörten der Gilde der Fischfresser an. Die Lagune mochte ein Dutzend Fischarten aufweisen, kaum mehr. In Amazonien rechnet man mit wenigstens 1500 Fischarten. Welche Fülle dies bedeutet, geht aus dem Vergleich mit den Artenzahlen anderer Flußsysteme hervor. So leben im Stromgebiet des Mississippi und Missouri in Nordamerika 250 Fischarten und in ganz Westeuropa gerade 60 Arten.

Die Erwartungen erfüllten sich nicht. Als ich Jahre später am mittleren Amazonas Wasservögel zählte, kam ich ziemlich genau auf ein Zehntel jenes Schätzwertes von der Lagune im Pantanal. Fast 90 Prozent der Wasservogelmenge auf einer ziemlich genau gleich großen Lagune mit flachem Wasser machten die mehr als 1000 Schnee- und Silberreiher aus, die in großen Flügen dort fischten – und dann nach einiger Zeit wieder weiterzogen. Die 12 weiteren Wasservogelarten brachten es zusammen auf nur etwas mehr als 100 Vögel. Und das war schon erstaunlich viel, wie sich kurz darauf am Rio Negro zeigte. Stundenlang fuhren wir an den Ufern dieses Riesenstromes entlang, suchten Buchten und Flachstellen ab, aber auf der Gesamtstrecke von 230 Kilometern entdeckten wir nicht mehr als 35 Wasservögel. Auf einen einzigen Wasservogel entfiel somit eine Uferstrecke von rund 6,5 Kilometer.

Die Abnahme der Wasservögel, speziell der fischfressenden, von den Randgebieten nach Zentralamazonien könnte kaum ausgeprägter sein: Vom Pantanal zum Amazonas, genauer zu seinem Überschwemmungsgebiet, der várzea, ging die Häufigkeit auf ungefähr ein Zehntel zurück. Sie sank noch weiter im Schwarzwassergebiet des Rio Negro auf so geringe Werte, daß es kaum mehr Sinn macht, von einer »Wasservogeldichte« zu sprechen. Die 35-fache Menge war am Amazonas zu finden und das Pantanal bot die mehrhundertfache Häufigkeit. Kaimane, die es im Pantanal übrigens immer noch in Mengen gibt, sahen wir am Rio Negro keinen einzigen. Die wenigen, die dort noch vorkommen, halten sich tagsüber versteckt und kommen erst nachts hervor, sagte man uns. 1500 Fischarten, die reichhaltigste Gemeinschaft von Süßwasserfischen: Wo blieben ihre natürlichen Nutzer, die Wasservögel?

Solche Beobachtungen, von jedem nachvollziehbar, der tropische und subtropische Flüsse, Seen und Lagunen besucht, werfen eine Reihe von Fragen auf. Zunächst natürlich die kritische Frage, wie typisch denn solche punktuellen Befunde sind. Vermitteln sie ein einigermaßen zutreffendes Bild der Verhältnisse oder sind sie als Momentaufnahmen ohne weitere Bedeutung zu betrachten?

Die Wasservogelarmut der Flüsse im Bereich tropischer Regenwälder ist für so weit auseinanderliegende Gebiete, wie Neuguinea, Zentralafrika und Amazonien gut dokumentiert. Gleichfalls gut untersucht sind die Tropenflüsse auf ihre Fischarten. Die Momentanbilder liefern durchaus zutreffende Informationen. So hatten Untersuchungen zur Häufigkeit der Kleintiere im Bodenschlamm der amazonischen Gewässer recht aufschlußreiche Vergleichswerte geliefert, denn die kleinen Würmer, Mückenlarven und dergleichen, die in den oberen Schichten des Schlammes leben, dienen unter anderem zahlreichen Fischarten als Nahrungsquelle. Auch Enten würden diese »Schlammfauna« nutzen, wenn sie ein ausreichendes Angebot abgibt. Was die Forschungen jedoch zutage förderten, war alles andere als ein attraktives Nahrungsangebot. Im Schwarzwasserbereich im Rio-Negro-Flußgebiet wurden nur 0,14 g Schlammfaunabiomasse pro Quadratmeter ermittelt; im Flachwasser am Hauptstrom des Amazonas bei Manaus dagegen das mehr als Vierzigfache, nämlich 6,2 g/m^2. Verglichen mit den mehreren Kilogramm pro Quadratmeter, die in nährstoffreichen Flachgewässern in Mitteleuropa gefunden worden sind, an denen Enten und andere Wasservögel zu Tausenden vorkommen, nehmen sich auch die 6 Gramm vom Amazonas-Überschwemmungsgebiet noch mehr als bescheiden aus. Können sie denn eine ausreichende Nahrungsbasis für die Fische abgeben?

Die várzea, der Weißwasser-Überschwemmungsbereich am Amazonas, ist bekannt für ihren verhältnismäßig großen Fischreichtum. Auch im Rio Negro kommen viele Fischarten, darunter auch recht große vor. Gleiches gilt für den Kongo, für den Irawadi, den Sepik und andere Tropenwaldflüsse weltweit.

Wiederum erweisen sich Untersuchungen aus Zentralamazonien als recht aufschlußreich. Michael Goulding hat sie erst vor kurzem in einem höchst bemerkenswerten Buch zusammengefaßt, das den ungewöhnlichen Titel »Die Fische und der Wald« trägt. Ein Besuch auf Fischmärkten am Amazonas oder Blicke in die Netze von Fischern vermitteln schon die ersten Anhaltspunkte für eine ganz außergewöhnliche Verbindung, welche die Fische mit dem Wald zeigen. Viele Arten, die als Speisefische von Bedeutung sind, haben ein schräg nach oben gerichtetes Maul. Es eignet sich bestens zur Aufnahme von Nahrung, die auf der Wasseroberfläche schwimmt oder treibt, und überhaupt nicht zur Nahrungssuche im Bodenschlamm. Mit einem solchen Maul ausgestattet, müßten die Fische nicht nur Kopf stehen, sondern sogar überkippen, um in den Bodenschlamm greifen zu können.

Eine nach unten gerichtete Mundöffnung, wie sie insbesondere Vertreter der Fischgruppe der Welse besitzen, eignet sich für die Nahrungsaufnahme am Boden ungleich besser. Diese Fische haben auch noch sehr tastempfindliche Bartfäden im Mundbereich, mit denen sie Nahrung aufspüren können, die sie nicht sehen. Solche Fische gibt es vornehmlich in den Oberlaufbereichen der amazonischen Flüsse, während im zentralen Bereich die Arten mit dem nach oben gerichteten Maul vorherrschen.

Was sie damit »erbeuten«, hat Michael Goulding in langen, gründlichen Forschungen herausgefunden: Früchte, Insekten und anderes organisches Material, das von den Bäumen kommt; in erster Linie aber Früchte. Wenn sie mit einem gut hörbaren »plop« ins Wasser fallen, ist dies das Signal für zahlreiche Fische. Sie schwimmen herbei und suchen nach der Frucht. Auch Insekten, die auf die Wasseroberfläche gefallen und von der Oberflächenspannung eingefangen worden sind, werden von den Fischen sehr schnell entdeckt und erbeutet. Ohne zu übertreiben, läßt sich feststellen, daß es der Wald ist, der die Fische ernährt, und nicht die Eigenproduktion an Nahrung der Bäche und Flüsse. Deshalb schwimmen die Fische bei Hochwasser tief in den überfluteten Wald hinein und ernähren sich buchstäblich von den Früchten des Waldes. Das Angebot in der Schlammfauna spielt eine nachrangige Rolle.

An dieser Stelle ist ein Rückverweis auf die Verhältnisse in den Waldbächen angebracht. Das dort austretende Wasser erwies sich bei den chemischen Analysen reiner als Regenwasser. Infolgedessen eignet es sich auch nicht für die Entwicklung einer Eigenproduktion von Wasserpflanzen, die Insekten als Lebensgrundlage dienen könnten, die ihrerseits von Fischen verwertet würden.

Schon Alfred Russel Wallace bemerkte vor hundert Jahren (1889) das für ihn als Tropenforscher, der lange Zeit in Indonesien zugebracht hatte, höchst erfreuliche Fehlen von Moskitos im Schwarzwassergebiet Zentralamazoniens. Wo Mückenlarven nicht vorhanden sind, mangelt es kleinen, darauf spezialisierten Fischen an Nahrung. Daß sie in einem Raum, der so sehr von Süßwasser geprägt ist, weitgehend fehlen, muß sehr gewichtige Gründe haben. Der entscheidende liegt im Mangel an Nährstoffen für die Entwicklung von Kleinalgen im Wasser der Waldbäche. Damit fehlt den Moskitolarven die Nahrungsbasis. Die ausgesprochen geringe Häufigkeit der Stechmücken bedeutet den Ausfall einer sehr wichtigen Ernährungsgrundlage für die Kleinfische. Diese wären ihrerseits geeignete Beute für größere Fische – und so fort, bis zu den großen Störchen, den Kormoranen und zum Menschen. Die Nahrungskette läuft erheblich anders, wie Michael Goulding zeigen konnte. Sie führt zu den Baumfrüchten und verknüpft damit das Wasserleben mit dem Wald in einer ungeahnten Art und Weise.

Nach fast einem Vierteljahrhundert bestätigten sich durch diese Ergebnisse die Überlegungen von Ernst Josef Fittkau zur Rolle der Kaimane für die Erhaltung der Fischbestände. Fittkau stellt fest, daß es die kleinen, flachen Lagunen sind, die als Kinderstube der Fische am Amazonas die Hauptrolle spielen. Dort laichen viele Arten, dort entwickelt sich die Fischbrut und wächst zu Jungfischen heran, die später den Strom besiedeln und in den überfluteten Wald bei Hochwasser hineinschwimmen können.

Solange es reichlich Kaimane gab, waren auch die Jungfischbestände hoch. Die Fortpflanzung verlief mit Erfolg. Als die Kaimane ausgerottet worden waren, sank der Fischbestand drastisch ab. Das Gegenteil war angenommen worden, weil die Krokodile als Fischfresser ja die Fischbestände dezimieren sollten. So sah man es zumindest normalerweise, und so betrachten auch heute die allermeisten Fischer die fischfressenden Tierarten: Als Konkurrenz, die es kurzzuhalten gilt. Genau dies war der Fehler. Aber warum? Fittkau lieferte die Erklärung. Sie deckt sich bestens mit den neuen Befunden von Goulding und mit den schon genannten sehr geringen Werten der Nahrungsbiomasse im Bodenschlamm.

Wenn sich die flachen Lagunen bei steigendem Wasserstand wieder füllen und damit als Laichgründe geeignet werden, fehlt weitestgehend die Nahrungsbasis für die Jungfische. Die Eigenproduktion der Lagunen ist zu gering, weil der Nährstoffgehalt des zuströmenden Wassers zu niedrig liegt. Die Kaimane tragen mit ihren Exkrementen die benötigten Nährstoffe in die Lagunen. Je mehr Krokodile vorhanden sind, um so besser wird das Nährstoffangebot. Schnell entwickeln sich in der tropischen Wärme die Kleinstlebewesen im Wasser. Von ihnen leben die Jungfische.

Gibt es keine Kaimane mehr, die das Wasser düngen, haben die Jungfischschwärme ungleich schlechtere Lebensbedingungen. Zu viele gehen vorzeitig zugrunde; zuwenige kommen bei Hochwasser »in den Wald hinein«, um sich dort Früchte und Insekten zu holen, und zu gering wird schließlich der Ertrag der Fischer. Der Nährstoffmangel wirkt sich besonders drastisch in solchen Gewässern aus, die nicht mit dem noch relativ nährstoffreichen Weißwasser versorgt werden, also in den Schwarz- und Klarwasserflüssen und -lagunen. Die Vernichtung der Kaimane in weiten Bereichen Amazoniens erwies sich als verheerend für die Nutzung der Fischbestände.

Die ungleich besser mit Nährstoffen versorgten Lagunen im Pantanal, an den Seen des ostafrikanischen Grabenbruches oder die Überschwemmungsgebiete der in die feuchte Tropenzone Asiens eindringenden Himalaya-Flüsse kennen diese Schwierigkeiten nicht. Sie haben genügend Nährstoffe. Ihre Verfügbarkeit wird unter Umständen durch die starke Trübung beeinträchtigt, die das für die Algenentwicklung nötige Sonnenlicht nicht ins Wasser eindringen läßt. Ihre Nutzung für Reiskulturen und Fischteiche hat jahrtausendelange Tradition.

Die Häufigkeit der Wasservögel signalisierte also den Nährstoffzustand der Regenwaldgewässer und läßt recht gute Rückschlüsse auf ihre Produktivität zu. Wie im Wald selbst sagen die hohen

Artenzahlen wenig über die Leistungsfähigkeit der einzelnen Arten. Fast immer gilt die Regel: Je artenärmer, um so produktiver, je artenreicher, desto weniger nutzbar.

Pfeilgiftfrösche und Schaumnestbauer

In den Regenwäldern der Tropen lebt die größte Artenfülle von Froschlurchen. Auf einem einzigen Quadratkilometer hat man über 120 Arten festgestellt. Die nächtlichen Konzerte der Frösche sind außerordentlich eindrucksvoll. Viele Arten sind recht klein, oft sogar winzig, und auffallend gefärbt (vgl. Fotos S. 112).

Die Angehörigen der »Pfeilgiftfrösche« oder Baumsteiger gehören zu den besonders warnfarbenen Fröschen, und das aus gutem Grund, befinden sich unter ihnen doch hochgiftige Arten, deren Hautsekret zur Herstellung von schnellwirkendem Pfeilgift verwendet wird. Mit plakativen Farbmustern signalisieren sie ihre Giftigkeit. In keinem anderen Großlebensraum ist der Anteil giftiger Frösche so hoch wie im Regenwald und nirgends in den Regenwäldern gibt es mehr davon als in Amazonien. Das Gift mancher Arten, wie das von *Phyllobates terribilis*, reicht aus, um 20 000 Labormäuse zu töten. Umgerechnet würde es den Tod mehrerer erwachsener Menschen verursachen. Der grell gelbe bis leuchtend grüne, nur wenige Zentimeter große Frosch gehört damit zu den giftigsten Tieren überhaupt. Zahlreiche andere Arten sind gleichfalls sehr giftig.

Bezeichnenderweise bilden die Pfeilgiftfrösche eine Froschfamilie, die praktisch zum Landleben übergegangen ist. Die zoologische Bezeichnung Baumsteigerfrösche (Dendrobatidae) verrät, warum. Diese Frösche brauchen kein richtiges Gewässer zur Fortpflanzung. Sie haben sich ganz besondere Nischen erschlossen. Sie ausführlich zu beschreiben, würde den Rahmen dieses Buches sprengen. Von vielen wird der Laich lichtgeschützt am Boden abgelegt und je nach Strategie der Art entweder bewacht, alle paar Tage bewässert oder erst wieder aufgesucht, wenn die Larven schlüpfen. Diese schlängeln sich dann auf den Rücken des Vaters (s. Foto S. 112), der mit seiner lebenden Fracht nach einem temporären Tümpel, einem Sickerbach oder in der bodennahen Vegetation nach Wasseransammlungen in Blattnischen sucht. Das kann Stunden bis Tage dauern. Die hohe Giftigkeit schützt dabei vor Angriffen.

Anderen Pfeilgiftfröschen, die zeitlebens in den epiphytenüberwucherten mittleren bis hohen Baumregionen leben, dienen die wassergefüllten Trichter und Blattachseln von Bromelien als Kinderwiege. Um Eier oder Larven dorthin und bis zur Metamorphose zu bringen, werden von den Arten verschiedene Wege beschritten. Bei den meisten übernimmt das Männchen den Larventransport, bei manchen aber das Weibchen. Von wieder anderen Blattsteigern, z. B. *Dendrobates histrionicus,* wird das meist einzige Ei permanent bewacht, regelmäßig bewässert und dann die Larve vom Männchen im Beisein des Weibchens in einer Bromelientrichter gebracht. Die Weibchenbegleitung hat einen wichtigen Grund. Denn jetzt geschieht etwas ganz Unglaubliches: Das Weibchen füttert seine ewig hungrige Larve mit Eiern, die es in gewissen Abständen zur Quappe in den Bromelientrichter legt. Verunglückt das Weibchen, so verhungert die Larve. Aber auch ein Sturm, der z. B. die Bromelie mit der Kaulquappe abwirft, kann alle Mühe zunichte machen.

Warum machen dies viele Frösche? Warum kam es zur Entwicklung der Baumsteiger? Das Lebenselement für das Entwicklungsstadium der Froschlurche ist doch in größter Fülle vorhanden. Warum meiden sie geradezu das Wasser der Flüsse und Altwässer, der Bäche und Lagunen?

Wissenschaftler aus Europa gaben den Amphibien die Fachbezeichnung. Sie bedeutet, daß diese Tiere in beiden Großlebensräumen leben, im Wasser (im Larvenstadium) und an Land (als fertige Lurche). Wäre diese Tiergruppe nicht in Europa oder in außertropischen Regionen biologisch charakterisiert worden, sondern in Amazonien, hätte sie vermutlich die Bezeichnung »Amphibium« nicht erhalten. Zu viele Arten meiden das Wasser geradezu und viele beschränken den Larvenaufenthalt im Wasser oder die Eientwicklung auf ein Minimum.

Sehr deutlich kommt diese Tendenz bei den Schaumnestbauern zum Ausdruck. Diese Frösche legen im feuchten Waldboden oder am Rand von Gewässern flache Gruben an, in denen sie aus einer Absonderung ihrer Drüsen einen gut faustgroßen Schaumklumpen fertigen. Darin versteckt bringen sie ihr Gelege unter (s. Foto S. 112). Wieder andere kleben die Eier außerhalb des Wassers so an überhängende Pflanzen, daß die schlüpfenden Kaulquappen ins Wasser gleiten. Die Eier werden dem Wasser nicht anvertraut.

Die Strategien der Fortpflanzung bei den Regenwaldfröschen sind so vielfältig, daß diese kurzen Hinweise nur einen kleinen Einblick, aber keine umfassende Übersicht vermitteln können. Sie würde den Rahmen sprengen. Was die Beispiele andeuten, läßt sich auf die Frage zusammenführen, die schon bei den Baumsteigern offenbar wurde: Warum dieser Aufwand?

Wäre es nicht viel einfacher, wenn die Frösche nach Art unserer Amphibien Eimassen produzierten und dem Wasser anvertrauten. Aus den Tausenden und Abertausenden von Kaulquappen würden schon genügend übrigbleiben, um den Fortbestand zu garantieren.

Der Fehlschluß in dieser Frage liegt bei den Eimassen. Sie sind einfach nicht vorhanden. Die Weibchen produzieren nur einige wenige Eier oder kleine Gelege. Jede Larve zählt, wenn es ums Überleben geht. Das Laichen der Regenwaldfrösche ist kein verschwenderisches Ereignis wie in unseren Breiten, wo die Frucht der Frühlingsnächte im Hochsommer die Teiche als »Froschregen« verläßt; eine Bezeichnung aus dem Volksmund, die ausdrücken soll, daß man sich die unglaublichen Mengen kleiner Frösche, die plötzlich überall zu finden waren, als mit dem warmen Sommerregen gekommen vorgestellt hatte.

Im Regenwald findet der Froschregen nicht statt. Was aus herabfallenden Bro-

Vorwiegend von Früchten ernähren sich die großen Grünen Leguane (*Iguana iguana*) der amerikanischen Tropen (Foto oben links).
Die schwarz, weiß und rot geringelte Korallenschlange (Foto oben rechts) ist hochgiftig, aber sie beißt nur im Notfall. Ihre Warntracht machen ungiftige Schlangen täuschend ähnlich nach (Müllersche Mimikry).
Mit dem »Grubenorgan«, einem besonderen Sinnesorgan zwischen Nase und Auge, das die Wärmestrahlung erfassen kann, spüren die Lanzenottern (Gattung *Bothrops*) im gleichmäßig temperierten Regenwald ihre warmblütige Beute auf (Foto unten). Sie leben in den amerikanischen Tropen, aber sehr nahe Verwandte finden sich auch in Südostasien.

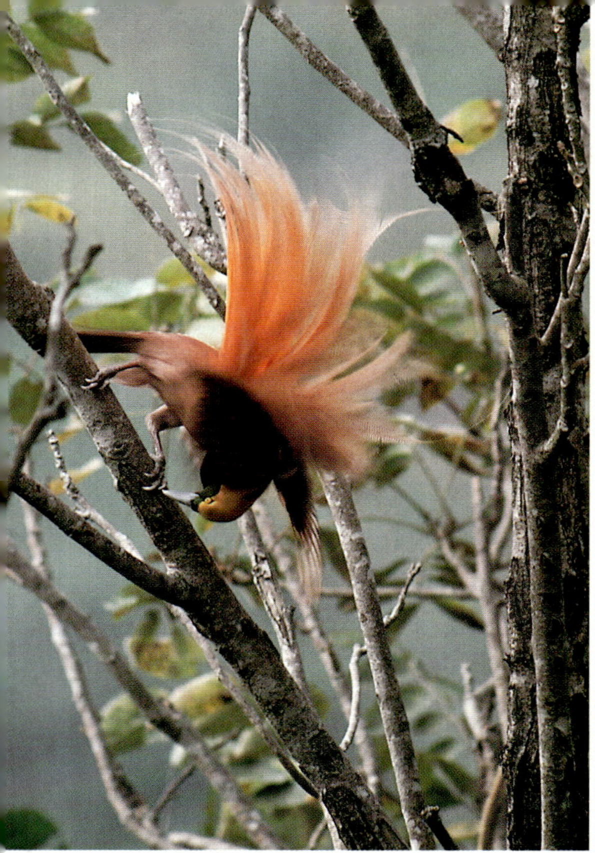
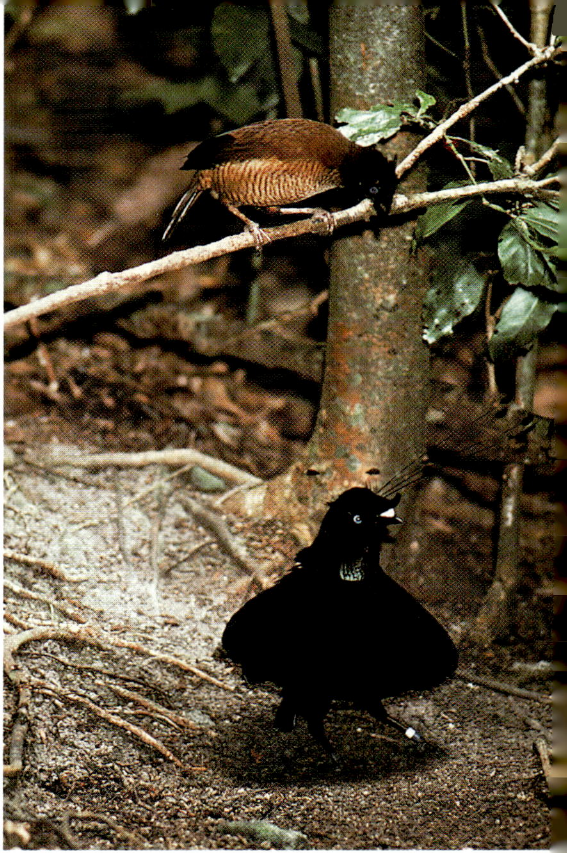
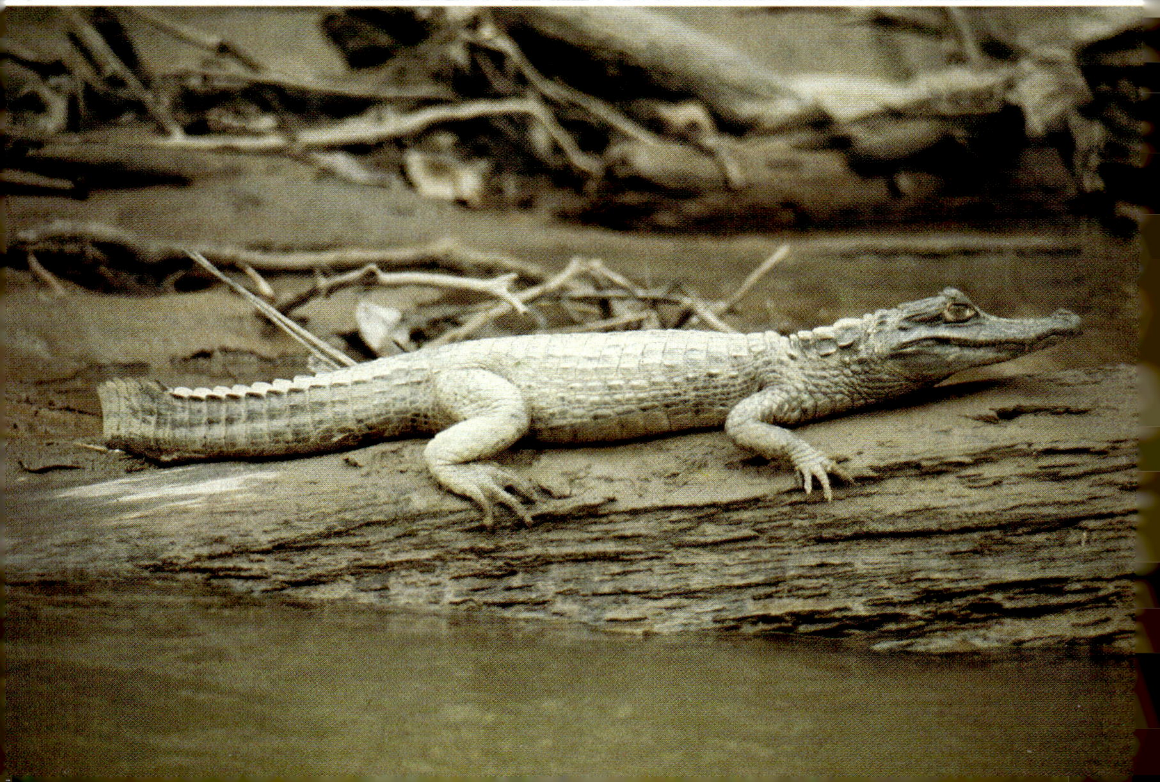

melien kippt, sind ein paar winzig kleine Fröschchen oder Froschlarven, die niemandem auffallen würden.

Am Feinddruck kann es kaum liegen, daß der Froschnachwuchs so spärlich bleibt. Die Giftigkeit schützt nahezu perfekt vor dem Gefressenwerden. Vielleicht schützt sie die Larven noch nicht so sehr wie die Frösche selbst. Das könnte der Fall sein, aber nicht die Erklärung bieten. Denn wenn die fertigen Frösche durch ihre Giftigkeit einen umfassenden Schutz genießen und keine Ausfälle durch Kälte oder gar Frost sowie durch Austrocknung ihres Lebensraumes zu befürchten haben, müßten auch weniger Kaulquappen schon in kurzer Zeit zu einem explosionsartigen Anwachsen der Froschbestände führen, vorausgesetzt die Nahrungsgrundlage dafür wäre vorhanden. Der »Froschregen« kann nur auftreten, wenn die Gewässer, in denen die Kaulquappen heranwachsen, nahrungsreich sind. Dann erreichen viele das Alter, bei welchem die

Verwandlung zum Frosch, die Metamorphose, einsetzt.

Somit scheinen die Waldgewässer in den feuchten Tropen nicht besonders ergiebig für die Amphibien, sonst hätten nicht ganze Artengruppen den aufwendigen, mühevollen Weg in die Baumkronen zu den Bromelien genommen oder sich auf die Suche nach Kleinstgewässern in Astnischen und dergleichen gemacht, um sie für ihre Fortpflanzung zu nutzen. Die Bromelien müssen sogar mehr bieten als vergleichbare Kleingewässer am Boden, sonst hätte sich kein Gewinn für diejenigen Vertreter der Lurche ergeben, die dort hinaufgeklettert sind, um Larven oder Eier abzusetzen.

Greifen wir zurück zum Kapitel über die Bromelien. Darin wurde festgestellt, daß das Wasser, das sich in ihren Blatttrichtern ansammelt, reicher an Nährstoffen, insbesondere an Stickstoffverbindungen, als das Wasser der Waldbäche ist, weil es dem nährstoffspendenden Regen näher ist. Dort können sich, dank der besseren Lichtverhältnisse, auch Klein- und Kleinstalgen entwickeln, welche den Kaulquappen genauso als Nahrung dienen, wie den Mückenlarven, die dort oben ihre Entwicklung durchmachen. Nicht der Feinddruck ist offenbar der Schlüssel zum Verständnis für diese merkwürdigen Anpassungen der Lurche, sondern die Nährstoffversorgung. Wie steht es dann aber um den Laich? Warum wird er den Bächen in so erstaunlichem Ausmaß vorenthalten?

Darüber läßt sich wenig Konkretes sagen. Möglicherweise liegt es daran, daß die so extrem elektrolytarmen Waldgewässer, deren Wasser — um es nochmals zu betonen — reiner als Regenwasser sein kann, eine Gefahr für den Stoffgehalt der Eier, genauer für ihren Ionengehalt, sind. Nach

Am gemeinsamen Balzplatz stellt dieses Männchen des Raggis-Paradiesvogels *(Paradisaea raggiana)* von Neuguinea sein prachtvolles Gefieder zur Schau. Der Blaunacken-Strahlenparadiesvogel *(Parotia lawessii;* Foto oben rechts) balzt am Boden gerade so, daß ein Lichtstrahl den metallisch glänzenden Kehlfleck aufleuchten läßt. Ein Weibchen sieht der Balzzeremonie von oben zu.
Brillenkaimane *(Caiman crocodilus;* Foto unten) und Mohrenkaimane *(Melanosuchus niger)* waren an den amazonischen Flüssen sehr häufig und wichtige Glieder in den Nahrungsketten, die Flüsse, Lagunen und Wald miteinander verbanden. Sie sind im vergangenen halben Jahrhundert weitgehend ausgerottet worden. Nur in den südlichen und nördlichen Randbereichen, insbesondere im brasilianischen Pantanal, gibt es noch größere Bestände.

123

den Gesetzmäßigkeiten der Osmose muß Wasser durch eine wasserdurchlässige, für Salze aber nicht passierbare (semipermeable) Membran stets in Richtung auf die größere Salzkonzentration fließen. Für die Froscheier hieße das, daß sie in kurzer Zeit stark quellen müßten, weil das eindringende Wasser ihren Zellsaft auf dem Wege über den osmotischen Druckausgleich so lange verdünnt, bis die gleiche geringe Konzentration wie außen herrscht. Für die Zelle wäre dies natürlich tödlich. Die Eier der Amphibien besitzen aber keine wasserundurchlässige Schutzhülle. Zu reines Wasser ist deshalb nicht gut! Werden die Eier hingegen mit Schaum umgeben, bleiben sie sowohl vor Austrocknung als auch vor zu starker Wasseraufnahme geschützt.

Eine Vielfalt der Fortpflanzungsstrategien der Frösche im Regenwald als Ausdruck der Gunst der Tropenwelt, diese Vorstellung läßt sich bei näherer Betrachtung wohl kaum aufrechterhalten. Stellt sie nicht vielmehr ein Ausweichen auf die letzten Möglichkeiten dar?

Schlangen mit Infrarotaugen, Riesen und Zwerge

Um ein verbreitetes Vorurteil gleich auszuräumen: Schlangen sind selten im tropischen Regenwald. Die Chancen, gar auf eine Giftschlange zu stoßen, stehen sehr viel besser, wenn man die sonnendurchfluteten Buschlandschaften im Mittelmeerraum durchstreift als bei einem Gang durch den Regenwald. Gewiß, wer weiß, wie man Schlangen findet, der entdeckt sie auch im Tropenwald. Denn es gibt viele Arten davon in den feuchten Tropen. Ihr Spektrum reicht von kleinen, wurmartig wühlenden Formen bis zu zentnerschweren Riesenschlangen. In Afrika und Asien sind es die Pythons, die eindrucksvolle Größen von sechs bis acht Metern Länge erreichen (s. Foto S. 171), in Südamerika steht die Anakonda an der Spitze der Größenskala, gefolgt von der *Boa constrictor.*

Die größten dieser Riesenschlangen sollen über neun Meter Länge erreichen. Solche gewaltigen Reptilien sind jedoch äußerst selten. Die wenigen, durch Belege zweifelsfrei dokumentierten Exemplare, die diese Größenordnung erreichten, entstammen bezeichnenderweise den Randgebieten des Regenwaldbereiches. Berichte über Riesenschlangen von 20 Metern Länge gehören ins Reich der Fabeln. Das gilt auch für Riesenkrokodile von mehr als zehn Metern Länge.

Davon abgesehen bleibt aber die Tatsache, daß es in der Tropenzone Schlangen gibt, die weitaus größer werden als die außertropischen Arten.

Auf der anderen Seite stehen die vielen kleinen Arten, besonders die bleistiftdünnen, die mit ihrem peitschenschnurartigen Körper kaum von Lianen oder Kletterranken der Pflanzen zu unterscheiden sind. Sie bringen es fertig, an ganz dünnen Zweigen abwärts zu klettern, sich U-förmig zurückzukrümmen und in die nach unten ausgezogene Röhre eines Vogelnestes hineinzukriechen, wo sie die Eier oder die Jungen erbeuten. Ihre Bewegungen im Blatt- und Zweiggewirr können unmerklich langsam sein; so vorsichtig, daß scharfäugige Vögel oder schreckhafte Frösche sie oft genug zu spät bemerken. Mit blitzschnellem Stoß erfaßt die Schlange ihre Beute.

Wieder würde der Versuch einer charakterisierung der Schlangenvielfalt im tropischen Regenwald den Rahmen sprengen. Aber zwei Anpassungslinien verdienen es, besonders hervorgehoben zu werden. Die eine folgt dem bereits bekannten Prinzip der Mimikry. Sie wird am eindrucksvollsten von den tropisch-amerikanischen Korallenschlangen und ihren Nachahmern vertreten. Die echten Korallenschlangen, die Vorbilder, gehören zu den giftigsten Schlangen, wenngleich sie sehr selten für den Menschen gefährlich werden, weil ihre Mundöffnung recht klein ist und die Giftzähne winzig sind. Diese auffälligen Schlangen warnen mit einem höchst einprägsamen schwarz-rot-weißen Ringelmuster (s. Foto S. 121), das die ungiftigen Nachahmer so genau kopieren, daß es mitunter selbst Spezialisten schwerfällt, ohne nähere Prüfung zu unterscheiden, ob es sich um eine giftige Korallenschlange oder um einen ungiftigen Nachahmer handelt. Mäßig giftige Arten mit gleichem Muster kommen hinzu und bringen die zweite Mimikryform, die Angleichung von Warntrachten an ein besonders klares Grundmuster, zum Ausdruck.

Wie bei den Giftfröschchen muß man sich fragen, warum ausgerechnet im dichten Tropenwald die Warnfärbung eine so große Rolle spielt, wo doch dort die Sichtverhältnisse viel schlechter als im offenen Gelände sind. Deckung ist überall vorhanden. Den Klapperschlangen in den Savannen und Trockengebieten reicht das drohende Zusammenrollen und das Rasseln mit den vertrockneten Hautringen der Schwanzspitze, um Feinde abzuschrecken. Kreuzottern in Europa verfügen nicht einmal über eine solche Warnung — und dennoch überleben sie im vergleichsweise offenen Gelände.

Einen Hinweis geben die Riesenschlangen, besonders aber die giftigen Grubenottern (s. Foto S. 121). Sie haben einen einzigartigen Mechanismus der Ortung ihrer Beute entwickelt, den wir bislang nur mit aufwendigster Technik nachzuahmen imstande sind. Sie bedienen sich dabei der Wärmestrahlung, die insbesondere von den warmblütigen kleinen Säugetieren ausgeht. Ihre Körpertemperatur liegt gut zehn Grad Celsius über der durchschnittlichen Umgebungstemperatur im Tropenwald. Damit findet eine beständige Abstrahlung von Wärme statt, welche der kleine Säugetierkörper durch fortwährende Erzeugung von innerer Wärme durch den Stoffwechsel ausgleichen muß. Dieses »Heizen« ist kostspielig in energetischer Hinsicht. Es unterscheidet die Säugetiere und die Vögel als »Warmblüter« grundlegend von den wechselwarmen, von der Temperatur ihrer Umgebung abhängigen Organismen aller übrigen Tiergruppen. Wir werden auf das »Heizen« zurückkommen. Hier geht es nur darum, festzuhalten, daß die Säugetiere (und die Vögel) Wärme abgeben, also eine Infrarotstrahlung verursachen.

Diese Strahlung können die Grubenottern und Riesenschlangen mit ihrem besonderen Sinnesorgan zwischen Auge und Mund, der »Grube«, feststellen. Sie machen sich damit ein »Wärmebild« ihrer Umgebung. Kommt ein Säugetier passender Größe, »sieht« es die Schlange wie in einem technischen Wärmebildgerät. Sie kann sich danach orientieren und in völliger Dunkelheit die Beute anschleichen. Die Lanzenottern der Gattung *Bothrops* verfügen über besonders leistungsfähige Grubenorgane. Sie sind es, die im tropischen Regenwald Südamerikas stellenweise die größte Häufigkeit unter den Giftschlangen erreichen. Es handelt sich um verhältnismäßig große, kräftige Schlangen mit sehr starker Giftwirkung. Ein sehr nahe verwandter Zweig dieser

Grubenottern lebt in den südostasiatischen Tropen.

Zufall oder Notwendigkeit? Das ist die Frage. Hat sich die Fähigkeit, mit Hilfe des Infrarotlichtes Beute zu finden, einfach als eine von verschiedenen Möglichkeiten, die in der Natur vorkommende Strahlung als Informationsquelle zu nutzen, entwickelt, oder bestand eine Notwendigkeit, die Entwicklung in diese Richtung voranzutreiben? Wenn man die technischen Geräte betrachtet, die ein gutes Wärmebild liefern, dann erscheint der Aufwand ziemlich hoch. Die Geräte müssen mit flüssigem Stickstoff arbeiten, um die feinen Temperaturunterschiede meßbar zu machen. Die Zellen in den Wärmesinnesorganen der Grubenottern sind zwar ungleich leistungsfähiger, aber dennoch hochgradige Spezialbildungen, für deren Entwicklung der Zufall keine gute, keine überzeugende Erklärung liefert. Jeder kleine Verbesserungsschritt muß von Anfang an mehr Erfolg, das heißt mehr Beute oder geringeren Aufwand bei der Jagd nach Beute, bedeutet haben, sonst hätte sich dieser Weg gegen die herkömmlichen Jagdstrategien der Schlangen nicht durchsetzen können. Wäre Beute in genügendem Umfang vorhanden und mit normalem Aufwand zu fangen, bestünde keine Notwendigkeit zu derartigen Spezialbildungen.

Das gilt genauso für die Korallenschlangen, die echten wie die falschen. Würden die Verluste, die ihnen ihre Feinde zufügen, im normalen Rahmen liegen oder durch entsprechende Vermehrung rasch genug ausgleichbar sein, hätte sich keine Notwendigkeit für die Entwicklung solcher Muster und für deren Nachahmung durch ungiftige Schlangen ergeben. Beide Richtungen weisen auf den gleichen Umstand hin: den Mangel an Beute.

Dieser Mangel gestattet keine Verluste an Feinde im Ausmaß, wie wir das von unseren Breiten kennen. Jede »Technik«, jede Neuerung, die der Evolutionsprozeß zustandebringen kann, welche den Mangel an Beute auch nur etwas beheben, bedeuten Fortschritt und Erfolg, bedeuten Anpassung!

Damit haben wir auch den Ansatz zum Problem der Riesenschlangen. Was bedeutet für sie der »Riesenwuchs«? Dazu müssen wir uns gleichsam in das Leben der Schlangen selbst hineinvertiefen und sie nicht aus unserer Sicht betrachten: als gefährliche oder schöne Riesen. Wir müssen ihren Nahrungsbedarf und die Verwertung der Nahrung untersuchen. Jeder Zoobesuch führt vor, worum es geht: Die Riesenschlangen tun nichts. Fast nie zeigen sie eine nennenswerte Aktivität. Das ist kein Produkt der Zoohaltung, sondern Ausdruck ihrer Lebensweise, die nur bei Paarung und Fortpflanzung kurze Phasen gesteigerter Aktivität kennt. Beute wird nur unregelmäßig erjagt. Gelingt der Fang eines größeren Tieres, reicht das mitunter für Monate. Riesenschlagen sind in der Lage, ein halbes Jahr oder länger zu hungern. Ob sie dabei in unserem Sinne hungern, wissen wir nicht. Jedenfalls können sie außergewöhnlich lange ohne Nahrungsaufnahme auskommen. Sie teilen sich diese Fähigkeit mit den Riesenschildkröten und den »Riesen«krokodilen.

Der Riesenwuchs bei Kriechtieren als wechselwarme Organismen ist eine Methode, längere Zeiten der Nahrungsknappheit oder völligen Nahrungsmangels erfolgreich zu überbrücken. Je größer, desto länger können diese Tiere hungern! Der Nahrungsmangel, der zum Schrittmacher für die Evolution so hochspezialisierter Überlebensstrategien, wie Beutefang mit Infrarotlicht oder Feindabwehr mit Warntracht, geworden ist, zeigt sich hier in gleicher Weise als Schlüssel zum Verständnis des Riesenwuchses.

Die Größenzunahme versetzt bereits die jungen, frisch aus den Eiern geschlüpften Riesenschlangen in die Lage, lange Zeit ohne Nahrung auszukommen, weil sie groß genug sind, wenn sie den Nahrungsvorrat im Ei aufgebraucht haben. Manche Riesenschlangen sind sogar in der Lage, durch Muskelzuckungen Wärme zu erzeugen und ihr Gelege, um welches sie sich herumringeln, damit zu versorgen. Sie bebrüten ihre Eier! Wiederum vermindert dieser Einsatz die Ausfallquote und steigert die Aussichten des Nachwuchses, zu überleben. Wenn Schlangen als wechselwarme Lebewesen in der klimatischen Gunst der inneren Tropen einen solchen Einsatz nötig haben, während Vertreter dieser Reptiliengruppe bis in die Kältegebiete des Nordens vorzudringen imstande gewesen sind, muß der Nahrungsmangel wirklich akut sein.

Echsen in Amazonien und Südostasien

Vielfältig wie das Schlangenleben ist auch das Leben der Echsen in den Tropen. Ihr Anpassungsspektrum reicht von nur wenige Zentimeter langen Winzlingen bis zu den drei Meter langen und an die 150 Kilogramm schweren Komodowaranen. Letztere sind eindrucksvolle Raubtiere, die keine Feinde mehr zu fürchten haben und selbst unbewaffnete Menschen in Schach halten können. Sie jagen größere Beute, Wildschweine und kleine Hirsche, nehmen aber, wie die meisten größeren »Raubtiere« durchaus auch gerne Aas. Ihr Vorkommen beschränkt sich auf die Insel Komodo und einige kleinere im Sunda-Inselbogen. Über den weiteren Bereich von Süd- und Südostasien verbreitet leben andere große Waranarten, die bis zu zwei Meter Länge erreichen; in den randtropischen Bereichen Australiens, Indiens und Afrikas kommen weitere Arten vor. Sie bilden zusammen die Gruppe der Großechsen. Der Komodowaran ist die größte Echsenart.

Nur die eine eigenständige Großgruppe bildenden Krokodile oder Panzerechsen haben noch erheblich größere Formen entwickelt.

Warane sind Fleischfresser. Die meisten Echsen fangen tierische Beute. Das Gesamtspektrum reicht von kleinen Fliegen bis zu den genannten Beutetieren der Komodowarane. Der Vergleich mit den Verhältnissen in den südamerikanischen Tropen ist nun recht aufschlußreich. Dort werden die größten Echsenarten zwar auch fast zwei Meter lang, aber nur deshalb, weil sie einen sehr langen, dünnen Schwanz besitzen. Nach dem Körpergewicht beurteilt erweisen sie sich als den großen Waranen keinesfalls ebenbürtig. Die größten Leguane werden nur ein paar Kilogramm schwer, weil ihr Körper schlank gebaut und der Schwanz gut körperlang ist. Und sie machen eine bemerkenswerte Umstellung in der Ernährungsweise mit dem Größerwerden durch. Die Jungtiere ernähren sich noch fast ausschließlich von Gliedertieren, vornehmlich Insekten, während die ausgewachsenen nahezu rein vegetarische Kost, insbesondere Früchte, zu sich nehmen. Sie nehmen also nicht die Rollen der großen Warane ein, auch wenn sie bei ganz flüchtiger Betrachtung als »große Echsen« die Vorstellung einer ähnlichen Lebensweise erwecken könnten. Die südostasiatischen und die amerikanischen Tropen unterscheiden sich, was die Echsen betrifft, auffällig; ein Unterschied, der sich bei den Säugetieren noch viel stärker zeigen wird.

Er weist im Falle der amerikanischen Tropen darauf hin, daß Beutetiere entsprechender Größe offenbar hier so rar sind, daß die ursprüngliche Lebensweise der Leguane nicht beibehalten werden konnte, und diese zur Nutzung pflanzlicher Nahrung überwechseln mußten. In Südostasien hingegen ist das Angebot groß genug, daß sogar eine »Planstelle« besetzt werden konnte, die sonst nur Raubtiere aus der Gruppe der Säugetiere einnehmen. Der Komodowaran konkurriert durchaus erfolgreich mit ihnen, weil er — als Reptil — weniger Nahrung für seine Größe braucht als ein Säugetier entsprechender Körpermasse.

Kolibris und Paradiesvögel — »fliegende Juwele« des Regenwaldes

Fast zwei Drittel aller Vogelarten der Erde leben weitgehend oder ganz in den tropischen Regenwäldern. Die Arten Amazoniens machen allein etwa 10 Prozent des Weltartenspektrums aus. Kein Wunder, daß sich der Besucher eine bunte Fülle von Kolibris, Papageien, Schmuckvögeln, Tukanen und anderen vorstellt — und enttäuscht ist, wenn sich von dieser Fülle kaum etwas zeigt. Die meisten Vögel halten sich hoch oben in den Baumkronen auf, wo sie schwer zu beobachten sind. Aber was stärker wiegt ist die Tatsache, daß der größte Teil der Artenfülle ganz genau wie bei den Waldbäumen nur in sehr geringer Bestandsdichte vorkommt. Zwanzig verschiedene Vogelarten lassen sich leichter ausfindig machen als drei Paare der gleichen Art.

Wir kennen mittlerweile diesen Befund von anderen Gruppen von Tieren und Pflanzen so gut, daß es unnötig ist, das gleiche Phänomen bei den Vögeln des tropischen Regenwaldes erneut ausführlicher zu behandeln. Die Ursachen wurden gleichfalls schon mehrfach angesprochen: Das knappe, schwer zu erlangende Nahrungsangebot. Es erlaubt keine Siedlungsdichte, wie wir sie von unseren Vogelarten gewohnt sind. Kleinvögel, die sich von Insekten ernähren, wie Laubsänger, Grasmücken oder die auch Kleintiere am Boden in ihr Nahrungsspektrum einbeziehenden Rotkehlchen, finden auf Flächen von weniger als einem Hektar genügend Nahrung, um ihre Brut großzuziehen. Ihre Reviergröße liegt im Durchschnitt um eine Größenordnung niedriger als bei Insekten jagenden Waldvögeln in Amazonien, auf Borneo oder im Kongobecken. Manche Arten bringen es zu zwei Bruten in der kurzen Zeit der Sommermonate, und sie ziehen gleichzeitig bis zu 10 Junge groß. In den Tropenwäldern schaffen vergleichbare Kleinvogelarten kaum mehr als eine Brut im Jahreslauf, obwohl das ganze Jahr von den klimatischen Bedingungen her günstig wäre, und diese Brut enthält nur wenige Junge. Die Nestverluste sind außerordentlich hoch; im Durchschnitt etwa doppelt so hoch wie in den außertropischen Gebieten.

Nur die hohe Artenzahl bringt letztendlich eine einigermaßen vergleichbare Kleinvogelhäufigkeit pro Hektar oder Quadratkilometer wie in mitteleuropäischen oder nordamerikanischen Laubwäldern während der Sommermonate zustande. Die starke Nischenaufspaltung ermöglicht eine wirkungsvolle Nutzung aller Möglichkeiten, ohne einzelne Arten damit in den Vordergrund zu schieben.

Der Mangel drückt sich in diesen Feststellungen erneut aus.

Aber sprechen nicht andere Befunde dagegen, etwa die Artenfülle und die Häufigkeit der Kolibris in den amerikanischen Tropen oder die Pracht der Paradiesvögel Neuguineas?

Zunächst zu den Kolibris: Von den rund 350 Arten leben die meisten im Tropengürtel Amerikas. Das wäre allerdings kein Grund, einen Einwand vorzubringen, denn Gleiches stellten wir für die Frösche, für Süßwasserfische und andere Gruppen fest. Der Unterschied zu den bereits behandelten Gruppen mit hoher Artenvielfalt in der Regenwaldzone der Tropen liegt im Lebensstil der Kolibris. Er gehört zu den energetisch aufwendigsten, welche die Natur hervorgebracht hat.

Das hängt mit ihrer geringen Körpergröße zusammen, die allein schon einen erhöhten Nahrungsbedarf verursacht, weil ein kleiner Körper eines warmblütigen Organismus mehr Wärme nach außen verliert als ein großer. Der Evolutionstrend zur Kleinheit verbindet sich — nicht nur bei den Kolibris, sondern auch bei anderen Kleinvögeln oder bei kleinen Säugetieren — unweigerlich mit erhöhten Energieausgaben. Wenn aber Nahrung knapp ist, sollte die Knappheit genau das Gegenteil bewirken und auf eine sparsamere Körperkonstruktion »hinarbeiten«. Wir sahen dies beim Trend zu den Riesenschlangen.

Bei den Kolibris kommt noch hinzu, daß ihre Flugweise erheblich aufwendiger ist als das normale Fliegen anderer Kleinvögel. Ein 5 Gramm schwerer Zaunkönig verbraucht nicht ein Drittel der Energie, welche ein gleichschwerer Kolibri zum Fliegen aufwenden muß. Der Kolibriflug ist deswegen so »teuer«, weil auch der kleine Brustmuskel voll bei der Leistung beteiligt ist, die den Flügel antreibt, und weil die Flügel so gebaut sind, daß sie in einer Schleifenbahn schlagen können. Damit gelingt es den Kolibris, im Schwirrflug in der Luft auf der Stelle zu stehen (vgl. Fotos S. 131). Die Flügel schlagen dabei 50 bis 58 mal pro Sekunde. Bei Spitzengeschwindigkeiten werden aber bis zu 200 Flügelschläge pro Sekunde erreicht. Um solche Leistungen vollbringen zu können, bedarf es besonders großer, kräftiger Brustmuskeln. Sie machen bei den Kolibris fast ein Drittel des Körpergewichtes aus. Die Größe allein würde aber noch nicht ausreichen, um die Leistung zu erbringen. Sie läßt sich am besten aus dem Vergleich mit anderen bekannten Vogelarten einschätzen.

Ein gutes Vergleichsmaß ist der Grundumsatz an Energie, wenn sich der Körper in Ruhe befindet. Bei einem Haushuhn beläuft er sich auf etwa 50 Kalorien pro Gramm Körpergewicht und Stunde. Beim winzigen Zaunkönig liegt dieser Grundwert zwölfmal höher, nämlich bei 600 Kalorien, bei einem gleichschweren Kolibri aber bei mehr als 1400 Kalorien; wohlgemerkt im Ruhezustand, nicht im Fluge. Während des Fluges schnellt der Verbrauch nochmals um rund das Dreifache in die Höhe.

Widerspricht ein dermaßen hoher Energieumsatz nicht den Anforderungen der Sparsamkeit bei knapper Nahrung im Tropischen Regenwald? Müßten wir nicht, nach den vorausgegangenen Überlegungen zu den Befunden annehmen, daß der Typ des Faulvogels (Bucconidae) oder das »Anwarten« der Tyrannenvögel (Tyrannidae) die passenden Strategien der Vogelevolution im tropischen Regenwald sein müßten. Kolibris mit ihrem höchst aufwendigen Stoffwechsel dürfte es demnach gar nicht geben, zumindest nicht in den weiten Räumen der feuchten Tropen mit Nährstoffmangel. Sie sind aber vorhanden, und zwar sogar in erstaunlicher Häufigkeit. Ein persönliches Erlebnis mag dies illustrieren:

In den Bergregenwäldern des brasilianischen Küstengebirges herrschte »Winter«. Kühle, feuchtigkeitsbeladene Luftmassen drängten vom Südatlantik gegen die Hänge der Serra do Mar. Die Temperaturen reichen hier noch aus, um einen tropischen Regenwald des Bergwaldtyps zu erhalten, aber der Einfluß der Jahreszeiten macht sich schon deutlich bemerkbar. Zum Beispiel am Rückgang der Blüten. Viele Kolibris waren zu Beginn des Südwinters talwärts ausgewichen, wo es das ganze Jahr über Blüten gibt. Aber viele bleiben auch in den Bergregenwäldern zurück. Dort fand ich sie unter gänzlich unerwarteten Bedingungen. Feiner Nebel drückte in den Wald, als ich das erste so charakteristische Surren eines Kolibris hörte. Eine ganze Weile suchte ich ihn, obwohl der Ton gut im Ohr blieb, vergeblich. Wohin ich auch schaute, er war nicht zu sehen – bis er plötzlich da war; ganz knapp vor mir. Er schwirrte vor dem Stamm eines Baumes auf und ab, so als ob er »Fahrstuhl« spielen würde. Unablässig stieg er senkrecht auf, um gleich darauf wieder abwärts zu fliegen, manchmal in leichten Spiralen, dann blitzschnell um den Stamm herum. So ging das fort, minutenlang, stundenlang, wie sich bald herausstellte. Der Kolibri verschwand nur kurz etwa alle 20 Minuten, um gleich darauf wieder zu diesem Stamm zurückzukehren und die gleiche Flugweise aufzunehmen.

Allmählich gewahrte ich den Grund. Bei diesem Auf- und Abfliegen schnellte immer wieder für fast nicht erkennbare Augenblicke die Zunge hervor und leckte ein Tröpfchen ab, das sich an der Spitze mehrere Zentimeter langer haarfeiner Fäden gebildet hatte. Die Lupe zeigte, daß es sich um ein feines Wachsröhrchen handelte. Neugierig geworden, bohrte ich nach und beförderte den Urheber dieser Röhrchen unter der Rinde hervor. Es handelte sich um eine Schildlaus, die im Saftstrom der Baumrinde saugte und den Überschuß an Zuckersaft über das Wachsröhrchen nach außen abschied. Diese Tröpfchen, die sich alle paar Minuten wieder neu bildeten, leckte der Kolibri auf. Der Baum war übersät von solchen Wachsröhrchen, und zwar genau in den Abschnitten des Stammes und der dicken Äste, welche der Kolibri kontrollierte.

Später bekam ich heraus, daß es eine ganz bestimmte Baumart, eine Vertreterin der Mimosen-Familie *(Mimosa bracaatinga)* war, an welcher diese Schildläuse leben, deren »Honigtau« der Kolibri nutzte. Aufmerksam geworden, fand ich nun überall im Wald solche Mimosen und

Große Ähnlichkeiten in Körperform und Lebensweise haben unabhängig voneinander Kolibris (Trochilidae), Vertreter einer den Seglern nahestehenden Familie der Nichtsingvögel, und die zu den Singvögeln gehörenden Nektarvögel (Nectariidae) entwickelt.
Das Foto oben links zeigt ein fütterndes Weibchen des Einsiedlerkolibris *(Phaetornis superciliosus)* aus Peru, rechts daneben ein mittelamerikanischer *Phaetornis guy* im Schwirrflug.
Im Foto unten links sitzt ein Männchen des afrikanischen Fülleborn-Nektarvogels *(Nectarinia mediocris)* am Blütenstand eines Löwenohrs *(Leonotis),* daneben ein langschwänziger Bronzenektarvogel *(Nectarinia kilimensis).* Im Gegensatz zu den aus dem Schwirrflug trinkenden Kolibris müssen sich die Nektarvögel bei der Nahrungsaufnahme festhalten.

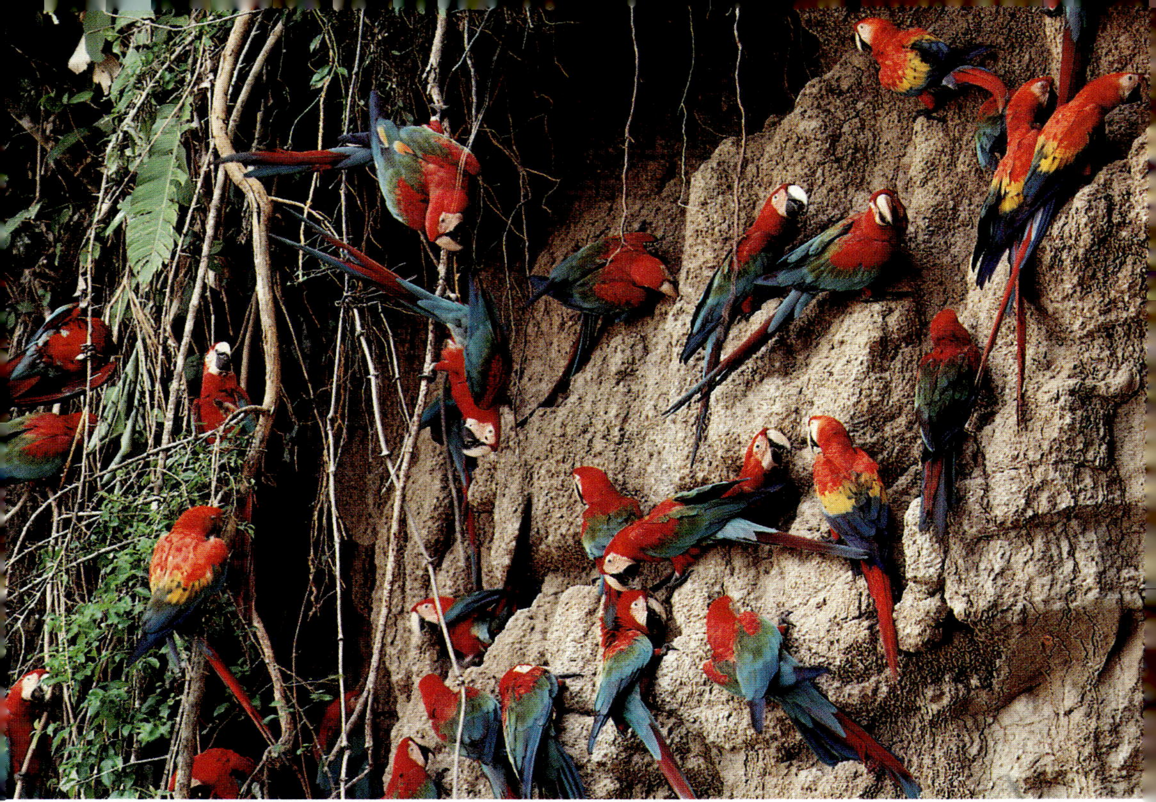
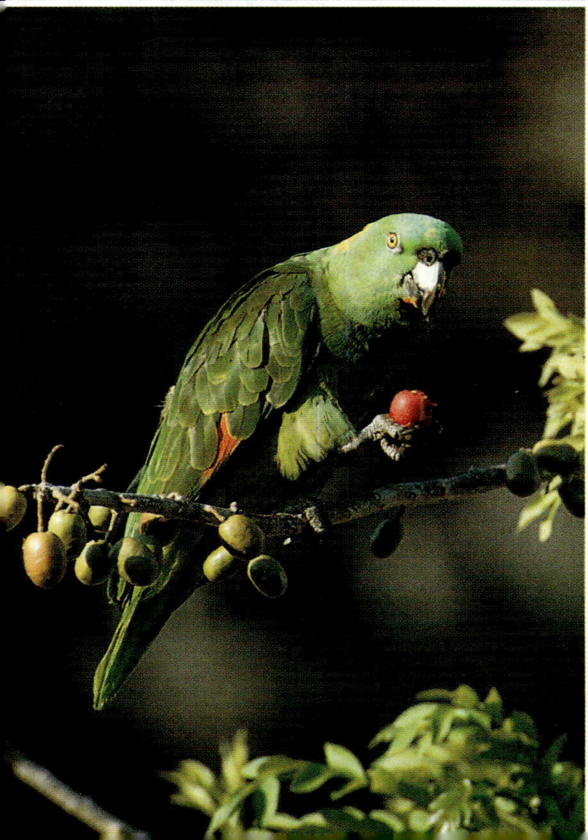
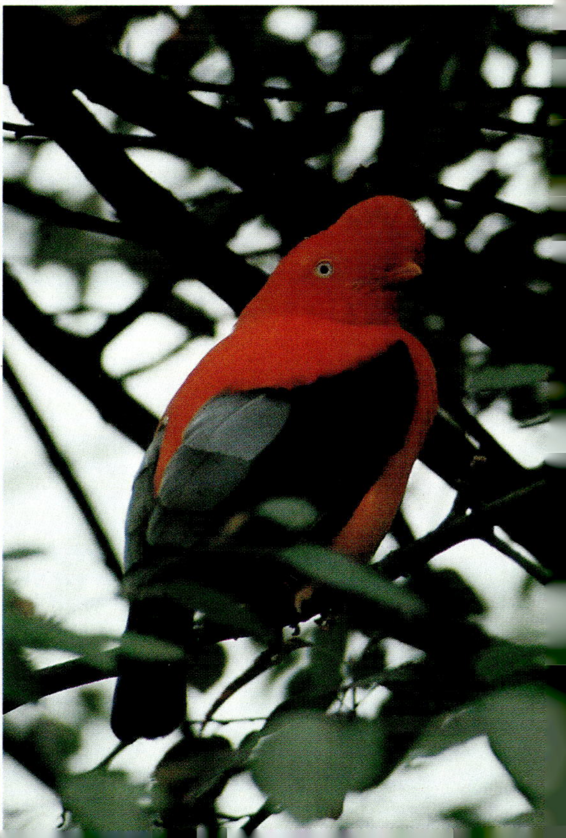

fast jede hatte »ihren« Kolibri. Die Vogel-zwerge vertrieben mit großer Heftigkeit Artgenossen, andere Kolibris und sogar Bienen und Wespen von dieser »ihrer« Nahrungsquelle; gerade so, wie sie dies tun, wenn sie nektarreiche Blüten vertei-digen.

Damit machen sie das gleiche wie die Ameisen, die Blattläuse »melken«, ihren abgeschiedenen Honigtau verspeisen und sie gegen andere Nutzer verteidigen. Auch die Bienen, die »Waldhonig« erzeu-gen, bedienen sich der zuckerhaltigen Ex-kremente von Blattläusen.

Der Zusammenhang wird nun schon deut-licher. Das, was den Kolibris zu ihren er-staunlichen Flugleistungen verhilft, ist auch der Hauptbestandteil der Nahrung, die sie beim normalen Blütenbesuch auf-nehmen, nämlich der Zucker. Er kann so-

Rote Aras *(Ara macao)* und Grünflügelaras *(Ara chloroptera)* haben sich an einer mineralstoffhaltigen Steilwand in Peru (einer »Colpa«) eingefunden. Sie schaben mit ihren mächtigen Schnäbeln die mineral-reiche Erde ab. Der Regenwald ist so arm an bestimmten Mineralstoffen, daß die Vögel über weite Strecken zu den Colpas fliegen müssen, um ihren Bedarf zu decken (Foto oben).

Die Gelbnackenamazone *(Amazona ochrocephala;* Foto unten links) greift sich geschickt die Früchte mit einem Fuß und verzehrt sie. Die Amazonenpapageien sind mit etwa 30 Arten und zahlreichen Unter-arten über die amerikanischen Tropen verbreitet.

Ein Gegenstück zu den Paradiesvögeln Neuguineas stellt der Rote Felsenhahn *(Rupicola peruviana;* Foto unten rechts) dar. Die prächtig rot-schwarz gefärbten Männchen balzen auf gemeinsamen Arenen im Bergregenwald und locken Weibchen herbei, die fortpflanzungsbereit geworden sind. Die Weibchen sind grünlich-tarnfarben.

fort, ohne größere Veränderungen durch die Verdauungstätigkeit, zur Energieer-zeugung genutzt werden. Zucker ist Brennstoff, ist Betriebsmittel für die Ko-libris. Die Pflanzen scheiden ihn reichlich in den Blüten als Nektar ab. Für die Blatt-und die Schildläuse bedeutet der hohe Zuckergehalt sogar eine Belastung, derer sie sich entledigen müssen. Sie können bei ihrer festsitzenden Lebensweise die-sen Überschuß gar nicht brauchen, weil sie ihn nicht »in Bewegung abarbeiten« können. Für die Kolibris hingegen stellt er die Grundlage für die enorme Leistungs-fähigkeit der Muskulatur dar. Ihr Problem ist anders gelagert. Sie müssen zunächst den mit der Zuckerlösung verbundenen Überschuß an Wasser bewältigen. Ihre Nieren sind außerordentlich leistungsfä-hig und stehen in dieser Hinsicht der Lei-stung der Brustmuskulatur nicht nach.

Für den Betriebsstoffwechsel ist also mit dem Zucker aus Blütennektar oder Honig-tau saftsaugender Insekten gut gesorgt. Wie steht es aber um den Aufbaustoff-wechsel. Kolibris müssen wachsen, bis sie die volle Körpergröße erreicht haben, und danach in der Lage sein, verbrauchtes Körpergewebe zu erneuern. Bei den Weibchen kommt die Produktion der Eier dazu. Für diese Lebenstätigkeiten und -leistungen reicht Zucker nicht aus. Sie er-fordern Eiweiß und Phosphorverbindun-gen. Der Eiweißgehalt des Nektars ist zu gering, um den Bedarf zu decken. Die Ko-libris benutzen dazu eine zweite Nah-rungsquelle, die weniger augenfällig als das Nektartrinken ist, die Klein- und Kleinstinsekten. Sie fangen diese gezielt in der Luft oder holen sie aus den Blüten hervor, wenn die Insekten dort nach Nek-tar suchen.

Erinnern wir uns: Unter den Kleininsek-ten sind sehr viele, die nicht giftig oder durch besondere Geschmacksstoffe geschützt sind. Sie entwickeln sich rasch durch gezielte Nutzung ganz bestimmter, schutzstoffarmer Teile der Blätter. Damit würden sie eine attraktive Nahrungsquelle für insektenfressende Vögel abgeben – wenn sie nicht so klein wären. Das Fangen einer so winzigen Portion Insekteneiweiß erfordert mehr Energieaufwand als die Beute nachher einbringt. Bei rein energetischer Betrachtungsweise dürfte sich die Nutzung dieser Insektengruppe nicht rentieren. Daß sie für die Kolibris dennoch in Frage kommt, liegt an der Trennung von Nährstoff- und Brennstoffversorgung. Der zuckerhaltige Nektar liefert genügend Brennstoff, um die hohen Ausgaben zu decken, die mit dem Fang der Kleininsekten verbunden sind. Höchstwahrscheinlich war dies auch der Weg für die Entwicklungsgeschichte der Kolibris. Das Ausweichen auf die Kleininsekten führte sie immer mehr zu den Blüten und ihrem Nektar, der einen Überschuß an Brennstoff enthielt. Dieser ermöglichte den immer aufwendigeren Flug, der immer bessere Fangergebnisse an Kleininsekten einbrachte.

Spätestens jetzt wird die Parallele zu den Bäumen im tropischen Regenwald deutlich. Was sie »tun«, ist die Herstellung und Weiterverarbeitung von Kohlenhydraten, von »Brennstoff« zu forcieren, um damit die nötigen, feinstverteilten mineralischen Nährstoffe für die Selbsterhaltung und die Fortpflanzung zu gewinnen. Ist bei den Bäumen die Sonnenenergie direkt der Motor des Geschehens, so sind bei den Kolibris die Produkte der Photosynthese zu diesem Motor geworden.

Überschuß ist also im tropischen Regenwald durchaus vorhanden, aber eben ein höchst einseitiger. Woran es mangelt sind die mineralischen Nährstoffe für die Herstellung von Eiweiß und Phosphorverbindungen. Die Kolibris haben die Trennung geschafft und können sich daher einen »aufwendigen Lebensstil« unter den schwierigen Lebensbedingungen der Tropen nicht nur leisten, sondern sie müssen den Aufwand betreiben, um an die Kleininsekten heranzukommen. Diese enthalten zu wenig Fett, das die Kohlenhydrate aus dem Nektar als Brennstoff ersetzen könnte.

Führen die Kolibris die Trennung von Aufbau- und Betriebsstoffwechsel vor, so zeigen die Paradiesvögel und ihre amerikanischen Gegenstücke, die Schmuckvögel, noch stärker als die Vogelzwerge die Aufteilung der Eiweißnahrung auf die Geschlechter. Bei den Paradiesvögeln erreicht die Pracht des Vogelgefieders gewiß einen ihrer Höhepunkte. Was die Männchen an Farbwundern und Balzformen vorführen, scheint mehr als jede andere Tiergruppe das Luxurieren der Tropen auszudrücken. Die Schmuckfedern sind so großartig, die Balzweisen so ungewöhnlich, daß man den Paradiesvogelweibchen eine Art von Empfänglichkeit für Schönheit zubilligen möchte. Sind sie es doch, die durch ihre Wahl das Prachtgefieder der Männchen im Laufe der Jahrhunderttausende und Jahrmillionen »herausgezüchtet« haben, während sie selbst ein schützendes, schlichtes Gefieder beibehalten.

Die Männchen verbringen viel Zeit, bis mehr als die Hälfte des Jahres, an ihren Balzplätzen, wo sie durch ihr Prachtgefieder ihre Paarungsbereitschaft zur Schau stellen (vgl. Fotos S. 122). Irgendwann kommt ein paarungsbereites Weibchen und wählt eines der Männchen aus, läßt sich davon begatten – und verschwindet wieder. Das Brutgeschäft führt es alleine aus.

Wann es die Fortpflanzungsbereitschaft erreicht, das bestimmen die in ihrem Körper angehäuften Reserven für die Eibildung. Die Früchte, von denen die Weibchen leben, und die Zusatznahrung an Insekten, enthalten nicht viel Eiweiß. Es dauert, bis so viele Reserven verfügbar sind, daß ein Gelege gezeitigt werden kann. Währenddessen steht den Männchen, die sich gleichfalls vornehmlich von Früchten ernähren, die Energie dieser Nahrung zur «freien» Verfügung. Sie können sie in Aktivität umsetzen, weil sie keine Reserven für die Ausbildung von Eiern benötigen. Balzaktivitäten und Prachtgefieder werden nun zum Ausdruck dieser Rollenverteilung und der Zuteilung der Nährstoffe. Der hohe Kohlenhydratgehalt der Früchte bedeutet viel verfügbare Bewegungsenergie. Der verhältnismäßig gute Eiweißgehalt der Früchte in den nährstoffreichen Gebirgswäldern Neuguineas bringt eine bessere Stickstoffversorgung als in dem größten Teil der tropischen Regenwaldgebiete. Er wird in die Federbildung gesteckt. Die Federn sind Eiweißgebilde (Keratin). Einen Teil ihrer Farbigkeit, die »echten« Farben, verdanken sie abgelagerten Farbstoffkörnchen, deren Grundstoffe wiederum aus den Farben der Früchte sowie aus Abbauprodukten des Stoffwechsels kommen. Die »falschen« Farben sind Strukturfarben, die durch Lichtbrechung an feinsten Keratinlamellen erzeugt werden.

Wenn diese Zusammenhänge in den Grundzügen zutreffen, dann sollten in den weniger gut mit Nährstoffen versorgten Regenwaldgebieten der amerikanischen Tropen keine so »luxuriösen« Ausführungen bei fruchtfressenden Vogelgruppen vorhanden sein. Genau dies ist der Fall. Arten wie der Rote Felsenhahn (s. Foto S. 132) beschränken sich auf die nähr-stoffreicheren Gebirgswälder und auf deren Vorland. Die Schmuckvögel Zentralamazoniens geben sich so schlicht daß sie kaum von anderen Vogelgruppen mit buntem Gefieder abstechen.

Hier fehlen zwar noch grundlegende Untersuchungen, aber einige Zusammenhänge werden aus dem Vergleich dennoch deutlich. Sie weisen darauf hin, daß sogar innerhalb der Arten die Nährstoffe, die mit der Nahrung aufgenommen werden, unterschiedlich verwendet werden. Viele Arten, so ist anzunehmen, haben sich nicht nur von Art zu Art unterschiedlich eingenischt, sondern Männchen und Weibchen unterscheiden sich deutlich in ihren genauen Lebensansprüchen.

Vom Stoffwechsel der Säugetiere

An den Faultieren sind wir vorbeigefahren. Von fern fängt der Chor der Brüllaffen an. Abenddämmerung am Ucayali; die schönste Zeit des Tages, noch schöner als der Sonnenaufgang, weil die warme Brise die Luftfeuchtigkeit nicht ganz so drückend macht. Das Heulen der Brüllaffen erinnert daran, daß wir gar keine Affen gesehen haben. Wir hatten sie erwartet und uns vorgestellt, wie sie in den Lianen herumturnen, wie sie lärmen und sich jagen; Zooerinnerung! Es dauerte Tage, bis sich die ersten Kapuzineraffen für kurze Zeit zeigten, bis eine Gruppe Totenkopfäffchen vorüberzog und ihr vogelartiges Gezwitscher hören ließ. Nach Klammeraffen mußten wir lange suchen. Und eigentlich war es doch auch merkwürdig, daß es weder hier, noch sonstwo in ganz Amazonien eine große Affenart gibt; vergleichbar vielleicht einem Schimpansen oder Orang-Utan.

Das huschende Eichhörnchen erwies sich, als es doch einmal kurz etwas besser zu sehen war, als eine kleine Affenart, die im Englischen recht treffend als »Eichhörnchenaffe« bezeichnet wird. Daß die Siedlungsdichte der Affen gering war, wunderte uns schon nicht mehr. Es schien ja überhaupt kein größeres Tier zu geben, das man als häufig hätte bezeichnen können.

Einmal hatten wir einen Indio getroffen, der ein Totenkopfäffchen bei sich trug. Es war mit einem Strick um den Bauch festgebunden, konnte aber am Körper des Indios frei herumklettern. Am liebsten schmiegte es sich um den Hals. Seine scheuen, fast bedächtigen Bewegungen fielen auf. Sie waren so ganz anders als bei den afrikanischen Meerkatzen, die aus den Touristenbussen Bananen und Sandwiches klauen. Es fehlte diesen Bewegungen das Ungestüme, das Dreiste. Vielleicht bildeten wir uns das nur ein. Oder die Gefangenschaft hatte das Äffchen in seinem Verhalten so verändert.

Doch bei den Totenkopfäffchen, die mit der Zeit im Wald am Ucayali zu finden waren, zeigten sich gleichfalls keine ungestümen Bewegungen, von kurzen Fluchten abgesehen, weil sie irgendetwas stark erschreckte. Vorsichtig untersuchten sie Blätter und Zweige, eher tastend und lauernd, nicht drauflos, wie bei Altweltaffen. Eindrucksvoll war die Bewegung des Schwanzes, den die größeren Verwandten, die Wollaffen, wirklich perfekt als 5. Hand einsetzten. Auch die etwas lebhafteren Kapuzineraffen benutzten ihn so griffsicher, daß man schwer erkennen konnte, ob nun die Beine oder der Schwanz die größere Rolle beim Klettern und Hängen spielten. Irgendwie kamen sie mir alle anders vor, als die Affen der Alten Welt, die ich kennengelernt hatte. Na-

türlich: Sie entstammen ja auch einer ganz anderen Stammeslinie, die in Afrika und Asien keine Vertreter besitzt, während umgekehrt die altweltlichen Affengruppen in der neuen Welt fehlen. Konnte dies die Erklärung sein? Gibt es nicht genügend Beispiele, daß sich Tiere aus unterschiedlichsten Gruppen und ganz getrennter Herkunft an gleichartige Lebensbedingungen so anpassen, daß man sie zunächst für verwandt hält. Diese Konvergenz müßte man zumindest im Großen erwarten können. Tropische Regenwälder mit Primaten gibt es seit wenigstens 50 Jahrmillionen auf allen äquatorialen Kontinenten.

Versuchen wir, diese Eindrücke etwas weiter zu verarbeiten. Was charakterisiert die Affen des amerikanischen Tropenwaldes? Von der biologischen Funktion her gewiß nicht die breite Nasenscheidewand, die sie als »Breitnasenaffen« von den altweltlichen »Schmalnasenaffen« abgrenzt. Aber vielleicht die Ausbildung des Greifschwanzes bei den größeren Arten? Eine entsprechende Bildung läßt sich bei den altweltlichen Affen nicht feststellen. Und dann der Unterschied in der Größe. Die größten der amerikanischen Affen wiegen kaum 10 kg; in Amazonien gehen die Gewichte nur ausnahmsweise über 6 kg. Was ist das, verglichen mit einem 100 kg Orang-Utan oder einem 250 kg schweren Gorilla? Auch Paviane und Vertreter anderer altweltlichen Affengruppen werden erheblich schwerer als 10 kg.

Die überraschendsten Unterschiede kamen jedoch erst in neuesten Untersuchungen zutage, die eine amerikanische Forschergruppe um John Terborgh in den peruanischen Regenwäldern durchgeführt hatte. Die Ergebnisse zeigten, daß alle dort im Regenwald des Manu-Nationalparks vorkommenden Primaten auf Insekteneiweiß angewiesen sind (vgl. Foto S. 151). Die Nahrungsqualität der Früchte und ihre Verfügbarkeit reichen nicht aus, um eine vollwertige Ernährung sicherzustellen. Insekteneiweiß muß die Nahrung ergänzen und den Kohlenhydraten das nötige Ausmaß an Stickstoff- und Phosphorverbindungen zufügen. Die Affen benutzen dazu in großem Umfang ihre 5. Hand. Sie halten sich mit den Hinterbeinen und mit dem Greifschwanz fest, wodurch sie an drei Punkten im Raum fest verankert sind. Nun können sie beide Hände gezielt zum Greifen nach Insekten oder Früchten einsetzen (vgl. Foto S. 152). Früchte lassen sich auch pflücken, wenn nur eine Hand frei ist oder wenn der Körper nur von den Beinen gehalten wird, weil sie nicht davonhüpfen oder -fliegen, wie die Insekten.

Die Kleinheit der Insekten als Zusatznahrung setzt, so John Terborgh, der Größenzunahme der Regenwaldaffen bei etwa 6 kg Körpergewicht eine unüberwindbare Grenze. Würden die Tiere schwerer werden, könnten sie nicht mehr die relativ insektenreichen äußeren Bereiche der Baumkronen und die dünneren Äste erreichen. Nur die blattverzehrenden Brüllaffen in den (nährstoffreicheren) Randgebieten der amerikanischen Tropen können ein etwas größeres Gewicht annehmen. Doch begrenzt der geringe Nährwert der Blätter schnell wieder die Größenzunahme.

Wenn diese Interpretation zutrifft, dann müßten die großen Primaten der Alten Welt in ungleich besser mit Nährstoffen versorgten Regionen leben. Betrachtet man die Gorillas (s. Foto S. 152), so ist dies gewiß der Fall. Sie leben an den Hängen der zentralafrikanischen Vulkane und dort, wo im Regenwald sehr nährstoffreiche Einwehungen aus der Sahara eintref-

fen. Auch die Schimpansen und die Gibbons leben in Gebieten mit sehr viel besseren (mineralischen) Nährstoffverhältnissen. Die Schimpansen besiedeln Savannen und Waldrandgebiete sowie wiederum das Vulkangebiet in Zentralafrika. Im mit Abstand am besten mit mineralischen Nährstoffen im gesamten Tropengürtel versorgten ostafrikanischen Hochland, dort, wo der große Grabenbruch die äquatoriale Zone schneidet, befand sich auch das Entstehungsgebiet des Menschen.

Doch zurück zu den Säugetieren, speziell zu den größeren Arten. Der kontinentale Unterschied zeigt sich genauso bei den anderen Gruppen. In Amerika ist der Flachlandtapir (Tapirus terrestris) das größte Landsäugetier. Er würde, verglichen mit afrikanischen und asiatischen Großsäugern nur in die Mittelklasse kommen. Die in Amazonien lebenden Vertreter dieses Tapirs (s. Foto S. 141) erreichen selten mehr als 100 kg Gewicht. In den Anden und in Mittelamerika können sie schon bis zu 300 kg wiegen. Trotzdem bleibt dies bescheiden gegenüber Elefanten und Flußpferden, Nashörnern und großen Wildrindern.

Der grobe Vergleich fällt aber etwas trügerisch aus. Viele Regionen in Afrika und Süd- bzw. Südostasien tragen keinen reinen, geschlossenen tropischen Regenwald. Buschwälder, Savannen und von Jahreszeiten geprägte Wälder sind darunter. Sie sind es, die den Großtieren gute Lebensbedingungen bieten, und nicht die eigentlichen tropischen Regenwälder. In diesen findet sich in Afrika und Asien gleichfalls nur eine geringe Säugetierbiomasse.

Noch ausgeprägter und für die menschlichen Nutzungsansprüche noch aufschlußreicher werden die Befunde, wenn wir nicht die Säugetiere an sich, sondern ihre Stoffwechselleistungen betrachten. Denn allein die unterschiedliche Erdgeschichte, welche die verschiedenen Tropenkontinente durchgemacht haben, bedingt schon Verschiedenheiten in der Ausstattung ihrer Tropennatur mit Arten. Wenn Menschenaffen beispielsweise in Afrika erst nach der Abtrennung von Südamerika entstanden sind, dann hatten sie keine Möglichkeit mehr, diesen Kontinent zu erreichen. Nach Asien konnten sie sich aber über die Landbrücke ausbreiten. Vorsicht ist daher geboten bei der »Erklärung« der Unterschiede.

Eine Vereinheitlichung auf Stoffwechselvorgänge und -leistungen bringt daher vielleicht mehr Aufschluß über tatsächlich vorhandene Unterschiede als der Vergleich der Arten selbst.

Der Grundumsatz eignet sich hierfür besonders gut, wie bei den Kolibris bereits ausgeführt worden ist. Nehmen wir die tropisch-südamerikanischen Säugetiere und beziehen wir ihren Grundumsatz auf den Weltdurchschnitt, so zeigt sich die überraschende Tatsache, daß die meisten Arten, sogar die Primaten, deutlich unter dem Weltdurchschnitt liegen. Die mittlere Abweichung nach unten beträgt bei den höheren Säugetieren etwa 20 Prozent, aber die typisch südamerikanischen, wie die Faultiere, die Gürteltiere und die Ameisenbären, erreichen nur die Hälfte des üblichen Grundumsatzes. Das bedeutet, daß ihre Stoffwechselintensität erheblich geringer als die anderer Säugetiere ist. Bei den Faultieren war ein solcher Befund zu erwarten. Aber daß selbst viele Affen deutlich unter dem Durchschnitt liegen, wird wohl überraschen. Der Befund bestätigt den Eindruck, daß die südamerikanischen Affen weniger aktiv sind als vergleichbare afrikanische oder asiatische. Die Tabelle unten stellt einige charakteristische Befunde hierzu zusammen.

Daraus ergibt sich ein bedeutender Schluß. Die größeren Säugetiere haben offenbar Schwierigkeiten, ihren Stoffwechsel im tropischen Regenwald Amazoniens aufrechtzuerhalten. Ziehen wir den Vergleich weiter gespannt, so kommt das gleiche Ergebnis zustande für die außertropischen Säugetiere und die tropischen Arten. Die höchsten Stoffwechselintensitäten finden wir in den kalten Gebieten, aber nicht etwa nur deswegen, weil dort aufgrund der ungünstigeren Temperaturverhältnisse mehr Wärme erzeugt werden müßte. Vielmehr können sich in den kalten Gebieten die Säugetiere Leistungen erlauben, die viel Energie kosten und freisetzen, weil sie sowohl die Nahrungsgrundlagen dazu zur Verfügung haben, als auch den Wärmeüberschuß leicht nach außen abführen können.

Marsupialier (n = 12)	80 ± 10%
Fledermäuse (n = 27)	82 ± 28%
Fledermäuse ohne Molossidae	ca. 100%
Primaten (n = 9)	88 ± 18%
Gürteltiere (n = 10)	45 ± 9%
Riesengürteltiere (*Priodontes maximus*)	29%
Faultiere (n = 2)	43%
Ameisenbären (n = 5)	50 ± 10%
Pekari	110%
Nasen-, Wickel- und Waschbär	66%

Relativer Grundumsatz von Säugetieren der amerikanischen Tropen, bezogen auf den Weltdurchschnitt. Der Relative Grundumsatz G_r berechnet sich nach der Formel $G_r =$ Grundumsatz $\times$ 100 / 3,42 $\times$ Gewicht$^{-0,25}$ (Befunde nach McNab, 1982).

Die Kühlung des Körpers ist eine außerordentlich wichtige Angelegenheit bei den Säugetieren, weil die hohe Körpertemperatur der Todesgrenze angenähert ist. Bei 42 bis 43 Grad Celsius fangen viele Eiweißstoffe an zu gerinnen. Dieses höchste, lebensgefährliche Fieber muß unter allen Umständen vermieden werden. Bei Körpertemperaturen von 36 bis 40 Grad Celsius bestehen aber nur ein paar Grad Spielraum. Die hohe Leistungsfähigkeit des warmblütigen Säugetierkörpers wird nicht nur mit hohem Energiebedarf erkauft, sondern sie erfordert auch eine höchst wirkungsvolle Kühlung, damit nicht geringe Temperaturanstiege schon zur Todesgrenze führen.

In den kalten Gebieten ist letzteres kaum ein Problem. Größere Schwierigkeiten stellen sich schon in den Subtropen und in den trockenen Tropen. Aber in dieser Zone ermöglicht die Verdunstungskälte eine Abfuhr von überschüssiger Körperwärme. Das ändert sich in den feuchten Tropen, ganz besonders im tropischen Regenwald. Hier liegt die Luftfeuchtigkeit so hoch, daß trotz der nicht besonders hohen, 30 Grad Celsius selten übersteigenden Lufttemperaturen eine Wärmeabfuhr durch Kühlung problematisch wird. Verdunstungskälte leistet in einer wasserdampfgesättigten Luft zu wenig. Die größeren Säugetiere müssen daher ihre Aktivitäten auch so einstellen, daß nicht zu viel Wärme im Körper erzeugt wird; genauer: nicht mehr, als nach außen abgeführt werden kann. Die niedrigeren Grundumsätze sind daher auch als Sicherung gegen drohende Überhitzung zu verstehen. Es ist somit im Falle der Säugetiere mit massigem Körper nicht damit alles in Ordnung, daß sie genügend Nahrung finden, sondern sie können sich auch bei guter Versorgung nicht allzuviel Aktivität leisten.

Die Hochleistungsaktivität von Vögeln, wie der Kolibris, steht dieser Feststellung nicht entgegen, denn erstens sind die Kolibris so klein, daß ein erheblicher Anteil der erzeugten Wärme durch Abstrahlung abgeführt wird, und zweitens verfügen die Vögel generell durch den ungleich wirkungsvolleren Bau ihrer Lungen (»Blasebalg-System«) über viel bessere innere Kühlung als die Säugetiere mit ihrer Sacklunge. Was sich ein großer Greifvogel, etwa eine Harpyie, leisten kann, darf sich ein Säugetier entsprechender Größe noch lange nicht erlauben. Die Wärmeabfuhr muß genauso gewährleistet sein, wie die Energiezufuhr. Wieder drängt sich die große Parallele zum Wald auf. Dort spielt die Kühlung eine so wichtige Rolle, daß die beste Nährstoffversorgung keinen üppigen Wuchs zulassen würde, wenn nicht das hierzu notwendige (Kühl-)Wasser verfügbar wäre.

Die Folge dieser Rahmenbedingungen für warmblütige Säugetiere ist das weitgehende Fehlen großer Formen im eigentlichen Regenwald und die verringerte Aktivität des Stoffwechsels bei den Arten, die sich an die Regenwaldbedingungen angepaßt haben. Kurz: Der tropische Regenwald ist kein günstiger Lebensraum für Hochleistungs-Säugetiere.

Ist er dann für den Menschen geeignet?

6.
Menschen im Tropenwald

Seit Jahrtausenden leben Menschen in tropischen Regenwäldern. Das ist eine lange Zeitspanne, verglichen mit den Veränderungen, die sich gegenwärtig mit Hilfe von modernen Techniken der Umweltbeeinflussung vollziehen. Aber die Zeitspanne wird kurz, wenn wir sie auf Evolution und Ausbreitung des Menschen beziehen.

Der »moderne« Mensch, *Homo sapiens sapiens,* entstand nicht im tropischen Regenwald. Sein Ursprungsgebiet bilden die Savannen im Hochland von Ostafrika. Von dort aus breitete sich der Mensch während der letzten Phase der Eiszeit über Eurasien aus, erreichte Australien und Amerika. Der Auszug aus Afrika erfolgte erst vor etwa 70 000 Jahren. Vor 40 000 Jahren wurde Ostasien erreicht und es gelang Menschengruppen, Australien zu erreichen. Erst vor 11 000 Jahren wanderten Menschen erstmals in Amerika ein, das sie über die Beringstraße erreichten, die zu dieser Zeit trockengefallen war. Der Meeresspiegel hatte sich um mehr als 100 Meter abgesenkt und Landbrücken freigegeben, die heute nicht mehr existieren.

Das erste Eindringen in den Tropenwald Südamerikas wird auf den Zeitraum vor etwa 6000 Jahren geschätzt. Für die asiatischen und afrikanischen Tropenwälder liegen keine genaueren Angaben vor, weil deren Geschichte während der letzten Jahrzehntausende des Eiszeitalters noch komplexer verlief als im amazonischen Großraum. Ein wesentlicher Teil der tropischen Regenwälder, die gegenwärtig noch vorhanden sind oder die in histo-

Der Flachlandtapir *(Tapirus terrestris)* ist das größte Landsäugetier Amazoniens (Foto oben links). Er kommt in weitaus größerer Häufigkeit in den Flußgebieten des Pantanals und des paraguayischen Gran Chaco, also im randtropischen Bereich, als im Regenwald vor. Dort lebt das Zweifingerfaultier *(Choloepus didactylus;* Foto oben rechts) ein »Leben auf Sparflamme«.

Der Ozelot *(Leopardus pardalis;* Foto unten) jagt vorwiegend in den Baumkronen nach Vögeln. Er schlägt so blitzschnell zu, daß das Auge der Bewegung kaum zu folgen vermag. Die geringen Bestandsdichten von Ozelot und anderen gefleckten Katzen im Tropenwaldbereich vertragen keine Nutzung. Die Verarbeitung ihrer Felle zu Pelzmänteln hatte sie aufs schwerste gefährdet.

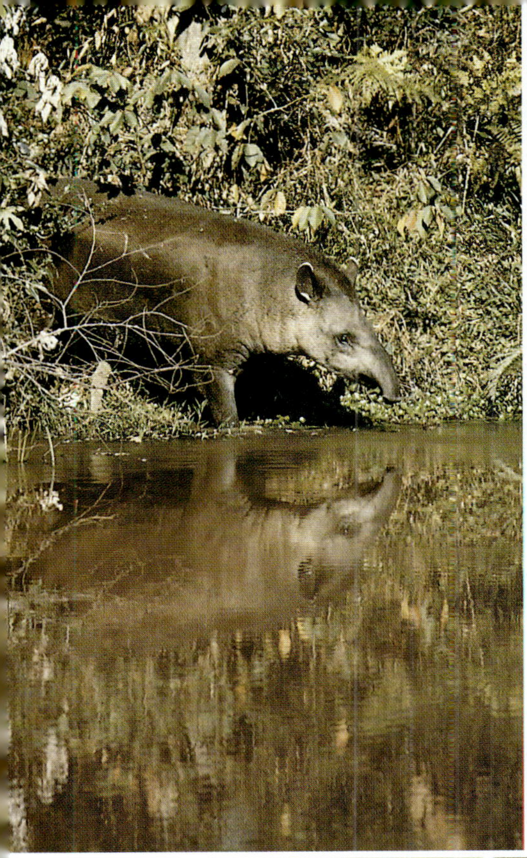
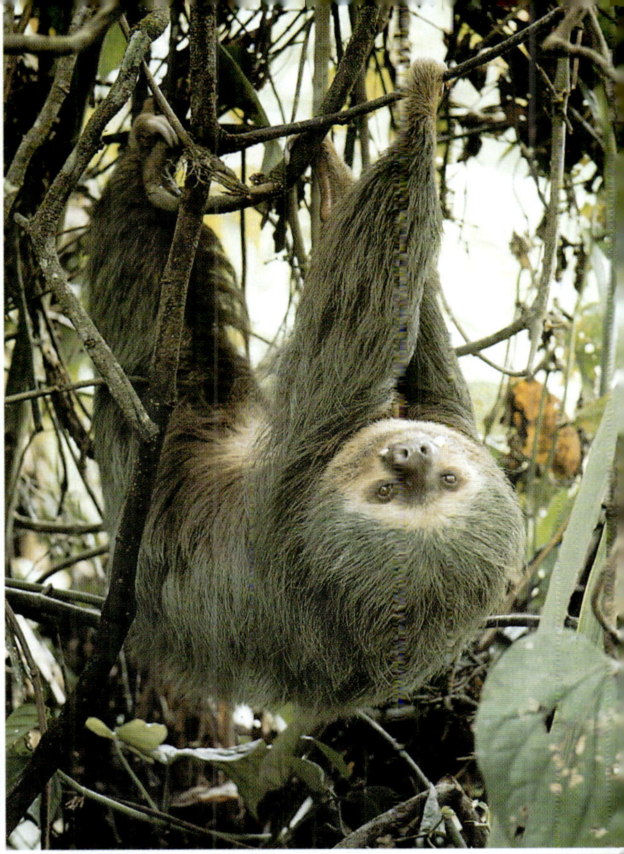
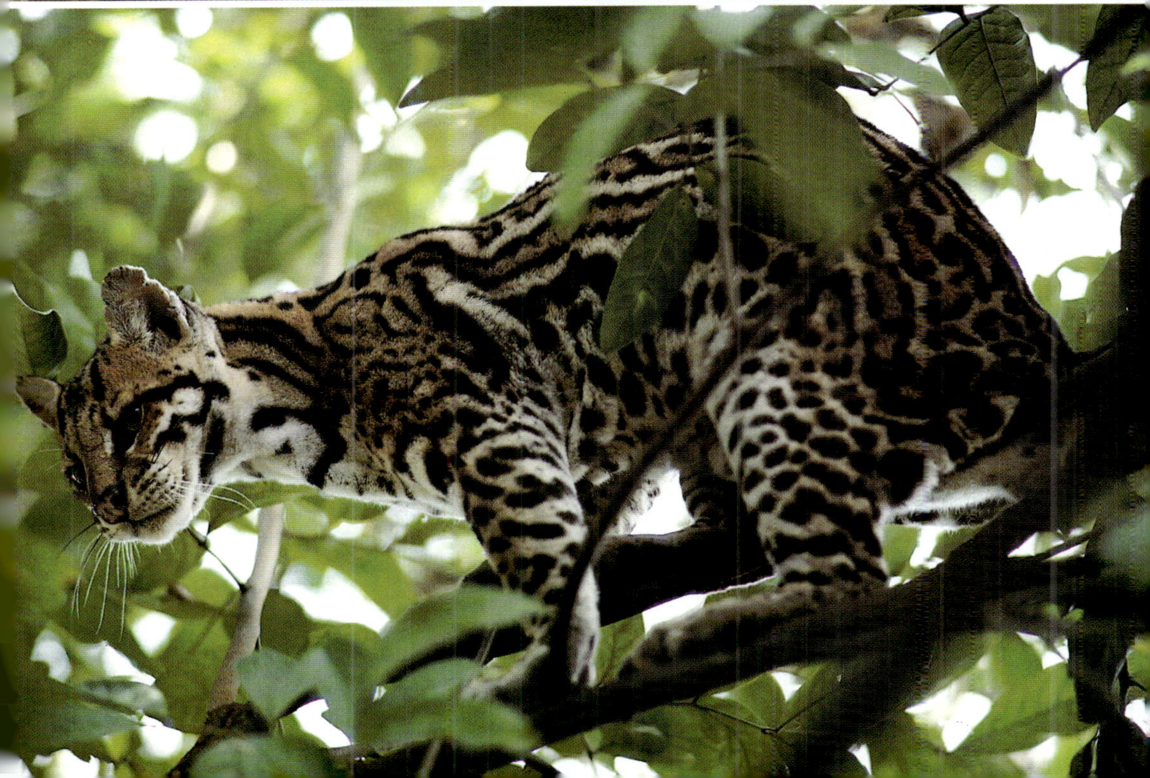

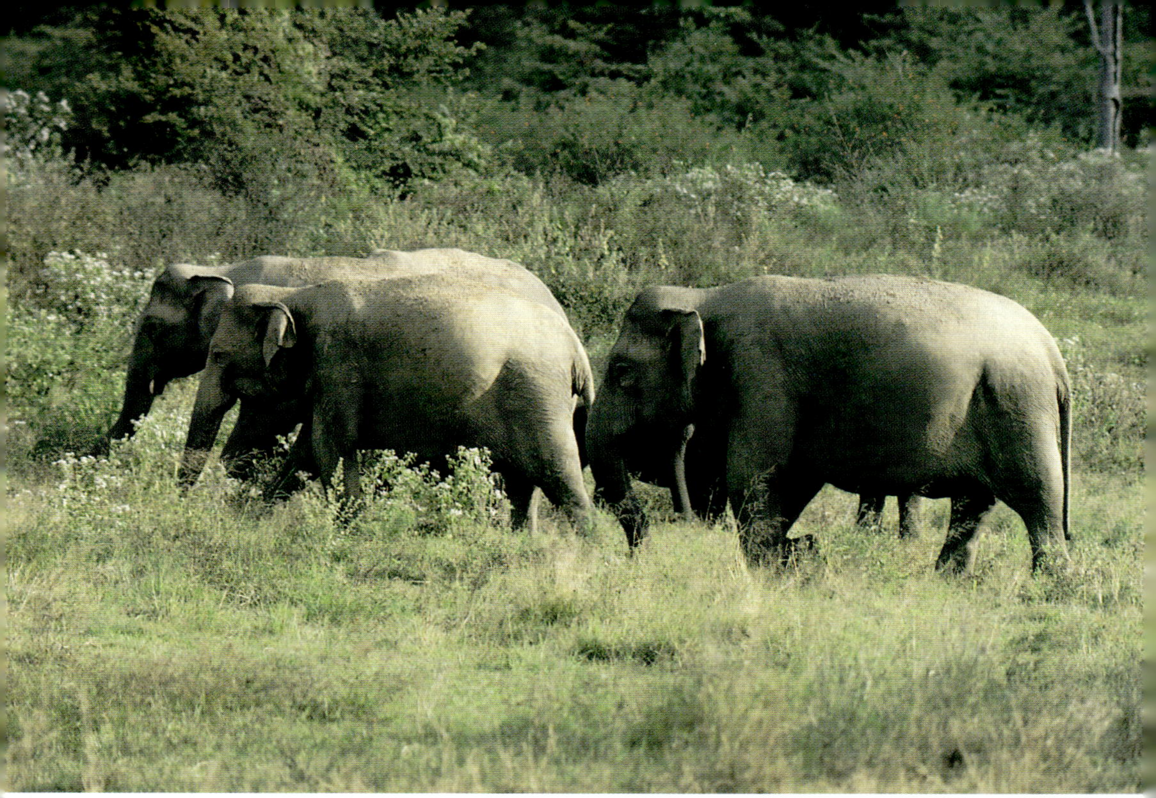

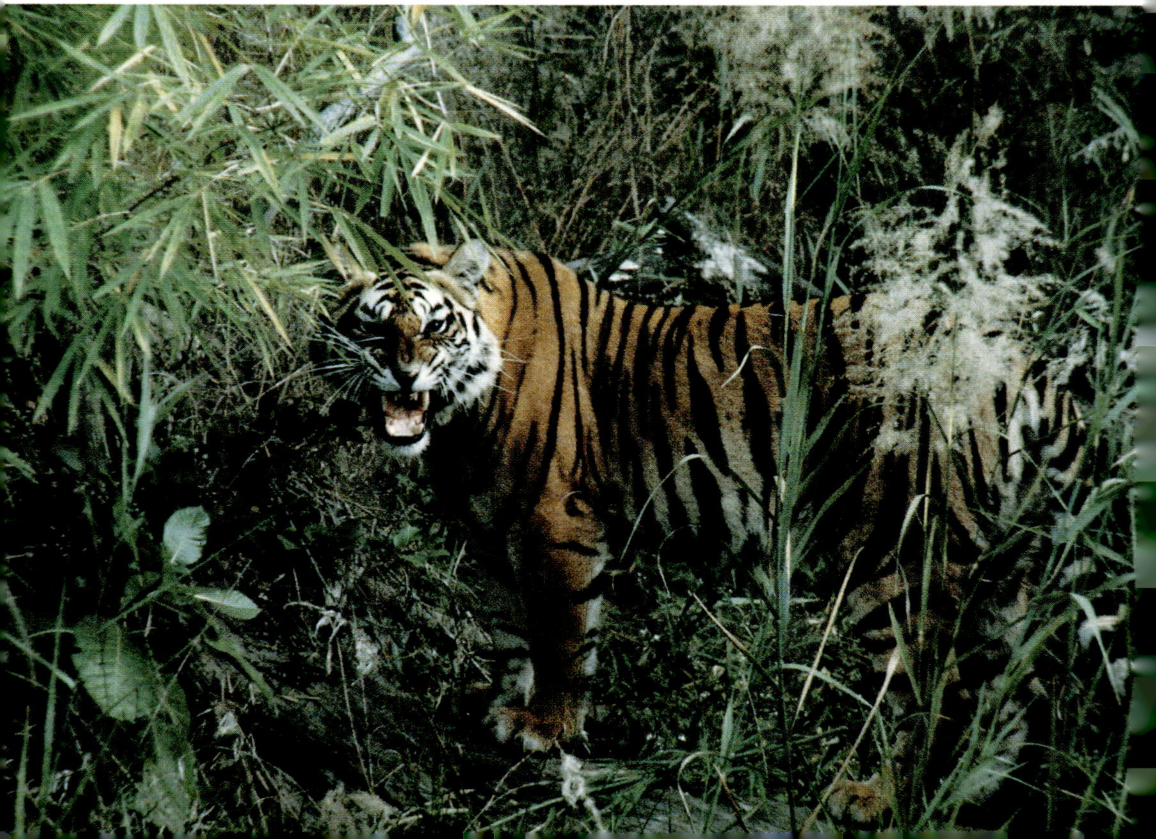

rischer Zeit den Tropengürtel bedeckten, war während der Kaltphasen des Eiszeitalters (Pleistozän) durch trockenere Waldtypen oder durch Savannen ersetzt worden, in welchen die Menschen der Eiszeit ungleich bessere Lebensbedingungen vorfanden als im eigentlichen tropischen Regenwald.

Wir können davon ausgehen, daß die Arktis, die Eisrandgebiete, sowie die kalten Hochländer Eurasiens früher von Menschen besiedelt worden sind als tropische Regenwälder. Eine Ausnahme machen wahrscheinlich die Pygmäen Afrikas, die zu den ersten gehört haben dürften, die tropische Hochwälder besiedelten. Möglicherweise stellen sie eine Anpassungsform an diesen Lebensraum dar, der jedoch, verglichen mit Amazonien, Borneo oder anderen südostasiatischen Regenwäldern ungleich mehr Nahrung bietet. Der afrikanische Regenwald wurde, wie R. E. Moreau bereits vor einem Vierteljahrhundert gezeigt hat, während der Eiszeiten sehr stark zersplittert und durch offene Waldformationen oder Savannen ersetzt. In diese dem Menschen und seinen körperlichen Fähigkeiten gemäßeren Lebensräume stießen die Pygmäer vor Sie lebten mit der Wiederausbreitung des Regenwaldes, versuchten sich ihm anzupassen und blieben weitestgehend auf die schwer zugänglichen Waldgebiete Afrikas beschränkt, weil sich in der Zwischenzeit andere, kräftigere Gruppen afrikanischer Stämme ausgebreitet hatten, welche fortan die günstigeren Lebensräume besetzt hielten.

Ein ähnlicher Vorgang dürfte auch die »Waldindios« in Amazonien aus den günstigeren Gebieten abgedrängt haben. Die großen Wälder dienten schon lange vor Ankunft der Europäer als Rückzugsgebiete für verschiedene Stämme; und zwar nicht nur in den amerikanischen Tropen, sondern auch in Südostasien.

Die Vorstellung, daß der tropische Regenwald eine ursprüngliche Heimat des Menschen gewesen ist, läßt sich nach heutigem Kenntnisstand nicht mehr aufrechterhalten. Ganz im Gegenteil: Kein anderer Großlebensraum, von den Eiswüsten der Pole und von den Hitzewüsten im Bereich der Wendekreise abgesehen, wies eine so geringe natürliche Besiedelungsdichte auf wie der tropische Regenwald. Ein Mensch auf zwei Quadratkilometer dürfte schon ein recht hoher Wert der Siedlungsdichte gewesen sein. Auf Tausenden von Quadratkilometern Fläche lag sie gewiß noch darunter.

Der Unterschied wird nirgends so deutlich wie in Südamerika. Die dortigen Vorkolumbianischen Hochkulturen wurden im eiskalten Hochland der Anden und in der Küstenwüste von Peru entwickelt, nicht im weitläufigen Amazonien. Nur im Mündungsbereich des Riesenflusses, auf der großen Insel Marajó, und stellenweise

Die waldbewohnenden Indischen Elefanten *(Elephas maximus)* werden nicht annähernd so groß wie die afrikanischen Steppen- und Savannenelefanten. Im Gegensatz zu diesen entwickeln sie auch nur verhältnismäßig kleine Stoßzähne, die bei weiblichen Elefanten ganz fehlen können. Der Einfluß der Mineralstoffversorgung wird daraus ersichtlich (Foto oben).
In dichten Regenwäldern leben die Tiger *(Panthera tigris)* in sehr geringer Bestandsdichte und wurden vielerorts im ursprünglich riesigen süd- und südostasiatischen Verbreitungsgebiet ausgerottet. In den indischen Dschungeln, einer Sekundärwaldbildung, die reich an Bambus, weichen Gräsern und Großtieren sind, konnten sich größere Tigerbestände erhalten. Gegenwärtig leben wieder über 5000 Tiger in Indien.

entlang des Amazonas mit seinem Überschwemmungsgebiet kam es zu stärkerer indianischer Besiedelung mit einer fortschrittlichen Kultur. Die Parallelen zu den Flußoasenkulturen an der Westküste sind verblüffend und nahezu unglaublich. In beiden Gebieten bedeuteten die Flußläufe die Grundlage für die Kultur, und nicht das Hinterland, das im Falle Amazoniens aus dem größten Tropenwaldgebiet der Erde, im Falle der Flußoasenkulturen an der Küste aus einer der niederschlagsärmsten Wüsten der Erde gebildet wird. In beiden Fällen waren die Kulturen nicht von Bestand und konnten schon vor Ankunft der Europäer nicht aufrechterhalten werden. Einzig das Hochland behielt die hohe Bevölkerungsdichte und bis heute das Überwiegen des indianischen Elements in der Bevölkerung der Andenstaaten.

Greifen wir zurück zur Charakterisierung der amazonischen Flüsse, so wird der Zusammenhang noch verblüffender. Ernst Josef Fittkau machte als erster darauf aufmerksam: Das Andenhochland pflanzt sich in ökologischer Hinsicht quer durch Amazonien bis zur Mündung des Amazonas in den Atlantik fort, weil der Fluß, zusammen mit den Nebenflüssen, die aus den Hochanden kommen, das nährstoffreiche Weißwasser quer durch den tropischen Regenwald Amazoniens transportiert und damit im Hinblick auf die geochemischen Verhältnisse eine Fortsetzung des Andenvorlandes darstellt. Genau dieses Bild paßt auch zu den Andenflüssen, die westwärts flossen und solche Kulturen, wie die von Nazca und Cancan, in der peruanischen Küstenwüste ermöglichten.

Ist es nicht fast unglaublich, daß außerhalb dieser Flußoasen die menschliche Siedlungsdichte in der Wüste praktisch genauso gering war wie im amazonischen Hochwald?

Noch weitere Übereinstimmungen mit den Befunden zu Artenreichtum und Naturhaushalt des tropischen Regenwaldes drängen sich auf, wenn man das Verteilungsmuster und die Häufigkeit der Stämme betrachtet, welche den Regenwald bewohnten. Ihre Vielfalt war und ist, wo sie bis heute noch überlebten, außergewöhnlich groß. In Amazonien lebten viele hundert verschiedener Stämme von Indios in sehr unterschiedlichen Sprachgruppen und hochgradig aufgesplitterten Vorkommen. Die einzelnen Vorkommen umfaßten im zentralen Raum nur wenige Menschen pro Stamm. Oft waren es nicht einmal hundert Köpfe, die ein einzelner Stamm zählte; eine sehr geringe Anzahl, die sich als äußerst anfällig erwies, als durch Weiße und Negersklaven Druck von außen kam und fremde Krankheiten eingeschleppt wurden.

In den Randgebieten gab es Gruppen mit größeren Bevölkerungszahlen. Die heute bekanntesten sind die Yanomami im nordbrasilianischen Grenzgebiet zu Venezuela, die Jívaros in Ecuador und die Xingú-Stämme in Brasilien. Die letzteren bewohnen ein durch ein buntes Mosaik unterschiedlichster Bodenformen gekennzeichnetes Randgebiet des amazonischen Regenwaldes, welches bereits Savannen, offenere Stellen und einen trockeneren Regenwaldtyp einschließt. Auch die Yanomami grenzen mit ihren Hauptvorkommen an die Savannen (Llanos von Venezuela) und Gebirgsstöcke (die Tepuis der Gran Sabaña). Die Jívaros besiedeln die Osthänge der Anden in Bereichen mit hohen Niederschlägen.

Weitere kopfstarke indianische Gruppen gab es in Rondonia, im Territorium Acre, und im Übergangsbereich des Regenwaldes in die Savanne (Cerrado) in Mato Grosso, also in den Randgebieten. Größenordnungsmäßig dürfte dort die Siedlungsdichte der indianischen Urbevölkerung das Zehn- bis Fünfzigfache des Wertes in Zentralamazonien abseits der Weißwasserflüsse betragen haben. Dennoch sind auch diese Zahlen aus den Randgebieten klein, verglichen mit den Bevölkerungszahlen der Guaraní-Indios von Südostbrasilien und Ostparaguay oder den Hochlandindios, die allen Einflüssen und Einwirkungen der Europäer zum Trotz ihre Bevölkerungen nicht nur halten, sondern sogar zum Ansteigen bringen konnten. Das kalte Hochland unter dem Äquator muß demnach mehr und Besseres bieten als das klimatisch ungleich angenehmere tropische Tiefland.

Ob dieses wirklich so viel angenehmer ist, bedarf einer kritischen Betrachtung, könnte es doch auch an solchen Faktoren liegen wie Tropenkrankheiten. Die feuchttropischen Gebiete sind als Risikoräume für Malaria und andere typische Tropenkrankheiten bekannt. Gerade deswegen erweist sich das Beispiel Amazonien als besonders aufschlußreich. Malaria hatte es nämlich dort nicht gegeben. Sie wurde erst mit den Sklaven, die aus Afrika verschleppt worden waren, in die amerikanischen Tropen gebracht. Auch zahlreiche andere Krankheiten fehlten dort. Deswegen vernichtete der Kontakt mit den Europäern und den Afrikanern so große Teile der amerikanisch-indianischen Bevölkerung, weil diese über keine Immunität verfügte. Schon Infektionen, wie Lungenentzündung, Tuberkulose, Grippe oder gar Masern entfalteten verheerende Auswirkungen. Sie öffneten die amerikanischen Tropen in weitaus umfangreicherem Maße für das Eindringen von Menschen aus der Alten Welt als die kriegerischen Auseinandersetzungen. Krankheiten waren die Schrittmacher der Kolonisation, und zwar keineswegs nur in Amerika. Nur dort, wo schon vor Ankunft der Europäer dichte Besiedelung und (Tropen-)Krankheiten herrschten, gelang es der einheimischen Bevölkerung, sich weitgehend oder ganz zu behaupten.

Der Austausch von Krankheiten verlief in den amerikanischen Tropen sehr einseitig. Die indianische Bevölkerung hatte so gut wie keine gefährlichen Erkrankungen dem fremden Einfluß entgegenzusetzen. Somit fällt zumindest für diesen größten Regenwaldbereich in den Tropen das Vorkommen von Krankheiten als Ursache für die ursprünglich so geringe Bevölkerungsdichte aus. Selbst heute, nachdem Malaria und andere Tropenkrankheiten nahezu weltweit verbreitet sind, gibt es in Amazonien riesige Räume, wo man kaum mit einer Infektion zu rechnen hat. Die Slums von Rio oder die Außenbezirke von Städten, wie Manaus, Iquitos oder Belem, sind ungleich gefährlicher in dieser Hinsicht.

Die Indios konnten es sich leisten, weitgehend nackt im Wald zu leben, keine mückensicheren Behausungen zu errichten und in den Flüssen nach Belieben zu baden oder daraus Wasser zu schöpfen. Was sie vielleicht wirklich bedrohte, bekommt der heutige Besucher meist schnell zu spüren. Es sind dies die Pilze. In der feuchten Schwüle verschimmeln nicht nur alle Materialien, die aus organischen Stoffen gefertigt sind. Sogar auf Gläsern breiten sich Pilze aus. Dem Schutz vor Verpilzung kommt daher eine herausragende Bedeutung in der Körperpflege zu. So betrachtet stellt die Nacktheit geradezu eine biologische Notwendigkeit dar, weil sie den Pilzen weniger günstige Ansatzmöglichkeiten bietet als Haut unter Kleidung.

Die Nacktheit alleine würde allerdings auf Dauer nicht ausreichen, die Pilze abzuwehren. In der Dauerschwüle des Regenwaldes würde sich über kurz oder lang eine Ansiedlung von Pilzen nicht verhindern lassen, wenn kein zusätzlicher Schutz geboten würde. Ihn liefert die Behandlung des Körpers mit Ölen und Farbstoffen. Wahrscheinlich dienten sie nicht primär der Verzierung, sondern dem Schutz der Haut. Die Ölschicht verhindert das Wachstum von Pilzen besonders wirkungsvoll, wenn sie mit zumeist farbigen Inhaltsstoffen von Pflanzensamen, notfalls einfach auch mit Lehm, vermischt aufgetragen wird (vgl. Fotos S. 162). Daß sich daraus dann recht eindrucksvolle Farbmuster gestalten lassen, die anderen Zwecken dienen können, versteht sich von selbst. Die ursprüngliche Funktion, eine Schutzschicht über den Körper zu legen, wird dadurch nicht in Frage gestellt. Peinliche Sauberkeit ist unter den Lebensbedingungen des tropischen Regenwaldes eine unabdingbare Notwendigkeit. Der Körperpflege kommt daher in den feuchten Tropen eine wichtigere Rolle zu als in den wechselfeuchten oder trockenen. Die Sauberkeit der Indios im Regenwald hat schon die frühesten Forschungsreisenden beeindruckt. Wo sie schwindet, verliert sich offenbar auch der Überlebenswillen dieser Gruppen.

Fast überflüssig ist es, zu betonen, daß dies natürlich genauso für die ursprünglichen Bewohner der afrikanischen und südostasiatischen Regenwälder gilt. Der transkontinentale Vergleich steht nun an, um das »Modell Amazonien« auf seine Gültigkeit im größeren Rahmen zu überprüfen. Wie steht es mit der Siedlungsdichte der Regenwaldbewohner in Afrika und Asien, wie mit ihrem kleinräumigen Verteilungsmuster?

Im Kongo-Regenwald und im Bereich der Elfenbeinküste ergeben die Erhebungen zur ursprünglichen Siedlungsdichte der einheimischen Bevölkerung einen erheblich höheren Wert als für Amazonien. Was dort für die Randgebiete gilt, trifft im Kongogebiet bereits für den zentralen Raum zu. Bantu-Stämme und Pygmäen lassen sich mit kopfreichen Gruppen Südamerikas, wie den Yanomami oder den im subtropischen Wald auf vulkanischen Böden lebenden Guaraní-Indios vergleichen. Nur lokal gab und gibt es im afrikanischen Regenwald eine sehr geringe menschliche Siedlungsdichte von weniger als einem Menschen pro Quadratkilometer. Dabei ist zu betonen, daß dort nahezu alle gefährlichen Tropenkrankheiten, einschließlich solcher Besonderheiten wie die Schlafkrankheit, vorkommen. Dennoch übersteigt die Siedlungsdichte die amazonischen Werte um durchschnittlich wenigstens eine Größenordnung.

Noch aufschlußreicher erweist sich Südostasien. Dort grenzen fast übergangslos Gebiete mit sehr hoher menschlicher Siedlungsdichte an solche mit fast amazonisch geringer. Die tropischen Inseln Bali und Java zählen zu den am dichtesten bevölkerten Gebieten der Welt, während das zum gleichen klimatischen Großraum gehörende indonesische Borneo außerordentlich dünn besiedelt ist. Dieser Teil der Insel, Kalimantan genannt, wurde nicht ohne Grund vom nördlichen, ganz anders gearteten Sarawak und Brunei abgegrenzt. Dort findet sich eine recht beträchtliche Bevölkerungsdichte, wie sie in vergleichbarer Weise, nur in ganz anderer ethnischer Zusammensetzung, auf Neuguinea zu finden ist. Die malaiische Halbinsel und die Philippinen gehören seit Jahrtausenden zu sehr dicht besiedelten

Gebieten, und auch die im feuchttropischen Bereich liegenden Abdachungen des Südindischen Hochlandes von Dekan fallen in diese Kategorie.

All diese Befunde zur heutigen und früheren Verteilung der menschlichen Besiedelung im Bereich der südostasiatischen Tropen lassen sich ohne weiteres auf einen gemeinsamen Nenner bringen: das Nährstoffangebot in den Böden. Dort, wo es hoch liegt, findet sich, wie auf Java und Bali, eine entsprechend hohe Bevölkerungsdichte und umgekehrt. Deshalb konnten die Umsiedlungsversuche vom übervölkerten Java auf das »untervölkerte« Kalimantan keine überzeugenden Resultate erbringen. Aus dem gleichen Grunde scheiterten auch die Pläne großer Bevölkerungsverlagerungen aus den Dürre- und Hungergebieten im Nordosten Brasiliens nach Amazonien.

Die ursprüngliche Verteilung spiegelt besser als erwartet die Nährstoffverhältnisse in den Böden wider. Wo Regenwälder seit Jahrhunderten oder Jahrtausenden weitgehend ungenutzt geblieben sind, ist keine große Fruchtbarkeit zu erwarten, sind keine »ungehobenen Landreserven« zu kalkulieren. Es hatte gute Gründe, wenn sich die Menschen früher nicht schon in die Wälder hineinbegeben hatten. Die dorthin abgedrängten Stammesgruppen lebten mit ihrer geringen Siedlungsdichte an der Grenze des Existenzminimums. Die Vorstellung von den »edlen Wilden« in Harmonie mit der Natur entsprang einer romantischen Naturverklärung des letzten Jahrhunderts. Mit der rauhen Wirklichkeit hatte sie nichts zu tun.

Wie ließe sich denn erklären, warum die Indonesier Java so sehr übervölkerten und die Natur dieser Insel bis zum äußersten nutzten, ohne sie zu schonen, während sie ihren Anteil an Borneo »rückständigen Kopfjägern« überließen. Natürlich waren solche an das Leben im Regenwald angepaßte Gruppen, wie die Dajaks, nicht rückständig. Sie verstanden und verstehen es, mit den Lebensbedingungen fertig zu werden, denen sie ausgesetzt sind. Ihre Überlebensfähigkeit in der Natur des tropischen Regenwaldes von Borneo haben sie hinlänglich bewiesen. Das Problem liegt genau anders herum: Was hinderte die Bevölkerungszentren von Java und Bali, sich auf die dünn besiedelten Nachbarinseln auszubreiten und in kurzer Zeit dort ähnlich hohe Siedlungsdichten zustandezubringen wie auf ihren Heimatinseln? Wir sehen doch gegenwärtig, zu welchen Bevölkerungsexplosionen Menschengruppen fähig sind. Was hinderte die Guaraní in Südbrasilien, ihr Einflußgebiet auf die weiten Räume Amazoniens auszudehnen? Sie waren doch den dortigen (Rand-)Gruppen an Stärke weitaus überlegen.

Drehen wir den Blickwinkel nochmals: Warum hat die Einförmigkeit des riesigen amazonischen Regenwaldes die größte Fülle indianischer Bevölkerungsgruppen (Ethnien) hervorgebracht?

Sieht diese Vielfalt bei ihrer Übertragung auf die Landkarte nicht ganz genau so aus wie die bunten Muster der Artenvielfalt von Säugetieren und Vögeln? Anstatt der erwarteten großflächigen Einheitlichkeit, wie sie uns aus den Wäldern der außertropischen Gebiete geläufig ist, zeigt sie sich wie ein Fleckenteppich kleiner und kleinster Areale, die aneinandergrenzen, sich berühren, gegenseitig ausschließen und mitunter sogar dazwischen Räume freilassen, die anscheinend unbesiedelt geblieben sind. In dieser Struktur drücken sich doch die gleichen grundsätzlichen Lebensbedingungen und -schwierigkeiten aus wie in den geographischen Mustern von Tierarten mit hohem Energie- und Nährstoffbedarf.

Sind diese Ähnlichkeiten nur oberflächliche, bedeutungslose Übereinstimmungen oder steckt mehr dahinter? Diese Frage erübrigt sich beinahe, weil wesentliche Inhalte davon schon geklärt worden sind. Trotzdem sei sie nochmals aufgegriffen, weil die Art der Nutzung des tropischen Regenwaldes durch die indigene Bevölkerung noch nicht angesprochen worden ist. Wie leben die Waldindios, die Dajaks, die Ituri-Pygmäen? Welche Gemeinsamkeiten zeigen sie?

Die grundlegende Übereinstimmung, die sich fast ausnahmslos für alle Gebiete der Welt mit tropischem Regenwald feststellen läßt, besteht in der Art der Nahrungsbeschaffung. Von solchen Ausnahmefällen wie Java und Bali oder den Anwohnern an Flüssen abgesehen, stellte das Jagen und Sammeln die Grundtätigkeit der Nahrungsbeschaffung dar. Oft genug wurden die Regenwaldbewohner als »Steinzeitkulturen« charakterisiert, weil sie ohne Ackerbau und/oder Viehzucht ihren Lebensunterhalt mit dem Sammeln stärkereicher Früchte und Wurzeln sowie mit der Jagd nach Wild oder dem Fang von Fischen bestreiten. Die dazu benutzten Methoden sind recht wirkungsvoll, weil sie auf intimer Kenntnis der Verhältnisse im Regenwald beruhen. Völkerkundler betonten immer wieder, daß diese Tätigkeiten oftmals einen erstaunlich geringen Teil des Tages ausmachen. Stunden der Ruhe verbleiben. Solche Betrachtungen nährten das Bild vom paradiesischen Leben und rückten die Fremden in die Rolle des Eindringlings, der die Kulturen mit dem Keim des Verfalls infizierte; selbst dann, wenn er nur beobachtend und registrierend tätig wurde.

Wieder stellt sich die Frage, ob das wirklich so zu sehen ist. Ob hier allein die Gesichtspunkte berechtigt sind, welche die kulturelle Seite beleuchten? Nehmen wir die ökologischen Verhältnisse mit hinzu, verändert sich das Bild. Die Übereinstimmungen mit den großen Säugetieren treten nun deutlicher hervor. Ruhephasen zur Steuerung des Wärmehaushaltes, zur Einschränkung des Energieverbrauches; geringe Siedlungsdichte als Anpassung an geringe Leistungsfähigkeit der Umwelt; Isolation von anderen Gruppen als Überlebensstrategie.

Können wir wirklich annehmen, die Regenwaldbewohner hätten das uns so bedrohende Problem der Bevölkerungskontrolle von sich aus gelöst? Welche Elite müßten sie innerhalb der einen Art Mensch darstellen, wenn ihnen dieser langfristig lebenserhaltende Erkenntnisschritt tatsächlich gelungen sein sollte? Und warum brachten die verschiedensten Gruppen von Regenwaldbewohnern diese Leistung zustande, ohne voneinander – durch Ozeane getrennt – Kenntnis zu haben?

Die weitaus näherliegende Erklärung ist die Annahme, daß sie einfach gar nicht anders konnten. Der Regenwald setzte den Menschen seine engen Grenzen. Wer sie überschritt, ging zugrunde. Nicht die Harmonie mit dem Tropenwald brachte das Gleichgewicht, sondern die tägliche Auseinandersetzung, das Ringen ums Überleben. Wo kein Überfluß vorhanden ist, wo Mangel selbstverständlich wird, kann überhaupt kein Drang zur stärkeren Nutzung der Umwelt entstehen. Sie wurde dauernd bis an die Grenzen des Möglichen genutzt. Deshalb hatten all jene Regenwaldvölker und -stämme keine Hemmungen, mit der neuen Waffe des Gewehres die Wildbestände über das frühere Maß hinaus zu nutzen. Es vergrößerte einfach die Reichweite ihrer Möglichkeiten. War das neue Einzugsgebiet erschöpft, hieß es weiterziehen und das Jagen und Sammeln auf andere, noch ungenutzte Räume auszudehnen. Das eröffnete den übernutzten Gebieten die Möglichkeit zur Wiedererholung. Aber nicht mit Bedacht geschah dies, sondern aus dem Zwang heraus, daß sich die Natur nicht in vergleichbarer Weise unterwerfen ließ, wie dies die Ackerbauer und Viehzüchter tun können.

Der bescheidene Ansatz des Wanderfeldbaues (»shifting cultivation«) befindet sich auf der gleichen Linie. Die Größe der Rodung für die Anlage der Pflanzungen mußte so gewählt werden, daß die Nährstoffe nicht sogleich mit den nächsten kräftigen Niederschlägen ausgeschwemmt werden konnten. Flächen von einem Hektar und weniger eigneten sich dazu (vgl. Foto S. 172). Die in den Bäumen festgesetzten mineralischen Nährstoffe wurden durch die Verbrennung und durch Verrottung schnell freigesetzt und über eine erste Ernte genutzt. Schon die zweite ließ im Ertrag nach und die dritte oder vierte fielen so sehr zurück, daß das Ergebnis den Einsatz kaum mehr lohnte. Dann war der Boden erschöpft. Die nächste Parzelle mußte gerodet werden. Über ein System einander ablösender, zeitlich ineinander verschachtelter Nutzungsflächen im Wanderfeldbau ist es in den etwas besser mit Nährstoffen versorgten Tropenwaldgebieten gelungen, zu einer bescheidenen, aber nachhaltigen Nutzung zu kommen. Die Siedlungsdichte mußte zwar sehr gering bleiben, weil sonst die räumlichen und zeitlichen Abstände zu gering ausfielen, aber immerhin ermöglichte das System eine dauerhafte Nutzung.

Die typischen Gebiete des Wanderfeldbaues befinden sich im Übergangsbereich von den Randzonen zum nährstoffarmen Zentrum. An den Andenhängen und im Andenvorland Amazoniens, im Bergland von Sumatra und Borneo oder am Rande der Wälder an der Elfenbeinküste befanden sich die meisten Kulturen mit Wanderfeldbau. In Zentralamazonien und in Gebieten im Zentrum des Kongo-Regenwaldes oder auf Kalimantan fehlte auch diese Form der Bodennutzung. Genau diese Gebiete zeichnen sich durch extremen Nährstoffmangel im Boden aus. Die Struktur der Böden ist so ungünstig, daß sie kaum in der Lage sind, für die Zeitspanne einer Wachstumsperiode bis zur Ernte die aus dem Wald freigesetzten Nährstoffe zu halten. In diesen Räumen fanden sich nur Jäger und Sammler, aber keine Ackerbauer.

Auf die Nährstoffverhältnisse bezogen bedeutete der Wanderfeldbau die kurzzeitige Nutzung angesammelter Nährstoffe. Anschließend mußte der Wald wieder die Möglichkeit bekommen, sein dicht schließendes Filtersystem aufzubauen, um damit neue Nährstoffe einzufangen und zu speichern, bis nach Jahrzehnten, vielleicht auch erst nach Jahrhunderten ein neuer Nutzungszyklus möglich wurde.

Ganz anders sah es im Bereich der »Flußoasen« aus. Dort transportiert die Flut Jahr für Jahr frische Nährstoffe aus dem fernen Einzugsgebiet heran und verteilt sie im Überflutungsgebiet. In Unteramazonien konnten sich auf diese Weise ziemlich dauerhafte Ansiedlungen entwickeln, die jedoch mit den enormen Schwankungen des Wasserstandes zu kämpfen hatten. Im Oberlauf reichen sie bis über 15 Meter, im Mittelbereich, etwa bei Manaus im Falle des Amazonas, können sie immer noch mehr als 10 Meter ausmachen (vgl. Fotos S. 64). Erst im Unterlauf- und Mündungsbereich vermindert sich die Höhe auf ein paar Meter, die durch entsprechende Baumaßnahmen zur Hochwassersicherung bewältigt werden können. Im Mündungsdelta entwikkelte sich eine vergleichsweise umfangreiche indianische Kultur, die Marajoara-Kultur, und dort gelang es auch, Wasserbüffel anzusiedeln, die heute in verwilderten Herden leben. Sie stellen gegenwärtig das größte freilebende Landsäugetier Amazoniens dar, weil sie erheblich schwerer als der Flachlandtapir werden. Der Vorrat an Nährstoffen drückt sich im Erfolg dieser Wasserbüffel aus. Weiter flußaufwärts ist es sehr schwierig, im Überschwemmungsbereich Rinder zu halten. Außerhalb, auf der »terra firme« gedeihen sie nicht. Diese Flußoasen-Wirkung ist somit auch gegenwärtig noch vorhanden, auch wenn sie, verglichen mit den Großprojekten zur Erschließung der tropischen Regenwälder, fast in Vergessenheit geraten ist.

Der »moderne« Bewohner Amazoniens, der Caboclo an den Flüssen, drückt mit seinem Überlebenskampf die Gegebenheiten fast wie eine neue Spezies aus, die sich einzunischen versucht.

Ein paar Jahrzehnte ging es ihm gut, als die Welt nach Gummi gierte, der an den amazonischen Flüssen aus dem Saft eines Baumes gezapft worden war. Der Milchsaft des Gummibaumes *(Hevea brasiliensis)* spiegelt die Verdichtung von Produkten der Photosynthese wieder; eine unvollständige Verdichtung, verglichen mit anderen Produkten der Urwaldbäume, und bezeichnenderweise im Zusammenhang mit den Flußufern und den dort günstigeren Nährstoffverhältnissen. Weit verteilt, nirgends in dichteren Beständen wachsend, aber recht produktiv, was diese Photosyntheseprodukte betrifft, präsentiert sich die *Hevea* als geradezu typischer Baum des tropischen Regenwaldes. Seine Nutzung erfolgte durch den »Anpassungstyp« des Sammlers, und nicht durch den Pflanzer.

Dieser kam erst ins Spiel, als die Samen des Gummibaumes ausgeführt und nach Südostasien gebracht worden waren. Dort gelang es in kurzer Zeit, regelrechte Pflanzungen anzulegen – und den Preis für Rohgummi zum Sturz zu bringen. Was in Amazonien nur einzeln wuchs, gedieh im fernen Malaysia prächtig im Bestand. Was dort die von einigen wenigen Arten bestimmten Regenwälder schon natürlicherweise andeuteten, ließ sich gezielt nutzen. Der Unterschied zu Amazonien wurde höchst augenfällig, als der Autokönig Henry Ford mit seiner Großplantage für Gummibäume in Amazonien (»Fordlandia«) scheiterte.

Totenkopfäffchen *(Saimiri sciureus;* Foto oben links) benötigen Insekteneiweiß zur Deckung ihres Nahrungsbedarfes. Das im Manu-Nationalpark in Peru fotografierte Äffchen hat gerade eine große Heuschrecke erbeutet.
Das Zwergseidenäffchen *(Cebuella pygmaea)* nagt Löcher in die Rinde bestimmter Baumarten und leckt die zuckerhaltigen Säfte auf, die daraus hervorquellen (Foto oben rechts). Die Art kommt in den südamerikanischen Regenwäldern vor.
Der Goldene Bambuslemur *(Hapalemur aureus)* ist erst vor wenigen Jahren in Madagaskar entdeckt worden. Er hat sich auf Bambus als Nahrungsquelle spezialisiert (Foto unten links).
Das Fingertier *(Daubentonia madagascariensis;* Foto unten rechts) greift mit überlangen Fingern Insekten aus Baumritzen und -höhlen, von denen es sich ernährt. Es ist nachtaktiv. Die Art kommt nur auf Madagaskar vor.

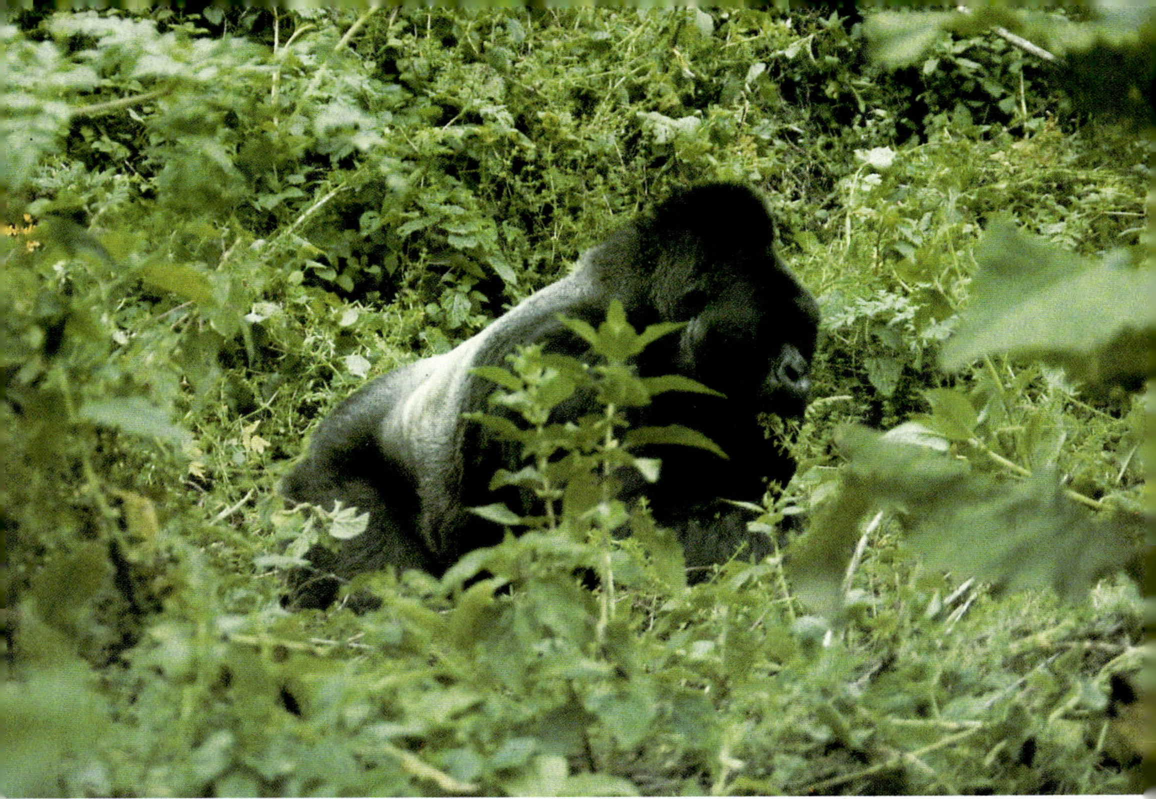

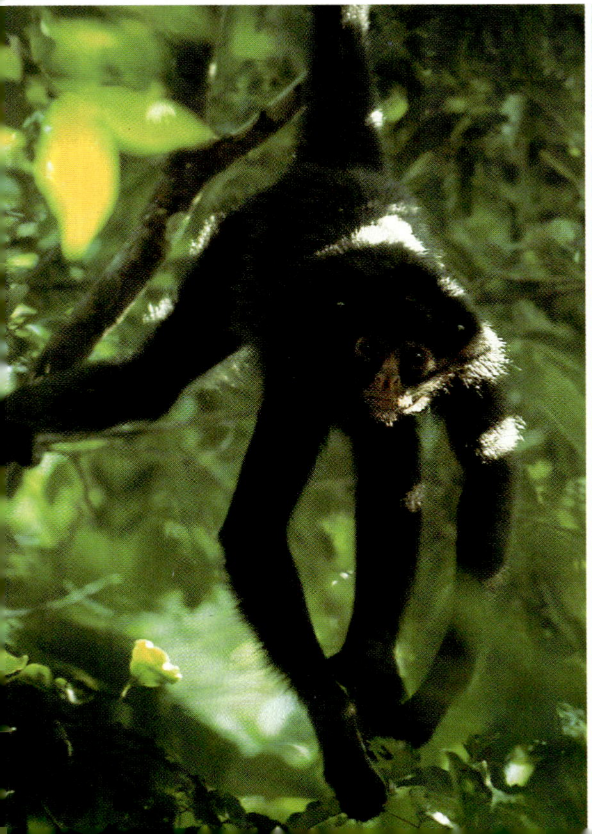

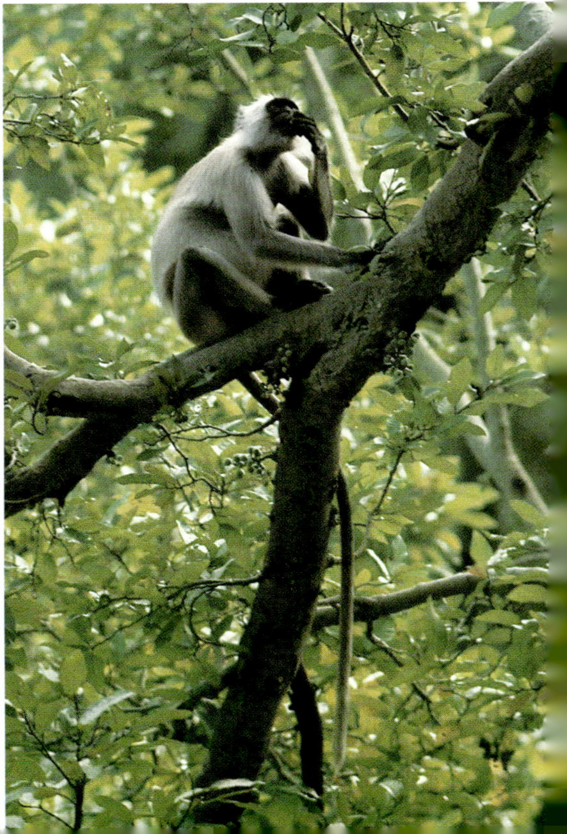

Die einheimische indianische Bevölkerung war keineswegs eine zurückgebliebene Steinzeitbevölkerung, für die man sie lange Zeit gehalten hatte, sondern die Antwort der Art Mensch auf die Lebensbedingungen im tropischen Regenwald Amazoniens. Sie entsprach den Bevölkerungsgruppen in den Regenwäldern Afrikas und Südostasiens trotz gewaltiger Unterschiede in Herkunft und Fähigkeiten. Die gleichartigen Lebensbedingungen des Regenwaldes hatte sie alle auf einen bestimmten Lebensstil ausgerichtet. Diese Konvergenz hätte längst Aufschluß über die Verhältnisse geben können, wäre sie nur besser beachtet worden. Unsummen Geld für Erschließungs- und Entwicklungsprojekte hätten sinnvoller eingesetzt werden können und der größte Teil der in jüngster Zeit vernichteten Regenwälder wäre erhalten geblieben.

Die größten Gorillas *(Gorilla gorilla;* Foto oben) kommen in den mineralstoffreichen Bergregenwäldern in Zentralafrika, insbesondere an den »Mondbergen« (Ruwenzori-Vulkane), vor. Die großflächigen Tieflandsregenwälder im Kongobecken wurden von diesen mächtigsten aller Primaten in ungleich dünneren Beständen besiedelt. In weiten Gebieten dieser Regenwälder sind die Gorillas mittlerweile ausgerottet.
Die schwarzen Klammeraffen *(Ateles paniscus;* Foto unten links) benutzen ihren Greifschwanz beim Klettern als »fünfte Hand«. Für diese größten unter den Neuweltaffen stellen Insekten eine wichtige Nahrungsquelle dar. Hingegen reichen die Feigen und andere Früchte den südasiatischen Graulanguren *(Presbytis entellus;* Foto unten rechts), die etwa die gleiche Größe wie die Klammeraffen erreichen, als Nahrungsgrundlage aus. Den langen Schwanz benutzen sie nicht zum Klettern. Er dient bei den weiten Sprüngen von Baumkrone zu Baumkrone als »Steuer«.

Es gibt keine unerschlossenen Regionen mehr auf der Erde. Längst hat der Mensch alle Lebensräume erobert und gefüllt, in denen er unabhängig von Fremdversorgung leben kann.
Die noch »unerschlossenen Weiten« der tropischen Regenwälder trügen. Wer darin leben soll, bleibt von anderen abhängig. Das ist der Hintergrund zu der tiefverwurzelten Abscheu vor diesem Wald, der nicht nur in Abenteuerromanen als »Grüne Hölle« charakterisiert worden ist. Der Mensch hat darin nichts zu suchen. Die wenigen, die sich dennoch an die Regenwälder angepaßt hatten, zahlten einen hohen Preis dafür. Sie mußten auf der Stufe von Jägern und Sammlern bleiben, weil der Wald keinen nutzbaren Überschuß auf Dauer abwirft.
Nur wo besondere Bodenverhältnisse gegeben sind, ließ sich der Wald überwinden. Diese Stellen sind längst erschlossen und besiedelt. Der Mensch war immer, seit seinem Auszug aus Afrika, auf der Suche nach solchen Orten, an denen die Natur Nährstoffe für die Nutzung einer Überschußproduktion aufweist. Er hat sie zu finden gewußt und den Vorrat ausgebeutet.
Die einzige Steigerung, die ihm noch blieb, bestand in der Ausbringung mineralischer Nährstoffe zur Förderung der Produktivität der Nutzpflanzen. Sie lieferte auf den alten, erschlossenen Böden einen neuen Produktivitätsschub ungeahnten Ausmaßes. Doch er setzt Rahmenbedingungen voraus, die unberücksichtigt geblieben sind, als die Vorstellungen moderner landwirtschaftlicher Produktion auf die Tropenwaldgebiete übertragen wurden. Für uns ist es selbstverständlich, daß die Böden die Fähigkeit besitzen, Pflanzennährstoffe »festzuhalten« und bei Bedarf an die Nutzpflanzen abzu-

geben. Humus und Tonmineralien leisten diese Voraussetzungen für die Bodenfruchtbarkeit. Sie fehlen in vielen Regenwaldgebieten. Die 1000-Tonnen-Pflanzenmasse Zentralamazoniens stockt auf praktisch nährstofffreien Kaoliniten oder Sanden, die nicht in der Lage sind, Pflanzennährstoffe festzuhalten.

Deswegen blieb den Wanderfeldbauern auch keine andere Wahl als immer wieder den Wald aufwachsen zu lassen, weil er es ist, der die Nährstoffe sammelt, und nicht der Boden, auf dem die Pflanzen wachsen. Landwirtschaft ist in diesen Bereichen der tropischen Regenwälder noch mehr als der Mensch selbst ein Fremdkörper, der nicht funktionieren kann, weil keine einzige der Nutzpflanzen auch nur annähernd in der Lage ist, als Nährstofffalle zu wirken.

Wer die Terrassen der Inkas kennt, die in mehr als 3000 Metern Höhe an steilsten Hängen in den Anden angelegt wurden, um auf streifenförmigen Feldern Ackerbau zu betreiben, der wird wohl kaum seine Überheblichkeit weiter zur Schau stellen und der traditionellen landwirtschaftlichen Nutzung im tropischen Südamerika nur Rückständigkeit bescheinigen. Was dort vollbracht worden ist, um die Lebensgrundlage einer Millionenbevölkerung zu sichern, nötigt uns höchsten Respekt ab. Sind wir dann noch berechtigt, im traditionellen Wanderfeldbau unten im Vorland der Anden oder im reinen Jäger- und Sammlertum in Zentralamazonien nichts weiter als »Steinzeitkulturen« zu erblicken, die durch moderne, rationellere zu ersetzen sind?

Die Kenntnisse der Gummisammler hatten der Welt mehr vermittelt als nur Rohmaterial für Autoreifen. Sie zeigten, welch vielfältige, ungenutzte Möglichkeiten in den Inhaltsstoffen der Bäume stekken. Der eine lieferte mit dem Chinin das erste wirkungsvolle Mittel gegen die Malaria, der andere Aromastoffe für eine anregende, wohlschmeckende Limonade, das Guaraná. Aus giftigen Lianen ließen sich nicht nur todbringende Pfeilgifte herstellen, sondern auch lebenserhaltende Medikamente. Und so fort. Die Liste der Nutzpflanzen, die aus tropischen Regenwäldern stammen, weist eine eindrucksvolle Länge auf. Und doch bedeutet sie, daß nicht einmal Bruchteile von Prozenten der Artenfülle und der Möglichkeiten ausgeschöpft sind. Die indianische Bevölkerung kennt wenigstens zehnmal so viele »Nutzpflanzen«, wie die heutige Pharmazie erfaßt hat.

Es steht uns nicht an, Medizinmänner zu belächeln, wenn sie ihren Wissensschatz aus dem größten Chemielabor der Erde, den Pflanzen, schöpfen. Diese Form der Nutzung des tropischen Regenwaldes war ihnen genauso geläufig, wie den Schamanen in Afrika oder Südostasien.

Doch Schamanen, Medizinmänner und Regenwälder verschwinden. Ihre Tage sind gezählt, wenn die Entwicklung der letzten beiden Jahrzehnte so weiterläuft. So wird die ökologische Forschung die Vielfalt der tropischen Regenwälder vielleicht gerade dann verstanden haben, wenn die letzten großen Reste davon zugrundegerichtet worden sind. Hunderttausend, zweihunderttausend Quadratkilometer jedes Jahr: Eine solche Vernichtungswelle widerstrebt jeder Beschreibung. Wo stehen wir an der Schwelle der 90er Jahre?

7.
Natürliches Vorkommen tropischer Regenwälder

Tropischer Regenwald bedeckte ursprünglich die Tiefländer und die mittleren Höhenlagen der Gebirge bis in etwa 2200 Meter Höhe im innertropischen Bereich. Voraussetzung sind Niederschläge von wenigstens 2000 Millimetern pro Jahr und mit ziemlich gleichmäßiger Verteilung über die Monate. Bei ausgeprägter Saisonalität schließen sich Monsunwälder oder laubabwerfende Tropenwälder an den Regenwald an. Diese klimatische Charakterisierung ermöglicht eine Kalkulation, wo überall im Tropengürtel tropischer Regenwald zu finden sein sollte. Das Ergebnis sind jene rund 15 Millionen Quadratkilometer, von denen die Hälfte in Mittel- und Südamerika lag, während sich Afrika und Südostasien die andere Hälfte teilten. Von Nordqueensland in Australien bis zu den Hawaii-Inseln erstreckt sich das Spektrum der Regenwälder (s. Karte S. 156).

Niemand wird ernsthaft annehmen, daß sie überall dort, wo sie vorkommen, vom gleichen Typ sein müßten. Die Unterschiede sind beträchtlich, sowohl was die Niederschlagsverhältnisse betrifft, als auch im Hinblick auf die Böden, auf denen der Regenwald wächst. Daß jene Gebiete mit den für landwirtschaftliche Nutzungen geeigneten Böden längst keinen ursprünglichen Regenwald mehr tragen, versteht sich von selbst. Sie machen in der Bilanz zum gegenwärtigen Zustand allerdings kaum etwas aus. Ihre Größenordnung verschwindet in der Unsicherheit der Kalkulationen, die sich letztendlich nur aus dem äußerst aufwendigen Vergleich von Satellitenaufnahmen ergeben. Denn kein Tropenland führt eine genaue Statistik, wieviel Wald in welcher Zeit gerodet worden ist. Die großflächigen Rodungen und die Unzahl kleinflächiger Eingriffe ergeben die wirkliche Bilanz. Sie besagt, daß gegenwärtig, ein Jahrzehnt vor der Jahrtausendwende, wohl kaum mehr als die Hälfte des tropischen Regenwaldes existiert. Nur ein paar Prozent davon würden auf die nach der Bodenart als produktiv und längerfristig leistungsfähig einzustufenden Regenwaldböden entfallen, deren Nutzung, ähnlich wie auf Java, gleichsam die naturgegebene Situation gebietet, um die Menschen zu ernähren. An ihnen hängt die Sorge um den Fortbestand der Artenvielfalt der Welt gewiß nicht.

Das Bemühen, den Reichtum der Tier- und Pflanzenarten zu erhalten und für die nachfolgenden Generationen zu sichern,

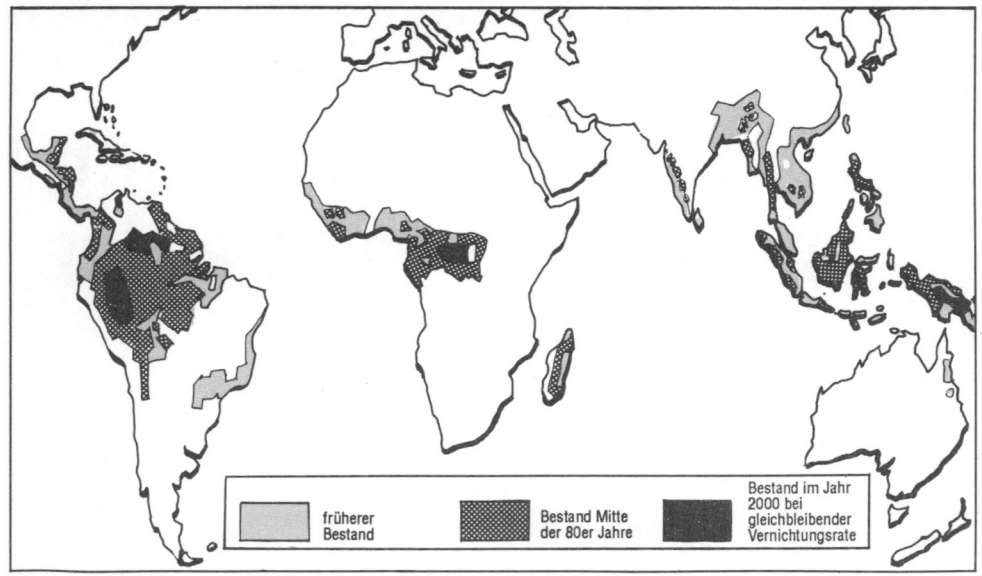

Die großklimatischen Verhältnisse setzen die Grenzen für die Entwicklung von tropischem Regenwald. Am größten sind Regenwälder in Südamerika ausgebildet, wo sie im brasilianischen Küstengebirge sogar ein wenig über den südlichen Wendekreis hinausreichen. In Südostasien bestimmt das Monsunklima die Verbreitung des Regenwaldes. Die Karte zeigt, wieviel von der ursprünglichen Verbreitung schon vernichtet worden ist.

hat nichts mit Menschenverachtung zu tun — ganz im Gegenteil. Es lehnt sich auf gegen die kurzfristige Zerstörung, die nichts weiter als Gewinne bei jenen erbringt, die nicht vom Ertrag der ehemaligen Regenwaldflächen leben müssen, während sie die vom Land Abhängigen um so tiefer in die Krise und in die Abhängigkeiten hineinzieht. Kurz, der größte Teil, wenigstens 90 Prozent, der in jüngster Zeit zerstörten tropischen Regenwälder hat der Ernährungslage der Bevölkerung in den Tropenländern keine Verbesserungen gebracht, aber die Welt als Ganzes ärmer werden lassen. Je mehr die Vernichtung voranschreitet, um so unwiderruflicher wird ihr Ergebnis, um so unkalkulierbarer werden ihre Auswirkungen. Doch bekanntlich ruft Kassandra vergebens. Sie braucht sich hier nicht zu wiederholen, denn es wird nicht nützen, die Gefahren heraufzubeschwören, die mit der Vernichtung der tropischen Regenwälder verbunden sind oder sein könnten. Versuchen wir einen anderen Weg. Er führt über einen Umweg, nämlich zurück ins Eiszeitalter, zu einem anderen Ausblick auf den Tropenwald von heute.

Wir müssen nämlich noch versuchen, einen scheinbaren Widerspruch aufzulösen. Er ergibt sich aus der Betrachtung der erdgeschichtlichen Abläufe und dem gegenwärtigen Zustand des tropischen Regenwaldes.

Nehmen wir an, und alle Fakten sprechen dafür, daß die oben genannten klimatischen Rahmenbedingungen für die Existenz des tropischen Regenwaldes ausschlaggebend sind, also daß wenigstens 2000 Millimeter Niederschlag pro Jahr und dauerhaft hohe Temperaturen von mehr als 20 Grad Celsius gegeben sein müssen, dann muß dieser Rahmen zwangsläufig bedeuten, daß die Regenwälder während der Höhepunkte der Eiszeit stark schrumpften. Die Ausbreitung des Eises bedeutete einen Rückgang der Temperaturen um vier bis fünf Grad und ein starkes Nachlassen der Niederschlagstätigkeit in den Tropen. Der Meeresspiegel sank bis über 100 Meter ab und verminderte damit auch die Niederschlagsmengen, welche die Kontinente erreichten. Zeichnet man mit Hilfe von Computeranalysen ein Niederschlagsbild der »Eiszeiten« innerhalb des Eiszeitalters (Pleistozän) über die Tropenzone, so ergibt der heutige Wissensstand beträchtliche Verschiebungen. Der Afrikakenner Moreau hatte sie schon lange vor der Verfügbarkeit entsprechender Daten und Berechnungsmöglichkeiten vorausgesagt und der Zoogeograph Jürgen Haffer entdeckte die Schrumpfung der amazonischen Regenwälder in den heutigen Verbreitungsmustern von Vogelarten. Sie zeigen ausgeprägte Häufungen in solchen Gebieten, in welchen nach den unabhängig davon durchgeführten Simulationen zu den Niederschlagsverhältnissen mit ziemlicher Sicherheit auch während der Vereisungsphasen der tropische Regenwald erhalten blieb.

Noch sind die Modelle nicht weit genug gediehen, um angeben zu können, wieviel Prozent der tropischen Regenwälder jener Ausdehnung, die sie vor Beginn der massiven Vernichtung durch den Menschen eingenommen hatten, während der Eiszeit geschrumpft und in andere Waldformen oder in Savannen übergegangen waren. Größenordnungsmäßig muß aber damit gerechnet werden, daß es mehr als die Hälfte gewesen ist.

Sollten diese Vorstellungen zur Dynamik der tropischen Regenwälder zutreffen, dann hieße das, daß dieser Wald keineswegs über Jahrmillionen hinweg Bestand gehabt hat, sondern daß er sich als höchst dynamisches Gebilde erweist, das nur ein paar volle Baumalter älter ist als unsere nacheiszeitlichen Wälder in den gemäßigten Breiten. Denn die letzte Eiszeit ging erst vor rund 11 000 Jahren zu Ende.

Warum also die Besorgnis um den Fortbestand, wenn vor erdgeschichtlich gar nicht langer Zeit der Weltbestand an tropischem Regenwald bereits auf ein geringeres Niveau geschrumpft gewesen ist als der heutige Bestand noch immer einnimmt?

Darin steckt das Dilemma: Verständlich zu machen, daß eine von vorausgegangenen klimatischen Veränderungen verursachte Verminderung des Flächenbestandes an tropischem Regenwald etwas gänzlich anderes ist als eine vorauseilende Vernichtung durch den Menschen, der die klimatischen Veränderungen erst nachfolgen werden.

Der erste, natürliche Prozeß hat den verminderten Waldflächen ihre Nährstoffvorräte und ihr Funktionsgefüge erhalten, ja durch vermehrte Einwehung von Pflanzennährstoffen den Rückgang an Nachlieferung durch den Regen ausgeglichen. Der vom Menschen verursachte hingegen treibt die Nährstoffe aus dem System und vermindert die Überlebensfähigkeit der Arten, die sich noch in den übriggebliebenen Waldresten befinden, weil die klimatische Entwicklung hinterherhinkt. Zwischen den Regenwald-Restbereichen erstreckt sich nun eine gänzlich andersartige Vegetation, bestehend aus fremdländischen Nutzpflanzen, die keine Ausweichmöglichkeiten für den Großteil der Regenwaldfauna bieten.

Die Saisonwälder dagegen, die sich zwischengeschoben hatten, und die Savannen mit ihren Galeriewäldern entlang der Flüsse, die entstanden waren, als der anwachsende Eispanzer der polnahen Gebiete zu viel Feuchtigkeit aus der Atmosphäre herausgeholt hatte, konnten den kontinuierlichen, allmählichen Übergang sicherstellen. Die Folge dieser eiszeitlichen Veränderungen war eine Steigerung des Artenreichtums, keine Verminderung! Viele Arten im heutigen Bereich des tropischen Regenwaldes sind noch recht jung. Je ausgeprägter das eiszeitliche Pendeln der Regenwälder zwischen Ausdehnung (in den Zwischeneiszeiten, die in den Tropen als ausgedehnte Regenzeiten oder Pluviale in Erscheinung getreten sind) und Schrumpfung gewesen war, um so artenreicher präsentieren sich die Gebiete heute. Dynamik, welche die ökologischen Grundstrukturen erhält, und den Systemen genügend Zeit gibt, sich darauf einzustellen, ist also keineswegs negativ zu beurteilen.

Der grundlegende Unterschied zu den Eingriffen, die der Mensch in der Gegenwart verursacht, liegt in der Geschwindigkeit, die selbst den sehr sensibel reagierenden Elementen des Wettergeschehens davonläuft. Wenn nur 25 Jahre benötigt wurden, um die Hälfte des tropischen Regenwaldes zu zerstören, dann übersteigt dies alle Anpassungs- und Einstellungsmöglichkeiten der Natur.

Das Ende wird damit prognostizierbar. Um das Jahr 2010 werden etwa 85 bis 90 Prozent der tropischen Regenwälder vernichtet sein. Die Auslöschung des Restes wird sich hinziehen, weil es sich dabei um sehr schwer zugängliche oder unattraktive Gebiete handeln wird. Doch auch ihr Verschwinden wird unausweichlich sein, weil ja nur an wenigen Stellen die Hauptmasse des Niederschlages, den der Regenwald für seine Existenz braucht, vom Meer direkt geliefert wird. Überall dort, wo der Wald selbst einen Großteil des Niederschlagswassers im »kleinen Kreislauf« hält, wird er verschwinden. Schutzgebiete von ein paar tausend Quadratkilometern Größe reichen nicht aus, weil sie zu klein sind für die Aufrechterhaltung des »Kleinen Kreislaufes«.

Und die Chancen, daß es nicht soweit kommt? Bevor diese Frage zumindest in ihrer Grundproblematik angerissen werden soll, kann uns der Blick in ein ähnlich strukturiertes Ökosystem zusätzliche Informationen liefern.

8.
Seitenblick ins Korallenriff

Fassen wir den tropischen Regenwald als ein riesiges Filtersystem für feinst verteilte Nährstoffe auf, so kommt diese Vorstellung der Wirklichkeit, so weit wir dies gegenwärtig beurteilen können, recht nahe. Gewohnt, von den Verhältnissen in unserer außertropischen Natur die Abläufe anders zu sehen, muß uns der tropische Regenwald wie ein Ökosystem vorkommen, das »verkehrt herum« gebaut ist. Der Nährstofffluß scheint nicht wie üblich von unten, vom Boden, nach oben zu verlaufen, sondern genau umgekehrt. Licht als Energiequelle und Zustrom der Nährstoffe treffen sich somit direkt in der Produktionsschicht im Kronenraum, zumindest was jenen Teil der Nährstoffe betrifft, die den recht gut geschlossenen Kreislauf ergänzen. Gibt es dazu einen vergleichbaren Typ von Lebensraum, aus dessen Funktionieren wir vielleicht zusätzliche Erfahrungen sammeln könnten, die uns den Umgang mit dem tropischen Regenwald erleichtern?

Einen solchen Lebensraum gibt es tatsächlich, und er hat sogar noch den großen Vorteil, daß wir von oben in ihn hineinschauen können; eine Sicht, die beim Regenwald größte Schwierigkeiten macht. Die neuesten Versuche, Einblicke in den Kronenraum der Regenwälder mit Hilfe eines Luftschiffes zu gewinnen, das mit einer großen Plattform aus Gummi weich zu landen vermag, weisen vom technischen Ansatz schon darauf hin, worum es sich handeln muß.

Das Gegenstück zum tropischen Regenwald ist das tropische Korallenriff. Hier erreicht das Leben im Meer seine größte Vielfalt. Diese Feststellung allein würde natürlich nicht genügen, den Vergleich mit dem tropischen Regenwald zu rechtfertigen. Es gibt weitere, tiefer gehende Übereinstimmungen.

So ist zwar Wasser in gleichsam unbegrenzten Mengen vorhanden, aber das Riff entwickelt sich so, daß die Hauptmasse der lebenden Korallen in jener Zone unter der Wasseroberfläche sitzt, die bei starker Ebbe trockenfallen kann. Dann sind die Korallen außerordentlich hohen Strahlungsintensitäten ausgesetzt. Sie kommen unter ähnliche Bedingungen wie die Kronen der Regenwaldbäume, wenn die Sonne ungehindert auf sie niederbrennt.

Im Wasser selbst bleiben die Temperaturen gleichmäßig hoch; fast genau im gleichen Schwankungsbereich wie im tropischen Regenwald. Bei Wassertemperaturen um 28°C gedeihen die Riffkorallen am besten. Viele Arten der riffbildenden Korallen vertragen Temperaturen unter 20°C nicht mehr. Damit ergibt sich erstaunlich genau die Bandbreite der Temperaturen, die auch für den tropischen Regenwald bestimmend sind.

Die Korallen selbst wachsen wie Bäume in mehr oder minder reich verzweigte Kronen aus. Ihre Wuchstypen lassen nadel- und blattartige Strukturen erkennen, getragen von »Ästen« und verankert wie mit Wurzeln im Untergrund. Die lebendigen Anteile der Riffkorallen bilden eine dünne Haut oder eine poröse Struktur in den toten Skeletten aus Kalk. Dieser entspricht – als Überschußmaterial aus der Photosynthese – in seiner Funktion dem Holz als Stützmaterial. Er entsteht bezeichnenderweise durch das sehr enge Zusammenleben der Korallenpolypen, also tierischen Organismen, mit mikroskopisch kleinen Algen, also pflanzlichen Organismen. Das Kohlendioxid, das die Polypen ausscheiden, dient den Algen als Rohstoff für die Photosynthese, und der Überschuß verbindet sich mit dem im Wasser gelösten Kalzium zu Kalk. Liegt der Überschuß einseitig bei den Korallentieren, entstehen keine »Steinkorallen«, sondern Horn- oder Weichkorallen. Die Überschußstoffe werden in Form von Eiweißverbindungen ausgeschieden, die unserem Horn von Haut und Nägeln ähneln. Am Aufbau der großen Korallenriffe sind sie nur in bescheidenem Umfang beteiligt.

Den weitaus größten Teil steuern die Steinkorallen bei, die in Symbiose mit den einzelligen Algen leben. Damit ruht die Grundstruktur des Korallenriffs auf einer Symbiose zwischen sehr ungleichen Partnern. Die Überlegenheit der Steinkorallen ist Ausdruck dieser höchst wirkungsvollen Zusammenarbeit, die viele Ähnlichkeiten und Gemeinsamkeiten zur Symbiose zwischen Bäumen des Regenwaldes und Wurzelpilzen aufweist.

Woher stammen die Nährstoffe, die das Korallenriff versorgen? Wie im tropischen Regenwald zirkulieren die Nährstoffe im Riff selbst ohne größere Verluste. Auch das Korallenriff stellt im ökologischen Sinne ein ziemlich geschlossenes System dar. Die unvermeidlichen Verluste, die nicht zuletzt auch dadurch zustandekommen, daß das Riff beständig, aber langsam wächst und dabei riesige Mengen an mineralischen Stoffen im festen Bau des Riffs festhält, werden vom Zustrom ausgeglichen, den Wind und Wellen dem Riff mit dem Wasser zuführen. Das Korallenriff erhält im Endeffekt seine Nährstoffe genauso von außen wie der tropische Regenwald, und zwar in feinst verteilter Form. Die allermeisten Nährstoffe sind im Wasser gelöst. Ihre Konzentrationen sind so gering, daß frei schwebende Algen und Planktontiere nicht in der Lage sind,

Der Fischfang bildet eine wichtige Ergänzung der Nahrung für Indios in Amazonien oder für vergleichbare ethnische Gruppen in Südostasien. Im Foto oben wird die seltene Form eines kollektiven Fanges mit Schleppnetz im oberen Xingú-Gebiet ausgeführt, wobei auch giftabgebende Lianen mitbenutzt werden, um die Fische zu betäuben oder zu töten. Die Zubereitung von Maniok (Foto unten) erfordert umfangreiche Kenntnisse zur Entgiftung des stärkereichen Produktes, das in großen Fladen im Hintergrund schon fertig gemacht worden ist (oberer Xingú). Aus stärkehaltigen Pflanzenstoffen wird mit Hilfe der im Speichel vorhandenen Enzyme auch Bier gewonnen (Chicha). Diese Form der alkoholischen Vergärung von Stärke nach Aufspaltung in Zucker ist im westlichen Amazonien und im Gebiet der Anden weit verbreitet.

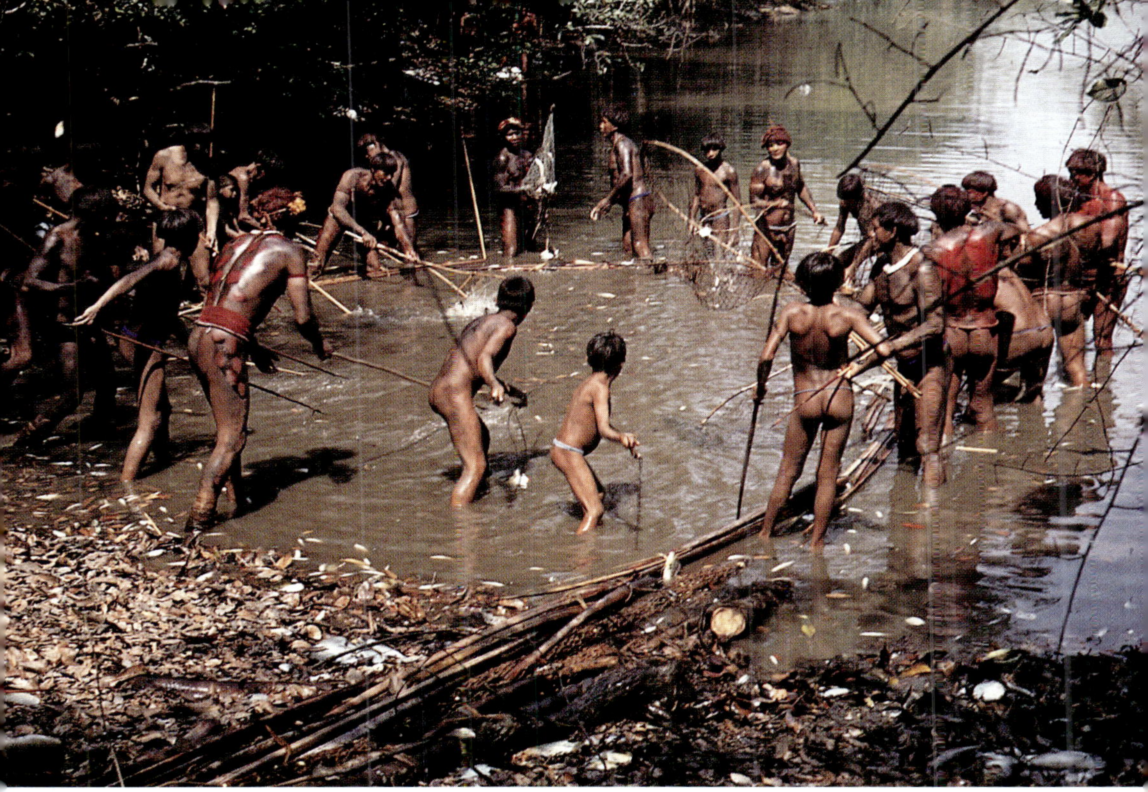

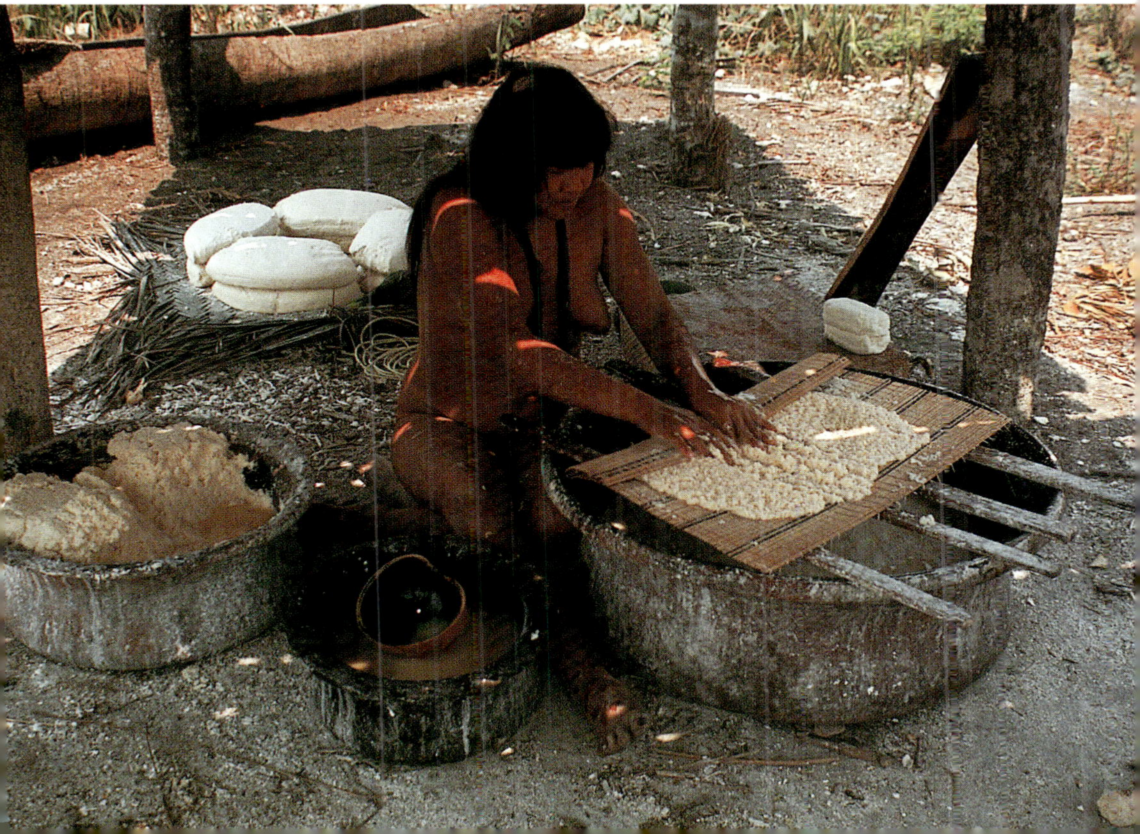

sie alle aus dem Wasser zu entnehmen. Im »Filter« des Riffs bleiben sie jedoch hängen. Dort werden sie von einer fast unvorstellbaren Fülle von Tieren und Meerespflanzen herausgefangen und dem Riff als »Nahrung« zugeführt. Die Übereinstimmung mit den Gegebenheiten im tropischen Regenwald treten also auch bei der Versorgung mit Nährstoffen zutage.

Die Ähnlichkeiten gehen weiter: Das tropische Riff beherbergt die größte Artenvielfalt von Fischen, Krebsen und anderen Meerestieren. Die Korallen selbst sind schon höchst vielfältig und artenreich vertreten. Die Fülle an Arten nimmt bei den Tieren, insbesondere bei den Fischen, noch ganz erheblich zu. Mit plakativen Farben und in bizarren Formen präsentieren sich die Fische im Riff. Das Spektrum reicht von winzig kleinen Arten bis hin zu großen Haien und Rochen, aber »Hochleistungsfische«, wie Thunfische, und Meeressäugetiere fehlen. Es gibt Seeschlangen und schlangenartige Muränen, Fi-

sche, die wie Nadeln aussehen, glasartig durchsichtige Fische, solche mit »falschen Augen« und wieder andere, die sich aufblasen können und dabei Stacheln stellen (Igelfische). Kofferfische mit steifen Körperkonturen, hochgiftige Fische, wie die Rotfeuerfische, Arten, die mit Glanz- oder Schillereffekten ihren Feinden zu entgehen versuchen.

Merkwürdige »Berufe« wurden im Riff entdeckt. Es gibt da Fische, die darauf spezialisiert sind, anderen die Kiemen oder den Körper zu putzen und von Parasiten zu säubern. Auch Garnelen betätigen sich als »Putzer«. Wenn Fische so reagieren, bedeutet dies, daß der Belastung durch Parasiten im Riff eine große Bedeutung zukommen muß; eine größere, als in anderen Lebensräumen des Meeres oder im Süßwasser. Wenn sich sogar noch, wie im Falle einer Putzerfischart, eine andere Art die kennzeichnende Tracht zunutze macht, um gleichsam in Verkleidung vorzudringen und Stückchen aus der Haut der auf den Service wartenden Fische herauszustanzen, dann stellt sich wiederum die Frage, wieso dies Fische nötig haben. Warum erschleicht sich der falsche Nachahmer die winzigen Hautstückchen als Nahrung? Die Vielfalt im Riff erweckt doch den Eindruck großer Fülle und Produktivität. Drückt sie nicht überschäumenden Reichtum des Meeres aus?

Genau das Gegenteil kommt der Wirklichkeit wohl näher: Im Korallenriff herrscht Mangel. Die Bewohner müssen alles tun, um zu überleben und um ihre hochspezialisierte ökologische Nische zu behaupten. Wie schnell sich die Verhältnisse vom scheinbar paradiesischen Zustand zur Katastrophe auch ohne Zutun des Menschen ändern können, zeigt das Beispiel des Dornenkronen-Seesterns (*Acanthaster plancki*). Dieser große Seestern steht

Für die amazonischen Indios, hier Tiriyos am Xingú, war der Einbaum das beste Verkehrsmittel (Foto oben). Er ermöglichte das Befahren des reich verzweigten Netzwerkes der Flüsse, um den Wald zu nutzen.
Die Körperbemalung (Foto Mitte links; Indio vom Xingú) mag auch vor Insekten und Hautpilzen schützen, die in der feuchtwarmen Umwelt eine ständige Bedrohung der Gesundheit darstellen.
Web- und Flechtwerk zum Tragen (Fotos Mitte rechts und unten rechts) und für Hängematten bildete eine wesentliche Grundlage für das Leben im Tropenwald. Das Indiomädchen (Foto unten links) füttert einen jungen Amazonenpapagei mit dem Mund.
Das Leben im Regenwald war stets hart und entbehrungsreich, keineswegs paradiesisch, trotz der gleichbleibenden Wärme und der scheinbar so hohen Fruchtbarkeit des Waldes.

ziemlich am Ende einer langen, komplexen Nahrungskette, die einen Großteil der Riffbewohner mit einbezieht. Nur eine sehr große Meeresschnecke, das Tritonshorn, wird ihm gefährlich. Der Dornenkronen-Seestern fing in den sechziger Jahren an, sich in bislang nicht gekanntem Ausmaß im großen australischen Barriereriff, dem größten Korallenriff der Erde, auszubreiten. Diese Seesterne hinterlassen buchstäblich Verwüstung, wo sie das Riff beweidet haben. Der Kalk der zerstörten Steinkorallen rieselt, Algenschleim überzieht die Reste und vermittelt den Eindruck von Vernichtung und Verfall. Es dauert Jahrzehnte, vielleicht noch länger, bis sich die Riffe erholen.

Die Seesterne vermehrten sich immer mehr. Man weiß bis heute nicht, woran es liegt. Aber eine direkte Verursachung durch den Menschen, wie das übermäßige Sammeln der Triton-Schnecken, scheint sich ausschließen zu lassen. Die Seesterne sind langsam. Ihr Nahrungsbedarf ist bei ihrem einfachen Körperbau gering. Trotzdem reichen schon einige Jahre aus, um in größeren Riffen unverkennbare Schäden sichtbar zu machen. Es gibt im zentralen Pazifik Riffe, in denen diese Seesternart lebt, aber offenbar keine Schäden verursacht. Somit dürfte es nur an geringfügigen, ohne besondere Untersuchungen vielleicht gar nicht erkennbaren Unterschieden im Ausmaß der Nutzung der Korallen sein, die im einen Fall keinen Schaden, im anderen Verwüstung verursachen.

Jedenfalls reichte diese eine Art aus, um das fein abgestimmte System von Abhängigkeiten und Symbiosen im Riff völlig durcheinanderzubringen. Weder Absammeln noch irgendwelche Bekämpfungsmaßnahmen zeitigten bisher nennenswerte Erfolge beim Bemühen, das Vordringen der Seesterne zu bremsen und noch nicht betroffene Riffe zu retten.

Die hohe Diversität schützte überhaupt nicht vor der zerstörerischen Veränderung. Die Artenvielfalt war nicht in der Lage, nennenswerten Widerstand zu leisten. Auch darin stimmen Korallenriff und Regenwald überein. Die Artenfülle macht sie nicht etwa weniger anfällig für Außeneinflüsse. Die einfache Formel Diversität erzeugt Stabilität ist offenbar falsch. Die Diversität ist eine Antwort auf den Mangel an Nährstoffen; eine wirkungsvolle Methode, mit dem Wenigen zurechtzukommen. So bald sich die Rahmenbedingungen ändern, bricht das Diversitätsgefüge zusammen.

Viele traurige Lehrbeispiele lassen sich genutzten und übernutzten Korallenriffen entnehmen. Ein paar harpunierte Fische, was sollten sie angesichts der Fülle schon ausmachen? Ein paar abgebrochene Korallen als Souvenir, was konnten sie dem Riff schon schaden? Ein paar bunte Korallenfische fürs Zierfischaquarium, weshalb sollte man sich deswegen den Kopf zerbrechen? Die Riffe sind groß, der Ozean im Tropengürtel riesig, ja unermeßlich aus der beschränkten Sicht des Tauchers, der in die Wunderwelt hinabkommt.

Ein paar Jahre später waren die paar Fische, die wenigen Muscheln und die Korallenstückchen Ausdruck für die Zerstörung des Riffs. Die Natur konnte diese so nichtig erscheinenden Nutzungen nicht verkraften. Sie überstiegen die Leistungsfähigkeit, obwohl viele Arten Millionen von Eiern und Milliarden von Samenzellen ins Rennen um das Überleben schicken. Der Nachwuchs war dennoch nicht gesichert.

Nur mit strengen Schutzbestimmungen ist es möglich, die natürliche Vielfalt und Schönheit der Korallenriffe zu erhalten.

Der Kalkabbau zur Errichtung von Straßen und Flugplätzen stellt genauso Raubbau dar, wie die Entnahme von Edelhölzern aus den Primärregenwäldern. Sie wachsen viel zu langsam nach, um die Verluste in der gebotenen Kürze ausgleichen zu können, die notwendig wäre, um das System in seiner Gesamtheit nicht zu gefährden. Beim Riff ist uns das mittlerweile klar. Wir wissen, daß die Korallen nur um Millimeter pro Jahr wachsen und damit keinen »abschöpfbaren Überschuß« produzieren. Der gegenwärtige Bestand ist das Aufbauwerk von Jahrtausenden oder Jahrmillionen. Eine Nutzung kann darin nur zum Raubbau werden.

Uns sollten andere Leistungen der Riffbewohner interessieren, nicht der Kalk, den sie erzeugt haben, oder das bißchen Fischfleisch, das in irgend einem harpunierten Fisch steckt. Die Polypen führen uns vor, daß es möglich ist, fast unglaublich lange Zeiträume kontinuierlich zu überleben. Was für Mechanismen haben sie entwickelt, um dem Prozeß des Alterns lebender Gewebe vorzubeugen und entgegenzuwirken? Was steckt in den hochkomplizierten Giften, welche Stoffe schützen die empfindliche Haut vor dem Meerwasser und so fort.

Fischfleisch wird anderswo in den Ozeanen in großen und nutzbaren Mengen produziert. Die Korallenriffe können wir nicht als Fleischlieferanten ausbeuten. Genausowenig ist es sinnvoll und möglich, Rinder auf kargen Weiden zu halten, die vorher mit tropischem Regenwald bewachsen waren. Der Anteil an der Gesamtproduktion von Rindfleisch ist lächerlich gering.

Die Anfälligkeit, die leichte Zerstörbarkeit der Korallenriffe darf beispielhaft dafür genommen werden, was in den tropischen Regenwäldern auf dem Spiel steht. Die ökologischen Grundprozesse und Rahmenbedingungen entsprechen sich in beiden Großlebensräumen so sehr, daß wir die Erfahrungen sehr ernst nehmen sollten, die an den Riffen gemacht wurden.

Für Nutzungsvorstellungen aus der Sicht der Menschen sind beide Lebensräume, der tropische Regenwald wie das tropische Korallenriff, keine erneuerbaren Ressourcen, weil die Zeitspannen, die sie zur Erneuerung, zur Regeneration, benötigen, für uns viel zu lang sind. Für die Korallenriffe hat man in den letzten Jahren weltweit schon viel getan. Große Nationalparks und großflächige Schutzgebiete sind eingerichtet worden. Die Vorstellung von der Unerschöpflichkeit der tropischen Korallenriffe machte einer nüchterneren, wirklichkeitsnäheren Einschätzung Platz. Es ist höchste Zeit, daß ein solcher Wandel auch bei der Beurteilung des tropischen Regenwaldes zustande kommt.

An den Riffen läßt sich zeigen, wie ihr Schutz dennoch zu wirtschaftlicher Nutzung führen kann: über gelenkten Tourismus, durch Forschung und durch Einbindung in das Netzwerk von »Biosphären-Reservaten«, die den Schutz des Lebens in all seinen Formen auf unserer Erde garantieren sollen. Der tropische Regenwald müßte mit seiner Artenfülle noch mehr ins Zentrum der Bemühungen, dieses Welterbe zu erhalten und für die Zukunft zu sichern, gerückt werden.

9.
Nutzung des Regen- waldes?

Durchbruch mit moderner Technik?

Eigentlich sollten die Chancen, große Teile der noch vorhandenen tropischen Regenwälder zu erhalten, gar nicht so schlecht stehen. Zu viele »Erschließungs- projekte« sind bereits gescheitert. Er- folge und Mißerfolge, letztere weitaus in der Überzahl, geben ein klares Bild von den Möglichkeiten, den tropischen Re- genwald nachhaltig zu nutzen. Versuche dazu hatte es wohl schon immer gege- ben, seit Menschen in die Regenwälder gekommen sind.

Bis in die jüngste Zeit widersetzte sich der Wald einer großflächigen Nutzung durch die Natur seiner Bäume. Den tropischen Harthölzern war mit primitiven Werkzeu- gen kaum beizukommen. In Südamerika war die Nutzung von Eisen vor Ankunft der Spanier unbekannt, und da in den rie- sigen Tiefländern vielerorts auch Steine fehlen, hatten die Waldindios gar keine technischen Möglichkeiten, in größerem Umfang Rodungen anzulegen. Dies än- derte sich erst im 20. Jahrhundert, als Ket- tensägen verfügbar wurden. Das harte Holz ließ sich nämlich selbst mit guten

Äxten nicht so ohne weiteres schlagen. Bezeichnungen, wie »Axtbrecher« (Que- bracho-Hölzer), Eisenholz und derglei- chen drücken die enorme Härte mancher Tropenhölzer aus. So lag die Schlußfolge- rung nahe, daß die sinnvolle Nutzung der tropischen Regenwälder einfach an den Unzulänglichkeiten der verfügbaren Technik gescheitert war; ein großer Irr- tum, wie sich bald herausstellte. Denn in den Tropenwäldern Afrikas und Südost- asiens, wo Menschen seit Jahrtausenden die Randgebiete besiedeln und immer wieder in den Wald vorzudringen ver- suchten, stand die Axt aus hartem Stahl schon viel länger als in den amerikani- schen Tropen zur Verfügung. Trotzdem änderte dies so gut wie nichts am Nut- zungsmuster: Die Regenwälder auf armen Böden blieben von Axt und Feuer verschont, das als Hilfsmittel zusätzlich eingesetzt wurde, um die gewaltige Pflanzenmasse auf Häufchen von nähr- stoffhaltiger Asche zu reduzieren. Es be- durfte auch nicht der Kettensägen, um den Wald in Kulturland umzuwandeln, wie die Beispiele von Java, Bali, die vulka- nischen Regionen in Afrika (Rwanda, Bu- rundi) oder die mittelamerikanischen Staaten nachdrücklich beweisen. Die

Mayas hatten weder Äxte aus Stahl noch Kettensägen, und dennoch gelang es ihnen, im Regenwaldbereich eine Hochkultur aufzubauen.

Die Härte der tropischen Edelhölzer kann schwerlich der Grund gewesen sein, daß die Kultivierung dieser Regionen nicht vorankam, die gegenwärtig noch tropischen Regenwald tragen. Sie erfordert mehr als nur Äxte oder Sägen. Als der Landbedarf im vorigen Jahrhundert dazu zwang, die letzten Reserven in Mitteleuropa, die in den weitflächigen Mooren steckten, zur landwirtschaftlichen Produktion heranzuziehen, wurde die Bedeutung des Kapitals sichtbar. Nur durch Großeinsatz, nicht durch die Kleinarbeit einzelner Bauern, war es möglich, die Moore zu entwässern und in fruchtbares Ackerland umzuwandeln. Noch mehr rückten Kapitaleinsatz und weltwirtschaftliche Interessen in den Vordergrund, als der Panama-Kanal durch die feuchtheiße Sumpfniederung der Landenge von Panama gebaut wurde oder als die Stromschnellen am Rio Madeira mit einer Bahnlinie mitten im Urwald umgangen wurden, um den damals so wertvollen Rohgummi von den Ursprungsgebieten im Grenzgebiet zwischen Bolivien und dem brasilianischen Amazonien zu den schiffbaren Flußabschnitten transportieren zu können. Mit Zehntausenden von Toten wurden diese technischen Leistungen erkauft. Die sogenannte Mamoré-Bahn hatte ihre Bedeutung längst eingebüßt, als der Weltmarktpreis für den Rohgummi fiel; der Panama-Kanal ist kein Tropenwald-Projekt im eigentlichen Sinne. Er kann gewiß nicht als Beispiel für ein geglücktes Unternehmen der modernen Technik im tropischen Regenwald herangezogen werden. Mit dem Wald, der den Kanal an beiden Seiten flankiert, hat er nichts zu tun.

Die wirklichen Großprojekte zur Nutzung tropischer Regenwälder gingen von ganz anderen Voraussetzungen aus. Zwei Beispiele aus Amazonien sollen dies illustrieren.

Im Jahre 1967 kaufte der amerikanische Milliardär Daniel K. Ludwig etwa 20 000 Quadratkilometer Regenwald am Jarí-Fluß in Ostamazonien, ungefähr 500 km von der Hafenstadt Belém entfernt. »Jarí Florestal« sollte nach Rodung des Urwaldes und Bepflanzung mit schnellwüchsigen Hölzern Zellstoff für die Papierherstellung liefern. Das Gelände wurde gründlich erforscht. Ludwig hatte für die Riesenfläche, die etwa dem Gebiet von Hessen entspricht, nur 3 Millionen Dollar bezahlt. Mit modernster Technik und gewaltigem Kapitaleinsatz sollte das Holz für die Papierherstellung großtechnisch erzeugt werden.

Zunächst war das Gelände nur per Flugzeug zu erreichen. Zur Erschließung wurden mehr als 3000 Kilometer Straßen gebaut. Am Ufer des Jarí und seiner Nebenflüsse ließ Ludwig Reisfelder anlegen, die jährlich 60 000 Tonnen Reis produzierten; Nahrungsgrundlage für die Arbeiter auf den Großplantagen. Speziell gezüchtete, besonders schnellwüchsige Sorten von Karibenkiefer *(Pinus caribaea)* und *Gmelina,* einer gleichfalls sehr raschwüchsigen Baumart, wurden für den Aufbau der Plantagen benutzt. Nach rund 10 Jahren sollten die Bäume bereits erntefähig sein und in die schwimmenden Papierfabriken gebracht werden können. Die Anlagen wurden in Japan nach modernster Technologie gebaut, zerlegt und zum Jarí transportiert. Eine Stadt für 30 000 Einwohner, Monte Durado, wurde gebaut und ein Überseehafen, der die Produkte von Ludwigs Urwaldfabrik in die Welt transportieren sollte. Fast eine Milliarde

Dollar soll Ludwig in dieses Projekt investiert haben.

Doch allen Anstrengungen zum Trotz wuchs *Gmelina arborea* bei weiten nicht so gut wie erwartet. Auf den Monokulturen machten sich Schädlinge breit; der beständige Abwehrkampf verschlang nicht nur zusätzliches Kapital und schmälerte die Erträge, sondern drückte auch die Wachstumsleistungen der Pflanzen. Nach Jahren der Euphorie wurde es stiller und stiller um Ludwigs Urwaldprojekt. Anfang der achtziger Jahre mußte der brasilianische Staat die Anlage übernehmen: Mit Übernahmekosten von 280 Millionen Dollar allein für die Jahre 1980 bis 1983. Für den Nachlaß der fehlgeschlagenen Gummibaum-Großplantage »Fordlandia« von Henry Ford im Jahre 1945 waren vergleichsweise niedrige Kosten zu begleichen. Mit 250 000 Dollar schloß damals der Traum des Auto-Königs; ein Tausendstel der Kosten, die das Ludwig-Projekt verursacht hatte. An Kapitalmangel oder an den technischen Möglichkeiten scheiterte das »Jarí-Projekt« gewiß nicht. So, wie es konzipiert war, muß es wohl als vorbildlich gewertet werden. Daß es sein ursprüngliches Ziel weit verfehlte und nach wie vor keine Aussichten zu haben scheint, den Milliardeneinsatz in einen Milliardenertrag umzusetzen, beruht auf der Natur des tropischen Regenwaldes.

Kultivieren bedeutet dort, anders als in unseren von der Eiszeit geprägten Breiten, nicht die Ersetzung natürlicher Lebensgemeinschaften durch vom Menschen gesteuerte, sondern den Versuch, ein völlig neues Produktionssystem anstelle des ursprünglichen aufzubauen. Die Plantagen funktionieren gänzlich anders als der Regenwald, den sie ersetzen. Sie müssen aus dem Boden heraus wachsen, mit den Nährstoffen, die der Boden enthält, zurechtkommen und ihren Wasserumsatz an das Wechselspiel von Tropenhitze und sintflutartigen Niederschlägen anzupassen versuchen. Regen können sie selbst nicht erzeugen; die Ernährung aus der Luft funktioniert bei ihnen nicht. Sie haben im Boden keinen Vorrat an Humus und Mineralstoffen zur Verfügung, wie wir ihn von den Böden der gemäßigten Breiten kennen. Die Plantagen haben kein (ökologisches) Kapital, von dessen Zinsen sie leben könnten. Vielmehr müssen sie ihre Lebensfähigkeit durch unablässigen Einsatz von Fremdkapital gesichert bekommen – ein Unterfangen, das im Hinblick auf die tropischen Umweltbedingungen fast hoffnungslos erscheint. Das Scheitern war unvermeidlich, weil es sich nicht um eine Intensivierung vorhandener Nutzungsabläufe, sondern um etwas gänzlich Neues gehandelt hatte, für das keine natürliche Basis vorhanden war.

Es liegt eben nicht an einer »Rückständigkeit« der Mittel- und Südamerikaner oder der Afrikaner, wenn der Anteil von Plantagen in ihren tropischen Regenwäldern viel kleiner ist als in den südostasiatischen Tropen. Im tropischen Asien war 1982 das Verhältnis von Tropenholzplantagen zu entwaldeten Flächen 1 zu 4,5. Es wurde also etwa viereinhalbmal so viel Regenwald gerodet wie wieder aufgeforstet worden ist. In Amerika lag das Verhältnis mit 1 : 10,5 viel ungünstiger, obwohl im mittelamerikanischen Raum sehr umfangreiche Aufforstungen vorgenommen wurden. Auf Amazonien allein bezogen würde der Unterschied noch viel krasser ausfallen: größenordnungsmäßig 1 : 50. Im afrikanischen Regenwaldbereich lag das Verhältnis bei 1 : 29. Folgt man diesen Werten und bezieht sie auf die Siedlungsdichte der Menschen in den drei Großregionen der Tropen, so wird klar, daß es keinesfalls am Landbedarf liegen kann, daß in Amazonien so gut wie nichts aufgeforstet wird. Er wäre in Amazonien am geringsten, in Afrika vergleichsweise niedrig, aber gerade im dicht bevölkerten Südostasien sehr hoch. Die Regenwälder sind demnach nicht gerodet worden, um Siedlungsland für Menschen zu gewinnen, sonst wäre kein so hoher Anteil in Südostasien wieder aufgeforstet worden. Die Verhältniszahlen spiegeln vielmehr direkt die Möglichkeiten der Wiederaufforstung wider. In Südostasien geht es ziemlich leicht, Plantagen anzulegen und damit unseren Forsten entsprechende Wälder wieder aufzubauen. Im afrikanischen Kongo-Regenwald klappt dies ungleich schlechter und in Amazonien so gut wie überhaupt nicht. Das war die Lehre aus dem Milliardeneinsatz von Ludwig in einem Gebiet, das gewiß nicht zu den schlechtesten hinsichtlich der Bodenqualität gehört.

Fehlschläge dieser Art waren auch flächenmäßig viel kleineren, weit weniger aufwendig betriebenen Großprojekten beschieden. Dennoch hielt sich hartnäckig der Mythos von den unerschöpflichen Landreserven, die in den tropischen Regenwäldern stecken sollen. Der brasilianische Präsident José Sarney folgte, wie vor ihm schon andere Präsidenten, dem Slogan »Ein Land, das Amazonien besitzt, braucht sich um seine Zukunft nicht zu sorgen«. Die »Eroberung« Amazoniens stand im Zentrum der Bemühungen, wirtschaftlichen Aufschwung und Stabilität zu gewinnen.

Das ehrgeizige Projekt der »Transamazonica«, einer Straße quer durch Amazonien, drückt diese Haltung am besten aus. Sie ging aus der alten Einstellung der Kolonisten hervor, die im Wald den Haupt-feind sahen. »Matar o mato«, den Wald vernichten, war ihr Wahlspruch, und sie folgten ihm, wo immer das möglich war. Der brasilianische Staat São Paulo wurde innerhalb von weniger als 100 Jahren bis auf winzige, kaum in Prozentzahlen faßbare Restflächen entwaldet. Paraná erging es nicht viel anders. Dort, im Hochland Südostbrasiliens, brachten die Kaffeeplantagen reiche Ernten. Fruchtbarer Boden wurde dem Wald abgerungen; gerade so, wie während der mittelalterlichen Rodungen in Europa und wie bei der Erschließung Nordamerikas. Was lag näher, als mit dem Bau der Transamazonica den gleichen Prozeß auf die unzugänglichen Wälder Amazoniens auszudehnen.

Die Erschließung des Hinterlandes von São Paulo war nicht geplant worden. Sie verlief fast ohne Lenkungsmaßnahmen als ein Prozeß der Selbstorganisation. Er brachte die größte Wirtschaftskonzentration Südamerikas hervor. Um wieviel besser und erfolgreicher müßte dann erst die Entwicklung ablaufen, wenn ihr ein guter Plan zugrundegelegt wird?

Entlang der Transamazonica sollten in geeigneten Abständen Siedlungsgebiete errichtet werden, die zu einer Entwicklungsachse weiterwachsen würden, wenn geeignete Startbedingungen zur Verfügung gestellt werden können. In Form von Land waren sie gegeben; das Kapital kam von den internationalen Entwicklungskrediten und vom Staat. Über Tausende von Kilometern war eine zentrale Achse vorhanden, als die Transamazonica weitgehend fertiggestellt war, von der aus die Entwicklungsimpulse über die Querverbindungen wie in einem großen Netzwerk weiterlaufen und den ganzen amazonischen Raum bis an die Grenzen der Nachbarstaaten erfassen sollten. Der Plan war so gut, so überzeugend daß sich kaum jemand seiner Ausstrahlung entziehen konnte. Die wenigen warnenden Stimmen, die auf die Widrigkeiten der Natur hinwiesen, verhallten ungehört. Hunderttausende von Siedlern sollten aus den übervölkerten Gebieten des hungergeplagten Nordostens die Wegbereiter für die große Zukunft Amazoniens werden. Zehntausende wurden es schließlich, und ihr Weg wurde zu einer Straße der Enttäuschung und der Entbehrungen, zu einem noch schlimmeren Mißerfolg als die Warner ihn vorausgesagt hatten.

Nur an ganz wenigen, an zu wenigen Stellen entlang der Transamazonica fanden sich Böden, die eine bescheidene landwirtschaftliche Nutzung zuließen. Das Anfangskapital der Siedler war schnell aufgebracht. Was sie von ihrem neuen Land zurückerhielten, reichte schon nach drei oder vier Ernten nicht mehr aus, um die neue Saat einzubringen. Mangelkrankheiten breiteten sich aus; der Hunger wurde schlimmer als in den Dürregebieten des Nordostens, wo sich wenigstens Vorräte stapeln ließen. In der feuchten Hitze Amazoniens fielen sie rasend schnell dem Angriff der Pilze und Insekten zum Opfer. Die Siedler waren schlechter gestellt, wie sich nun zeigte, als die ohnehin schon unter erbärmlichsten Bedingungen arbeitenden Gummisammler, weil deren Produkt, der Wildkautschuk, in den Wäldern weiterwächst, auch wenn der Baum einmal angezapft worden ist. Der Kautschuk ist ein natürliches Produkt des amazonischen Regenwaldes und eingepaßt in die Natur. Die Maispflanzen, der Reis, die Rinder, kurz all die landwirtschaftlichen Nutzpflanzen und Nutztiere sind hingegen raumfremd. Für die Krankheitserreger bilden sie Neuland, und wie überall in der Welt, wo noch keine Resistenz im Laufe von Generationen entwickelt worden ist, fallen sie den Erregern in anfangs katastrophalem Ausmaß zum Opfer. Das war den *Gmelina*-Pflanzungen von Ludwig am Jarí so ergangen, als der Pilz *Ceratocystis fimbriata* zuschlug und nicht einmal der heimische Kakao bleibt in der Kultur von schwerem Pilzbefall durch *Crinipellis perniciosa* verschont.

Für die Indios waren die von den Europäern eingeschleppten Krankheiten, wie Tuberkulose, Kinderlähmung und sogar Grippe, verheerender als die direkten Verfolgungen, denen sie ausgesetzt waren. Das ist aller Wahrscheinlichkeit auch der Grund dafür, daß es den Europäern in den hinsichtlich der von ihnen mitgeschleppten Krankheiten jungfräulichen Gebieten in Übersee so schnell gelingen konnte, die heimische Bevölkerung zu verdrängen. Die Krankheiten schlugen die entscheidenden Breschen. Je dürftiger die Produktionsverhältnisse waren, um so massiver wurden die Auswirkungen. Im dicht besiedelten, krankheitsgewohnten Süd- und Südostasien sowie in weiten Bereichen Afrikas ist es den Europäern nicht gelungen, dauerhaft Fuß zu fassen und

Jagdliche Nutzung ohne Restriktionen vernichtet rasch die Bestände von Affen, wie im Foto oben gewilderte *Colobus badius* aus dem Kosso-Wald der Elfenbeinküste, und anderen Regenwaldsäugetieren, weil ihre Bestände nicht annähernd so gute Reproduktionsfähigkeiten besitzen, wie vergleichbare Arten außertropischer Lebensräume.
Das gilt auch für große Schlangen, wie die rechts unten gezeigte südamerikanische *Boa constrictor.* Die asiatischen und afrikanischen Python-Riesenschlangen, im Foto unten links *Python molurus* aus Indien, konnten sich erheblich besser behaupten als die südamerikanischen Riesenschlangen.

die einheimische Bevölkerung nach und nach abzulösen.

In Amazonien sind die Verhältnisse so extrem, daß gleichsam die Natur selbst das Vordringen stoppte. Die Siedler hatten keine wirklichen Chancen, sich zu behaupten. Nur dort, wo die Böden Fruchtbarkeit enthielten, gelang die Ansiedlung. Im fernen Rondonia und im noch weiter abgelegenen Acre im Südwesten Brasiliens, verkehrstechnisch die vielleicht ungünstigsten Orte im Gesamtgebiet, konnten die Siedler Fuß fassen. Dort liegen heute die Zentren der Waldvernichtung und nicht in jenen Zonen, die an die besiedelten Bereiche Ostbrasiliens angrenzen. Auf die Transamazonica bezogen bedeutet dies, daß die Besiedlung an deren Ende und an den Endverzweigungen zustande kam, nicht aber entlang der Hauptstrecke und dort, wo sie geplant worden war. Die Realität Amazoniens ließ sich nicht in das Planungsschema pressen.

Faßt man all dies zusammen, so ergibt sich daraus der geradezu wahnwitzige Befund, daß mit derselben Riesensumme an internationalem Kapital wenigstens hundertmal mehr Menschen – und das

Wanderfeldbau im Regenwald der afrikanischen Elfenbeinküste (Foto oben) hat eine Rodungsinsel in den Wald geschlagen. Sie wird sich wieder schließen, wenn die Pflanzung nach einigen Jahren aufgegeben wird. In gleicher Weise nutzten südamerikanische Waldindios (auf den Fotos unten vom Stamm der Tiriyos) den Wald seit Jahrtausenden, ohne ihn zu zerstören. Wichtigste Pflanze war und ist der stärkereiche Maniok (Manihot utilissima). Die Regenwald-Sorten des Manioks enthalten Blausäure und müssen durch ein besonderes Aufbereitungsverfahren vor der Verwertung entgiftet werden (vgl. Foto S. 161).

auf Dauer – hätte geholfen werden können, wenn die Investitionen nicht in Amazonien, sondern in den ertragreichen außeramazonischen Gebieten getätigt worden wären. Die grüne Fülle Amazoniens ist größtenteils auf Sand gebaut; was sie vorspiegelt, ist ein Trugbild an Fruchtbarkeit. Die Trockengebiete im Nordosten werden sich auf Dauer als fruchtbarer und nachhaltiger nutzbar erweisen als die üppigen Regenwälder.

Alle Anzeichen sprechen dafür, daß diese großen Fehlgriffe nicht symptomatisch für Amazonien sind, sondern für die noch großflächig vorhandenen tropischen Regenwälder ganz allgemein gelten. Wie wäre es sonst zu verstehen, daß das extrem dicht besiedelte Java und das extrem dünn besiedelte Indonesisch-Borneo (Kalimantan) dem gleichen Staat angehören und von Menschen seit vielen Jahrtausenden besiedelt sind, ohne daß sich die Unterschiede angeglichen haben. Die Umsiedlung Tausender Menschen aus den Dichtezentren Indonesiens in die dünn besiedelten Ländereien auf Borneo wird den davon betroffenen Menschen kein gelobtes Land einbringen. Die verheerenden Brände als Folge der anhaltenden Trockenheit 1982–83 auf Borneo sollten das unübersehbare Warnsignal gewesen sein. Sie führten vor Augen, wie schnell sogar ein normalerweise immerfeuchter Tropenwald den Flammen zum Opfer fallen kann, wenn sich das natürliche Niederschlagsregime verändert.

Bei den Waldbränden auf Borneo war der »Jahrhundert-El-Niño« die auslösende Ursache gewesen, der auch Europa der heißesten Sommer seit Beginn der meteorologischen Aufzeichnungen beschert hatte. In einem bislang ungekannten Ausmaß staute sich Warmwasser im tropischen Westpazifik und fing an, in einem

173

gewaltigen Strom ostwärts zurückzufließen.

Das warme Wasser verdrängte das produktive kalte Auftriebswasser und das kalte Wasser des Humboldtstromes vor der südamerikanischen Westküste und löste das »El-Niño-Phänomen« aus. Sintflutartige Regenfälle ergossen sich auf den sonst wüstenhaften Küstenstreifen, die Fischerei brach zusammen, weil die Sardellenschwärme ausblieben, und die davon gleichfalls abhängigen Seevögel starben zu Millionen. Der Witterungsablauf des ganzen Erdballes änderte sich. Im Gegenzug fielen die Niederschläge über Borneo und weiten Teilen Südostasiens verheerend schwach aus, weil wegen der drastisch veränderten Meerestemperaturen das Passat-Monsun-System nicht mehr richtig funktionierte. Der Regenwald erhielt zu wenig Niederschlag und statuierte ein Exempel: Er brannte auf Tausenden von Quadratkilometern nieder. Der von der regelmäßigen Versorgung durch Niederschlagswasser abgeschnittene Regenwald konnte sich selbst nicht mehr feucht genug erhalten.

Wir können aus diesem Beispiel entnehmen, was passieren wird, wenn die Rodungen in der bisherigen Stärke weitergeführt werden, wenn die Restflächen Urwald verinseln und zwischen ihnen zu große Strecken Pflanzungen oder Weiden liegen, die nichts Nennenswertes mehr zum kleinen Wasserkreislauf beitragen. Der Wald wird dann von den Niederschlagsmengen voll abhängig, die vom Meer her kommen; ihren Abfluß zurück zum Meer kann er nicht mehr durch eine Mehrfachnutzung des Niederschlagswassers hinauszögern. Die südostasiatische Inselwelt hängt wegen ihrer geringen Flächengröße sehr viel stärker von den Niederschlägen ab, die vom Meer kommen, als die großflächigen Regenwälder Amazoniens und des Kongobeckens. Die Auswirkungen von Schwankungen in der Regenhäufigkeit treten bei ihnen schneller und deutlicher zutage. Amazonien und das Kongobecken verdecken die Gefahren, weil die dortigen Regenwälder einen hohen Anteil der Gesamtniederschlagsmenge selbst durch Verdunstung und Wiederverdunstung erzeugen. Dafür wird die klimatische Umstellung um so abrupter zustandekommen, wenn die kritischen Flächengrößen unterschritten sind. Was Brasilien mit dem großen Straßennetz in Amazonien riskierte, wird auch gegenwärtig noch längst nicht in der vollen Tragweite begriffen. Es wird nicht begreifbar sein, bevor es nicht zu den nachhaltigen Veränderungen in den Niederschlagsverhältnissen kommt. So gesehen ist es gut, daß die großflächigen Siedlungsvorhaben nicht gelungen sind. Das Land hat genug Schwierigkeiten mit den immer wieder auftretenden Dürrekatastrophen im Nordosten.

Also kann die Alternative nur in der Erhaltung der großflächigen Regenwälder liegen; eine Sicht, die nicht gerade in die ertragsorientierte Sicht der Wirtschaft paßt. Dennoch hatte sie auch dafür schon Lösungsmöglichkeiten parat, bevor die ökologischen Grundgegebenheiten bekannt waren. »Agroforestry« ist das zugehörige Schlagwort: Die Anlage landwirtschaftlicher Kulturen im Schutz der hochkronigen Regenwaldbäume. Die Baumkronenschicht soll die Stärke der Tropensonne mildern, die Kulturen während der mittäglichen Sonnenhöchststände beschatten und gleichzeitig den Wasserumsatz aufrechterhalten. Das Bewahren der Hauptbaumschicht soll zudem die Bodenverluste durch Erosion einschränken oder, nach Möglichkeit, ganz verhindern. Die ungünstigen Entwicklungen, wie sie bei Monokulturen offenbar unvermeidbar sind, könnten durch die Kombination von Wald und Kulturen möglicherweise gleichfalls unterbunden oder wenigstens gemildert werden. Aus wirtschaftlicher Sicht erscheint das Konzept in der Tat verlockend, denn es läßt regelmäßige Ernten im Bereich der Nutzpflanzenproduktion zu, die in längeren Zeiträumen von einem halben Jahrhundert und mehr durch die forstliche Nutzung des Baumbestandes ergänzt werden.

Sicher sind Versuche, mit diesem gemischten Nutzungssystem die Versorgungslage in der Tropenwelt zu verbessern, auf jeden Fall besser als Abholzungen und Umwandlungen zu Monokulturen oder zu Weideland. Aber auch sie können die zentrale Schwierigkeit nicht umgehen: die Nährstoffversorgung. Nur dort, wo die Struktur des Bodens dies zuläßt, wo Tonmineralien vorhanden sind, welche die Eigenschaft besitzen, Pflanzennährstoffe festzuhalten und an die Wurzeln abzugeben, hat eine Dauernutzung nach dem Konzept der »Agroforestry« Aussichten auf Erfolg. Auf den großflächigen Sandböden, auf kaolinitischen Böden und auf den anderen Formen der Endstadien der Bodenentwicklung gelingt das nicht, weil dort die Nährstoffe den Pflanzen von oben zufließen. In all jenen Regionen der Tropenwälder, in denen die Vegetation »aus der Luft« ernährt wird, werden landwirtschaftliche Kulturen auch dann scheitern, wenn sie den Hochwald erhalten. Denn die Nutzpflanzen sind nicht so gebaut, daß sie sich auf diese Form der Nährstoffversorgung einstellen könnten. Sie gehörten in ihren Ursprungsgebieten nicht zu Pflanzen, die sich in den großen Filter eines tropischen Regenwaldes einpassen, sondern ausnahmslos zu solchen, die unter günstigen Nährstoffverhältnissen Überschuß produzieren. Deshalb sind sie zu Nutzpflanzen geworden; deswegen lohnte sich ihre gezielte Verbesserung durch Zucht. Die Nutzung der tropischen Regenwälder ist kein technologisches, sondern ein biologisches Problem. Wolfgang Weischet hat dies höchst treffend die »ökologische Benachteiligung der Tropen« genannt.

Sie hat sich in anderen, weltweit umstrittenen Großprojekten in noch größerer Deutlichkeit gezeigt. So gehören nach den Rodungen die Stauseen an Tropenflüssen zu den schwerwiegendsten Umwelteingriffen. Tausende Quadratkilometer Tropenwald sind in ihren Fluten versunken. Nicht einmal die Edelhölzer konnten vorher geborgen werden, weil keine Abtransportmöglichkeiten zur Verfügung standen. Die Verluste an gefährdeten Tier- und Pflanzenarten waren in fast allen Fällen sehr groß. Die sich im warmen Wasser der Stauseen zersetzenden Biomassen erzeugen Faulgase, insbesondere Methan und Schwefelwasserstoff, weil nicht genügend Sauerstoff im Wasser verbleibt. Es bilden sich Säuren, die auf die technischen Anlagen einwirken. Der anfänglich große Fischreichtum fällt mit fortschreitender Verschlechterung der Lebensbedingungen stark ab, so daß es nicht, wie bei ökotechnisch gut angelegten Stauseen in Savannen oder im außertropischen Bereich, zur Ausbildung eines neuen, anders gearteten Naturreichtums kommt.

Hauptverursacher dieser auch technischwirtschaftlich ungünstigen Entwicklungen und Verhältnisse sind die landschaftlichen Gegebenheiten. Auf den erdgeschichtlich sehr alten, eingeebneten Rumpfgebirgen und Ablagerungsbecken der feuchten Tropen gibt es keine tief eingeschnittenen Flußtäler und keine Flüsse mit größerem Gefälle. Um bei einem Anstau die für die Stromerzeugung notwendige Fallhöhe zu gewinnen, müssen deshalb die Rückstaugebiete riesengroß dimensioniert werden. Für 10 Meter Fallhöhe bedeutet dies vielleicht mehrere hundert Kilometer lange Rückstaue und entsprechend große Stauflächen. Auch sehr wasserreiche Flüsse werden in solchen Riesenstauseen nicht mehr in der Lage sein, das Becken weitgehend so zu durchströmen, daß der Wasserkörper nicht zur Ruhe kommt.

In den von der Eiszeit oder von erdgeschichtlich jungen Gebirgsbildungen geformten Landschaften sind in dieser Hinsicht ungleich günstigere Ausgangsverhältnisse gegeben. Hier erzeugen 10 Meter Fallhöhe vielleicht nur 10 Kilometer Rückstau oder weniger. Bei mehreren Hundert Kilometern Rückstau können keine flußnahen Dämme mehr gebaut werden, weil die Kosten dafür viel zu hoch wären und weil die ungleich größeren Wassermengen, die von tropischen Flüssen geführt werden, entsprechend große Ausgleichsflächen für Hochwässer beanspruchen. Aus diesen Gründen werden Stauseen mit vergleichsweise bescheidenen Leistungen an elektrischer Energie zu waldverschlingenden Anlagen, deren Folgewirkungen auf den Naturhaushalt in keinem vertretbaren Verhältnis zu den Gewinnen mehr stehen; von wenigen Ausnahmen in landschaftlich begünstigter Lage abgesehen.

Wenn die Tropenwaldflüsse die angrenzenden Wälder wochen- oder monatelang überfluten, so ist dieser Vorgang ein Teil ihres natürlichen Wechselspieles und für die Fische unter Umständen eine Notwendigkeit, weil sie im Wald nun Nahrung finden. Eine Dauerüberflutung verträgt jedoch kein Tropenwald. Sogar die Mangrove braucht mit ihrem amphibischen Baumbestand den Wechsel zwischen Ebbe und Flut, um leben zu können. Die Auswirkungen von Stauseen auf den Naturhaushalt der tropischen Regenwälder sind daher nach anderen Maßstäben als in den gemäßigten Breiten zu beurteilen, von wo die Technik kommt und wo die größten Erfahrungen mit Stauhaltungen gesammelt worden sind.

Verglichen mit Waldrodung und Stauseen fallen Bergbauprojekte als Bedrohung für tropische Regenwälder an Bedeutung stark zurück. Sie stellen eher punktuelle Eingriffe dar, die mit moderner Technik im Prinzip beherrschbar wären. Die Einschränkung von Umweltbelastungen, die vom Bergbau ausgehen, hängen nicht von der Tropennatur selbst ab, sondern von den finanziellen Mitteln, die zur Verfügung stehen. Wahrscheinlich haben die großflächig arbeitenden Goldsucher in der Gesamtbilanz schon größere Schäden angerichtet als der großtechnische Bergbau, weil der Einsatz von Quecksilber als Mittel, das Gold herauszulösen, ein nicht abbaubares Umweltgift fein verteilt in die Flüsse bringt, wo es nur sehr langsam dem Meer zugeführt wird. Quecksilbervergiftungen beeinträchtigen die Flüsse Amazoniens und die Zuflüsse zum größten Sumpfgebiet, zum Pantanal in Südmatogrosso, gegenwärtig in alarmierendem Maße.

Was die Förderung von Erzen für gewöhnlich nicht anrichtet, nämlich großflächige Waldverwüstung, setzt allerdings dann ein, wenn — wie im Grande-Carajás-Projekt in Brasilien — das Erz mit Holzkohle verhüttet wird, die der Regenwald liefern muß. Unter solchen Voraussetzungen wird auch eine technologisch hervorragende Bergwerksanlage zur Umweltkatastrophe. Wie fast alle derartigen technischen Großprojekte hat sie mit der Verbesserung der Lebensbedingungen der örtlichen Bevölkerung sehr wenig zu tun. Der »verchromte Urwald« erweist sich bei näherer Betrachtung leider nicht als eine zukunftsweisende Vision. Die Möglichkeiten der modernen Technik haben die Vernichtungsrate der tropischen Regenwälder immens beschleunigt, aber so gut wie nichts zu ihrer Rettung beigetragen.

Auf einer anderen Ebene läuft vielmehr das ab, was sich beim Wechsel von der Jagd mit Pfeil und Bogen oder mit dem Blasrohr vollzogen hat, als Gewehre ihren Weg in die Tropenwälder fanden. Aus einer schonenden, nachhaltigen Nutzung der Tierbestände in wohl kontrolliertem Ausmaß, das die Bestände nicht gefährdete, ist in kürzester Zeit eine katastrophale Übernutzung entstanden, die auf weiten Flächen zum Zusammenbruch der bejagten Populationen führte. Das technisch fortschrittlichere Instrument wurde nicht mit der notwendigen Zurückhaltung eingesetzt, und das Gleichgewicht, das sich in Jahrhunderten oder in Jahrtausenden zwischen Mensch und Regenwald eingespielt hatte, war dahin. So muß denn auch eine sogenannte »nachhaltige Nutzung« der tropischen Regenwälder mit großer Sorge betrachtet und verfolgt werden.

Möglichkeiten für eine »sanfte« Nutzung?

Die Internationale Naturschutzunion IUCN meldete, daß in den Jahren 1960 bis 1967 in Amazonien 990 000 Hirsche erlegt worden sind. Das macht etwa eine Quote von 0,2 Hirschen pro Quadratkilometer aus. In der Bundesrepublik Deutschland

werden rund zehnmal mehr Rehe pro Quadratkilometer und Jahr erlegt. Dennoch reicht die Abschußquote nicht aus, um die Bestandsentwicklung der Rehe unter Kontrolle zu halten oder die Dichte in den Gebieten mit starkem Verbiß von Jungwuchs zu senken. In Amazonien bedeutete die Entnahmequote eine weitgehende Vernichtung der Bestände. Es dauerte nur wenige Jahrzehnte, bis Großtierarten wie der Jaguar, der Ozelot oder der Flachlandtapir an den Rand des Aussterbens gebracht wurden, obwohl im riesigen Raum Amazoniens, in welchem Europa Platz hätte, kaum mehr als zwei Millionen Menschen leben.

Wie ist es möglich, daß diese geringe Zahl solch verheerende Auswirkungen verursacht? Warum blieben die großen Papageien, die Aras, im Pantanal, in Mittelamerika oder in den seit Jahrhunderten in Kultur genommenen Grenzgebieten zum Regenwald in Bolivien erhalten, während sie in Zentralamazonien nahezu ausgestorben sind? Warum traf der internationale Fellhandel den kleinen, schwer zu erbeutenden Ozelot so ungleich härter als den afrikanischen Leoparden, der sogar wieder aus der Liste der vom Aussterben bedrohten Arten genommen werden konnte?

Diese und eine Vielzahl anderer Fragen, die mit der Nutzung der Tierbestände tropischer Regenwälder zusammenhängen, lassen sich mit dem Bezug auf die Nährstoffarmut umfassend beantworten. Die Bestände sind zu wenig produktiv, um einen ähnlichen Nutzungsgrad zu vertragen, wie die Arten unserer gemäßigten Breiten. Der Zusammenhang ist verblüffend einfach: Wo Monokulturen funktionieren, da können auch Wildtierbestände genutzt werden, wo aber die Natur Diversität vorgezeichnet hat, sind Abschöpfungen nur in äußerst geringem Maße zulässig.

Aus ökologischer Sicht sind diese Gegebenheiten völlig klar. Stellen sie doch nichts weiter als die Anwendung des Prinzips der Weitergabe von Energie über Nahrungsketten dar. Wenn die Basis groß ist, das heißt, wenn viel und einheitliche Primärproduktion vorliegt, können die Konsumenten, die Zweit- und die Drittnutzer, daran teilhaben und selbst wieder genutzt werden. Mit jedem Nutzungsschritt in der Nahrungskette gehen rund 90 Prozent der vorherigen Energiemenge verloren. Die verbleibenden 10 Prozent müssen folglich mengenmäßig umfang-

reich genug sein, wenn ein nächster Nutzungsschritt noch möglich sein sollte.

Betrachten wir dazu konkrete Werte aus Amazonien. Die Affen, die im Regenwald Zentralamazoniens leben, machen nur ein paar Kilogramm pro Quadratkilometer aus. Studien in reichhaltigen Waldgebieten, etwa im Gebiet des Manu-Nationalparks in Peru, ergaben eine Primaten-Biomasse von etwa 30 Kilogramm pro Quadratkilometer. Sie verteilt sich auf fünf größere Affenarten und mehrere kleine. Geht man von einem Mindestbestand von 50 fortpflanzungsfähigen Tieren aus, dann läßt sich ein Flächenbedarf für einen selbständig überlebensfähigen,

Holzwert vermarktungsfähiger Stämme auf der gleichen Untersuchungsfläche, wie in der Tabelle rechts oben. Die einmalige Abholzung liefert einen Ertrag von ziemlich genau 1000 US $. Ihm steht ein langfristiger Nutzwert von jährlich fast 700 US $ gegenüber. Der Vergleich belegt das Ausmaß des Raubbaus, der mit der Abholzung tropischer Regenwälder betrieben wird.

Handelsname	Gattungsname	Anzahl der Bäume	Holzvolumen (in m³)	Sägewerkspreis (pro m³ in US $)	Holzwert (in US $)
Aguano masha	Trichilia	4	0,55	14,80	4,88
Almendro	Caryocar	1	0,08	14,80	0,71
Azucar huayo	Hymenaea	1	0,10	14,80	0,89
Cumala	Iryanthera, Virola	83	19,77	19,00	225,38
Espintana	Guatteria, Xylopia	7	1,47	21,00	18,52
Favorito	Osteophloeum	2	3,90	14,80	34,63
Ishpingo	Endlicheria	4	0,82	14,80	7,28
Itauba	Mezilaurus	3	0,29	14,80	2,57
Lagarto caspi	Calophyllum	2	0,25	40,30	6,04
Loro micuna	Macoubea	1	1,37	14,80	12,17
Machimango	Eschweilera	5	0,76	20,15	9,19
Machinga	Brosimum	10	24,61	14,80	218,53
Moena	Aniba, Ocotea	6	0,75	42,00	18,90
Palisangre	Dialium	1	0,27	14,80	2,39
Papelillo	Cariniana	1	1,19	14,80	10,57
Pashaco	Parkia	19	4,19	14,80	37,21
Pumaquiro	Aspidosperma	12	10,22	14,80	90,75
Quinilla	Chrysophyllum, Pouteria, Manilkara	34	9,18	31,80	175,15
Remo caspi	Swartzia, Aspidosperma	28	11,65	14,80	103,45
Requia	Guarea	4	1,06	14,80	9,41
Tortuga caspi	Duquetia	1	0,13	14,80	1,15
Yacushapana	Terminalia	2	0,71	14,80	6,31
Yutubanco	Heisteria	2	0,53	14,80	4,70
Summe		233	93,85		1.000,78

Jährlicher Ertrag und Marktwert von Früchten, Latex (Rohgummi) oder Harzen, die pro Hektar tropischer Regenwald bei Misana am Rio Nanay in Peru geerntet werden. 117 Bäume können auf der Untersuchungsfläche genutzt werden (nach Angaben von C. M. Peters, A. H. Gentry und R. O. Mendelson, 1989).

gebräuchlicher Name	Artname	Anzahl	jährliche Produktion pro Baum	Preis (in US $)	Gesamtwert (in US $)
Aguaje	Mauritia flexuosa L.	8	88,8 kg	10,00/40 kg	177,60
Aguajillo	Mauritiella peruviana (Becc.) Burret	25	30,0 kg	4,00/40 kg	75,00
Charichuelo	Rheedia spp.	2	100 Früchte	0,15/20 Früchte	1,50
Leche huayo	Couma macrocarpa Barb. Rodr.	2	1,060 Früchte	0,10/3 Früchte	70,67
Masaranduba	Manilkara quianensis Aubl.	1	500 Früchte	0,15/20 Früchte	3,75
Naranjo podrido	Parahancornia peruviana Monach.	3	150 Früchte	0,25/Frucht	112,50
Sacha cacao	Theobroma subincanum Mart.	3	50 Früchte	0,15/Frucht	22,50
Shimbillo	Inga spp.	9	200 Früchte	1,50/100 Früchte	27,00
Shiringa	Hevea quianensis Aubl.	24	2,0 kg	1,20/kg	57,60
Sinamillo	Oenocarpus mapora Karst.	1	3.000 Früchte	0,15/20 Früchte	22,50
Tamamuri	Brosimum rubescens Taub.	3	500 Früchte	0,15/20 Früchte	1,25
Ungurahui	Jessenia bataua (Mart.) Burret	36	36,8 kg	3,50/40 kg	115,92
Summe		117			697,79

örtlichen Bestand von 550 bis 800 Quadratkilometern errechnen.

Diese Fläche muß vorhanden sein, um wenigstens eine ganz geringe Entnahmequote von ein bis zwei Affen pro Jahr zu ermöglichen. Sie fallen natürlichen Feinden, wie der Harpyie, zum Opfer. Diese wiederum kontrolliert noch viel größere Flächen; nur dann kann sie überleben und alle zwei Jahre ein Junges großziehen. Für eine Nutzung durch den Menschen bleibt immer noch kein Spielraum. Er setzt erst ein, wenn die Flächen auf mehrere Tausend Quadratkilometer angestiegen sind. Das macht das Zehn- bis Vierzigfache der Reviergröße aus, die als Mindestgröße für einen Eigenjagdbezirk in Mitteleuropa festgelegt worden ist. Um die gleiche jährliche Nutzungsmenge zu erzielen, die aus einem Revier von einem Quadratkilometer Fläche kommen kann, müßten in Amazonien rund 1000 Quadratkilometer veranschlagt werden. Solche Verhältnisse wurden nie eingehalten. Man nahm, was vor die Flinte kam; es war beschwerlich genug, an die seltene Beute überhaupt heranzukommen. Die Folgen waren starke Bestandseinbrüche bis hin zur regionalen Auslöschung. Es dauert sehr lange, bis sich die Bestände wieder erholen und auszubreiten beginnen.

Um wieviel besser wäre da eine Nutzung der Großtiere, die sie nicht tötet oder zu Gefangenen in Käfigen von Wohlstandsgesellschaften degradiert? Der Natur-Tourismus bringt weltweit steigende Erträge; Gefahren zwar auch, aber auf jeden Fall geringere als die direkte Nutzung der Tierbestände als Jagdbeute oder für den Tier- und Fellhandel. Das gilt genauso für Pflanzen, wie die Orchideen und Bromelien.

Nur der örtlichen Bevölkerung wird diese Form indirekter Nutzung wenig einbringen. Sie ließe sich eher als Ausgleich zu entgangenen Erträgen aus dem Tropenholzhandel heranziehen. Das Grundproblem der Seltenheit bleibt nämlich auch der große Nachteil für den Natur-Tourismus. Löwen lassen sich finden und vor-

179

führen, Jaguare nicht. Wann und wo sie auftauchen, wenn es sich um freilebende handelt, kann kaum abgeschätzt werden. Was im Subtropengürtel, was in den tropischen Savannen und Sumpfniederungen kein Problem darstellt, Tiere hautnah zu sehen, erweist sich als schwer zu vermittelnde Hürde für den Natur-Tourismus im tropischen Regenwald: Es heißt, die Armut in der Fülle zu begreifen!

Dem tropischen Regenwald wird infolgedessen ungleich weniger Aufmerksamkeit zuteil werden als den tierreichen Savannen und Feuchtgebieten. Es wird nur an wenigen Stellen möglich sein, entsprechende »Attraktionen« den Besuchern zu garantieren. Sehr viel mehr und sehr viel genauere Informationen werden notwendig sein, um Besucher an Balzplätze von Tanzvögeln oder an Colpas, mineralstoffhaltige Steilufer an Flüssen, heranzuführen, an denen sich Scharen von Aras und anderer Vögel sowie Tausende von Schmetterlingen sammeln (s. Foto S. 132). Nur wer genau informiert ist, wird zum rechten Zeitpunkt kurz vor Sonnenuntergang am richtigen Platz sein, wenn plötzlich Schwärme pfeilschneller Segler aus der Luft auftauchen und sich in die Wasservorhänge stürzen, die von Wasserfällen gebildet werden. In den Kuhlen dahinter befinden sich ihre Schlafplätze oder die Brutstellen. Die erste wirkliche Aktivität der ausfliegenden Jungsegler besteht darin, die Wasservorhänge zu durchfliegen. Erst dann sehen sie die Sonne und ihre Lebenswelt. Solche Besonderheiten werden Besucher anlocken können. Aber könnten sie jemals ausreichen, einen Großteil der tropischen Regenwälder für die Zukunft zu sichern? Wohl kaum!

Wo liegen die wirklichen Chancen, falls es überhaupt welche gibt? Den Ansatz dazu kann eigentlich nur die Grundstruktur der tropischen Regenwälder als Ökosystem bieten. Was war ihr besonderes Kennzeichen.

Es handelt sich um außerordentlich stark geschlossene Systeme, die ihre unvermeidlichen Verluste an Nährstoffen aus der Luft ausgeglichen bekommen. Sie weisen eine absolute Dominanz der pflanzlichen Biomasse auf, zu der die Tiere wie entbehrbare Nebensächlichkeiten aussehen. Sie enthalten eine außerordentlich große Artenzahl an Holzgewächsen mit Werten, die auf einem Hektar den Reichtum eines ganzen außertropischen Kontinents übersteigen. Aber sie leisten keine Überschußproduktion, von der Nutzer wie Haustiere und Menschen in nennenswertem Umfang leben könnten. Was mag in einem solchen, von unseren Ökosystemen der Gemäßigten Breiten so verschiedenen Systeme stecken, das sich zur Nutzung lokal wie weltweit anbietet?

Es sind die Früchte, Latex (Rohgummi) und Harze, insbesondere aber die chemischen Inhaltsstoffe der Pflanzen, besonders der Bäume (vgl. Tabellen S. 178/179). Seit Jahrmillionen experimentieren sie mit immer neuen Kombinationen von Produkten der Photosynthese. Sie haben wirklich viel mehr als nur Holz zustande-

Weit stärker als in ihrer ursprünglichen Heimat in Amazonien wuchern die Wasserhyazinthen (Eichhornia-Arten) auf den Gewässern in nährstoffreicheren Tropengebieten, wie hier in Nordaustralien (Foto oben).
Außerordentlich mannigfaltig sind die Blütenformen der Orchideen, die zu den Charakterpflanzen der Regenwälder gehören (Fotos unten). Cattleya skineri (unten rechts) wurde zur »Nationalblume« von Costa Rica erwählt.

gebracht. Die Bäume sind voll von chemischen Verbindungen, von denen die meisten unserer Chemie unbekannt sind. Die besten Kenner sind nach wir vor die Medizinmänner und Schamanen, die Gummisammler und eine Handvoll Spezialisten, die sich dadurch auszeichnen, daß sie mit Geduld und Hingabe den Regenwaldbewohnern zusehen, welche Pflanzen sie auf welche Art und Weise nutzen. Die ungehobenen Schätze der tropischen Regenwälder beginnen erst zu dämmern. Sie sind − und sie werden dies auch auf unabsehbare Zeit bleiben, sofern wir sie nicht im Verlauf der nächsten 20 Jahre vernichten − die größte Apotheke und das größte Chemielabor der Welt.

Allein dafür, daß sie das chemische Potential dieser Wälder erhalten, sollten wir die Länder der Dritten Welt mit Anteilen am tropischen Regenwald besonders bezahlen. Tropenhölzer, die in Primärregenwäldern geschlagen werden, sind kein geeignetes »Zahlungsmittel«, um den Wald zu erhalten. Sie lassen sich im notwendigen Umfang in Plantagen dort nachziehen, wo die Bodenverhältnisse dies erlauben − aber nur dort! Die großen Teak-Plantagen in Südindien haben längst unter Beweis gestellt, zu welchen Leistungen sie in der Lage sind. Dort leben im dichten »Dschungel« der Teak-Pflanzungen Tiger

Straßenbau, wie hier bei Manaus (1960) in Zentralamazonien, ist der erste Schritt zur großflächigen Vernichtung des tropischen Regenwaldes (Foto oben).
Edelhölzer lagern auf einem Holzdepot in der Elfenbeinküste; bereit für europäische und japanische Abnehmer (Foto Mitte).
Monokulturen aus Ölpalmen (Elaeis guineensis; Foto unten) ersetzen den natürlichen Reichtum des tropischen Regenwaldes in der Elfenbeinküste.

und Gaur, Nilgau-Antilopen und Axishirsche sowie eine Fülle von anderen Tierarten dieser tropischen Saisonwälder (Monsunwälder). Sinnvolle forstliche Nutzung und Erhaltung von gefährdeten Arten schließen sich nicht grundsätzlich aus. Es gibt allerdings dann Konflikte, wenn eine »sinnvolle Nutzung« nicht möglich ist, weil die Voraussetzungen dazu fehlen. Dann wird schnell eine Übernutzung oder eine Vernichtung daraus.

Mit großer Sorgfalt sollten daher die Möglichkeiten, Tropenhölzer in Plantagen zu ziehen, geprüft werden. Mit noch größerem Ernst und Verantwortungsbewußtsein ist es jedoch nötig, die Nutzung von Primärregenwäldern für die Tropenholzgewinnung zu überprüfen. Sicher gibt es Gebiete, die eine schonende Nutzung vertragen, ohne daß die Artenvielfalt aufs Spiel gesetzt wird oder gar die genutzten Wälder zusammenbrechen. Die Nährstoffverhältnisse in den Böden und das Regenerationsverhalten der Wälder nach Wanderfeldbau-Nutzungen sagen genug darüber aus.

Unter Umständen kann sogar eine Nutzung als extensive Viehweide eine sinnvolle Alternative darstellen, wie einer der besten Kenner der Tropenwelt, der Crawford-Preisträger Daniel Janzen kürzlich überzeugend dargelegt hat am Beispiel von Waldgebieten in Costa Rica. Das hängt eben von den ökologischen Gegebenheiten, von den Ausgangsbedingungen ab.

Woran es mangelt, das sind nicht nur die Nährstoffe in vielen Tropenwäldern sondern Grundlagenforschungen, die das nötige Basiswissen vermitteln. Wenn wir uns vor Augen halten, mit welchen Milliardenbeträgen weltweit an der Ausbeutung der Meeresgebiete um die Antarktis geforscht wird, dann nehmen sich die

Summen geradezu lächerlich aus, die für die Tropenforschung bereitgestellt worden sind. Hier sind wir, sind die Industriestaaten, in die Verantwortung zu nehmen. Auf ihr Konto geht die Ausbeutung vieler Primärregenwälder, um tropische Edelhölzer zu gewinnen. Aus ihren Konten werden Großprojekte finanziert, welche Regenwälder in den Tropen durch Stauseebauten oder Industrieanlagen, durch riesige Monokulturen und durch Förderung einer Weideviehhaltung für den Export vernichten. Es ist längst nicht mehr so, daß die Nutzung der Regenwälder eine innere Angelegenheit jener Staaten wäre, denen sie gehören. Wer das fordert, muß auch bereit sein, auf Entwicklungshilfegelder und internationale Kredite zu verzichten, die Einfluß auf den Fortbestand der Regenwälder nehmen.

Die Industriestaaten und die Staaten des Tropengürtels bilden eine Schicksalsgemeinschaft. Die Welt ist nicht teilbar, auch wenn politische Grenzen auf Landkarten den Eindruck erwecken mögen. Der Artenreichtum der Erde ist überkommenes Erbe. Ihn zu erhalten, muß höchste Priorität in den nationalen wie in den internationalen Anstrengungen bekommen. Die Endgültigkeit des Aussterbens zwingt uns, alles zu unterlassen, was dem Artentod Vorschub leistet. Die Industriestaaten schädigen die Tropenländer aufs schwerste, wenn sie mit ihrer »Hilfestellung« deren natürlichen Reichtum an Arten vermindern.

Die Lösungen der Probleme von Hunger und Arbeitsplatzmangel müssen auf anderen Ebenen gesucht werden. Sie sind zu finden, weil die Alternativen vorhanden sind. Wir, die »hochentwickelten« Staaten, haben den Weg hinter uns. Er führte nicht in die ungenutzten Reserven der Wälder auf mageren Böden oder zur Urbarmachung der klimatischen Extremgebiete, sondern in die Verbesserung der Produktion auf den guten Böden — bis hin zur Überproduktion! Wir werden im Folgekapitel nochmals darauf zurückkommen.

Kein vernünftiger Mensch käme hierzulande auf die Idee, Stahl mit Hilfe von Holzkohle zu erzeugen, die aus den Stämmen der Bäume unserer Wälder erst hergestellt werden muß. Man stelle sich das vor: Wir würden den Spessart und das Siebengebirge abholzen, gigantische Schwelbrände entfachen, um mit der so gewonnenen Holzkohle im Ruhrgebiet ein Stahlwerk zu betreiben. Diese Vorstellung wird niemand witzig finden, wohl aber über die Möglichkeit, daß etwas derartiges passieren könnte, belächeln. Ein solches Projekt ist in Südamerika Wirklichkeit geworden; finanziert mit Geldern, die aus Steuereinnahmen von Industriestaaten, vielleicht aus unseren eigenen stammen!

Es ist allerhöchste Zeit, daß wir unsere Entwicklungspolitik überdenken und neue Maßstäbe zur Orientierung anlegen. Wir sind Verursacher, wir sind Betroffene. Daran kann keine politische Spitzfindigkeit etwas ändern. Es gibt nur eine Welt — und diese Welt braucht den tropischen Regenwald!

10.
Die Natur und
das »Nord-Süd-Gefälle«

Die meisten Länder der sogenannten »Dritten Welt« liegen im Tropengürtel der Erde. Keiner der Flächenstaaten dieser Region gehört zu den reichen Ländern. Diese reihen sich in den gemäßigten und kalten Breiten aneinander. Nur dort, wo nicht erneuerungsfähige Naturgüter wie Erdöl oder hochwertige Erze im Subtropengürtel verfügbar sind, finden wir Staaten mit wirtschaftlichem Wohlstand. Er begründet sich auf Ausbeutung von Naturgütern und nicht auf Leistungen des Naturhaushaltes. Daraus ergibt sich das bekannte »Nord-Süd-Gefälle«; eine auf Europa und Nordamerika bezogene Vereinfachung der weltweiten Situation. Sie wiederholt sich auf der Südhemisphäre mit dem prosperierenden Australien oder den hohen landwirtschaftlichen Produktionskapazitäten von Argentinien und Chile sowie im südlichen Afrika.

Also scheint es sich in Wirklichkeit um ein Gefälle von den höheren zu den niederen Breiten, von den gemäßigten Breiten zum Äquator hin, zu handeln; um einen globalen Trend, der in die »ökologische Benachteiligung der Tropen« mündet. Eine Problematik von weltpolitischem Ausmaß verbirgt sich hinter dieser lapidaren Formulierung des Wirtschaftsgeographen Professor Wolfgang Weischet, die an Treffsicherheit kaum zu überbieten ist. Wenn sie stimmt, und alle verfügbaren ökologischen Befunde sprechen dafür, daß es so ist, müssen die außertropischen Räume »ökologische Vorteile« aufweisen. Wie sehen diese aus und wie sind sie zustandegekommen? Das sind die ersten beiden Kernfragen, denen hier nachgegangen werden soll.

Blenden wir kurz zurück: Was waren die wirklich grundlegenden Kennzeichen des Naturhaushaltes der feuchten Tropen, insbesondere des tropischen Regenwaldes? Wärme und Sonnenlicht im Überfluß, beste Wasserversorgung über hohe Niederschläge und geringe Schwankungen in diesen klimatischen Bedingungen bildeten die eine, die positive Seite. Ihr mußte eine negative, der Mangel an Nährstoffen, gegenübergestellt werden. Er führte im Verlauf jahrmillionenlanger Anpassungsprozesse zu außerordentlich gut funktionierenden Kreisläufen mineralischer Nährstoffe, die fast ohne Verluste ablaufen, aber eben auch keine Überschußproduktion zulassen. Der Mangel an mineralischen Nährstoffen pflanzt sich fort in den Mangel an nutzbaren Überschüssen: So perfekt sich das System »Tropischer Regenwald« selbst erhält, so wenig gibt es nach außen ab. Werden die geschlossenen Kreisläufe durch Holznutzung oder landwirtschaftliche Bodennutzung aufgebrochen, geht die Filterfunktion des Regenwaldes zugrunde und die ursprüngliche Fülle löst sich in nahezu nichts auf.

Ganz anders sieht es in den gemäßigten und kalten Breiten der Erde aus, wo die moderne Landwirtschaft entwickelt worden ist. Die Artenvielfalt war dort schon gering, verglichen mit dem tropischen Regenwald, bevor der Mensch das Land urbar machte. Die mosaikartige Nutzung der einst weitgehend geschlossenen Waldgebiete der Zone des sommergrünen Laubwaldes und von Teilen der Nadelwaldzone vergrößerte sogar die Artenvielfalt im Laufe der Jahrhunderte, bis der neuzeitliche Masseneinsatz von Agrochemikalien einen drastischen Abfall der Diversität herbeiführte.

Wer eine Zunahme der Artenvielfalt erwartet, wenn die tropischen Regenwälder erschlossen werden und in eine landwirtschaftliche und forstliche Nutzung übergeführt sind, wird mit Sicherheit falsch liegen. Die Ausgangsverhältnisse liegen nämlich gänzlich anders. In den gemäßigten Breiten dominierten einheitliche, verhältnismäßig einförmige Wälder, die sich ihre Strukturvielfalt durch mosaikartig nebeneinander liegende Flächen unterschiedlicher Alters- und Entwicklungsstadien erhielten. Auf kleineren bis mittleren Flächengrößen stockten artreine Bestände von Buchen, Eichen oder Fichten; die Hauptbaumarten im europäischen Raum. Entsprechende Arten setzten in Nordamerika und in Ostasien das Waldbild zusammen.

Eine starke Saisonalität des Klimas charakterisiert den Ablauf von Produktion und Verbrauch in diesen Wäldern. Mit dem Einzug des Frühlings wird die Winterruhe beendet. Laub- oder Nadelaustrieb erfolgen sehr schnell innerhalb weniger Wochen, mitunter in einigen Tagen. Dann setzt die Phase intensiver Produktion ein. Sie wird begünstigt durch die langen Tage, die — je nach geographischer Breitenlage — zur Zeit des Sonnenhöchststandes vier oder mehr Stunden zusätzlich zum tropischen 12-Stunden-Kurztag zur Verfügung haben. Die Strahlungsintensitäten liegen beträchtlich niedriger als in den Tropen, weil die Sonne nicht senkrecht steht und ein höherer Anteil der »harten« Ultraviolettstrahlung beim längeren Weg der Strahlung durch die Atmosphäre ausgefiltert wird. In diese Jahreszeit fallen oft auch die Monate mit den höchsten Niederschlägen, so daß es auch an der Wasserversorgung — von Ausnahmen abgesehen — nicht mangelt.

Die Folge dieser günstigen Produktionsbedingungen ist der Aufbau eines Überschusses. Die rund ein halbes Jahr während Vegetationsperiode reicht aus, um mehr Biomasse hervorzubringen, als in den Monaten des Winterhalbjahres wieder abgebaut werden kann. Das bedeutendste Hemmnis ist der Winter, weil Frost die Zersetzer am Abbau der organischen Stoffe hindert. Frühjahr und Herbst reichen nicht aus, um die winterliche Unterbrechung durch Temperaturen unter Null Grad Celsius auszugleichen. Somit häuft sich organisches Material an, und zwar in jener Schicht des Bodens, der wir seit eh und je die Fruchtbarkeit zuschreiben, im Humus. Er besteht aus unvollständig zersetzten, noch nicht vollständig mineralisierten organischen Stoffen und Tonmineralien, die in besonderem Maße befähigt sind, solche Mineralstoffe festzuhalten, zu speichern und bei Bedarf abzugeben, welche die Pflanzen zum Wachstum benötigen.

Die Humusbildung bildet die wichtigste Voraussetzung für die Erhaltung der Bodenfruchtbarkeit. Dennoch bliebe sie unzureichend, wenn nicht von vornherein die benötigten Mineralstoffe in hinreichenden Mengen verfügbar wären. Die Zersetzung von Holz, Zellulose, Stärke oder anderen Kohlenhydraten würde so gut wie nichts nützen, wenn sie nicht mit Mineralstoff-Freisetzung und -Speicherung verbunden wäre.

Das Geheimnis der Fruchtbarkeit der gemäßigten Breiten steckt im Zusammentreffen dieser beiden Prozesse. Die sommerliche Überschußproduktion ermöglicht die Anlage eines Depots von organischem Material im Boden in Form von Humus, und mineralstoffreiche Böden liefern die notwendigen Ergänzungen.

Aber auch sie sind nicht einfach da; der Reichtum an den Mineralstoffen, die für das Pflanzenwachstum geeignet sind, stammt aus der Eiszeit. Als sich vor rund 11 000 Jahren die Gletscher zurückzogen, gaben sie »jungfräuliche« Böden frei, die an Qualität an die besten vulkanischen Böden der Tropen heranreichen. Die Eismassen hatten das Grundgestein abgeschliffen, zerrieben und aufgearbeitet. Sie schichteten die Böden mehrfach um, kehrten das Unterste zuoberst und schufen damit die besten Voraussetzungen für pflanzliches Wachstum.

Einwirkungen des Windes kamen hinzu. Feinkörniges Material wurde verfrachtet und auf der windabgewandten Seite von Hügeln abgelagert. Der Transport dieses als Löß bezeichneten Bodens vollzog sich über kontinentale Entfernungen vorwiegend von West nach Ost, den Westwinden entsprechend. Die Hunderte von Meter mächtigen Lößablagerungen Nordost-

chinas, von denen bis heute in großem Umfang gezehrt wird, stammen aus der erdgeschichtlich jungen Zeit des Pleistozäns. Ohne die Einwirkung der Vereisung auf die Bodenfruchtbarkeit wäre mit Sicherheit die größte Konzentration an Menschen, die es je gegeben hat, in Ostasien nicht zustandegekommen.

Zum Teil trugen auch die Flüsse in bedeutendem Umfang zur »Verfrachtung von Fruchtbarkeit« bei. Die Flußoasenkulturen Chinas an Jangtsekiang und Hwangho gehören genauso zu diesen eiszeitlichen Rahmenbedingungen wie der fruchtbare Nilschlamm, der aus der Erosion der zentralafrikanischen Gebirge und Hochländer hervorgeht. Die eiszeitlichen Trockenphasen hatten dort die Ansatzmöglichkeiten für die Erosion geschaffen.

Aus diesen Hinweisen zum Ursprung der Fruchtbarkeit unserer Böden und Landschaften der von den Eiszeiten geformten gemäßigten Breiten läßt sich ein allgemeines Muster der weltweiten Verteilung von Fruchtbarkeit ableiten.

So wären in den polnahen Kältegebieten zwar vielfach die Mineralstoffverhältnisse bestens, was sich an der hervorragenden Nutzbarkeit der Tundravegetation durch Rentiere, Karibus, Moschusochsen und andere Tiere ablesen läßt, aber es mangelt an Wärme. Zu kurz ist die Zeit, in welcher der Dauerfrostboden auftaut und eine mengenmäßig bescheidene pflanzliche Produktion ermöglicht. Die Hellphase des Tages kann zur Zeit der Sommersonnenwende zwar bis auf 24 Stunden ansteigen, aber die Sonne steht so niedrig, daß sie nicht genügend Wärme in die Tundra bringt.

Das Gegenstück dazu bilden die Wüsten in mittleren und niedrigen Breiten. Dort gäbe es im Sommer oder das ganze Jahr über genügend Wärme und Licht. Mineralstoffe sind in so großen Mengen vorhanden, daß sie sogar wachstumshemmend wirken, wenn sie sich bei künstlicher Bewässerung in bestimmten Zonen des Bodens anreichern. Aber es herrscht Wassermangel. In den Hitzewüsten läßt er sich nicht einfach durch künstliche Bewässerung ausgleichen, selbst wenn Wasser in ausreichendem Maße zur Verfügung stände, weil die starke Verdunstung kapillar aufsteigende Grundwasser- oder Bodenwasserströme verursacht. Sie führen zur Versalzung der Böden, weil das Wasser an der Oberfläche verdunstet und das gelöste Salz zurückläßt.

Im Bereich der feuchten Tropen mangelt es an Nährstoffen und in den wechselfeuchten Tropen folgen Zeiten starker Trockenheit auf Phasen heftiger Niederschläge, die es für Nutzpflanzen schwer machen, damit fertigzuwerden. Somit verbleiben die gemäßigten Breiten als günstigste Kombination von mäßiger Wärme mit mittleren Niederschlagsmengen und günstigen Nährstoffverhältnissen. Dort finden die Nutzpflanzen, von wenigen tropischen Arten abgesehen, die im Endeffekt günstigsten Wachstums- und Produktionsbedingungen. Hier liegen die »Kornkammern« der Welt in den früheren Eisrandgebieten von Kanada und den Vereinigten Staaten, von Mitteleuropa und in den Lößgebieten Ostasiens.

Hier können Mineraldünger die Ernteverluste ausgleichen und die Böden sogar übersättigen — mit allen nachteiligen Folgen für das Grund- und Trinkwasser — weil die als Ionenhalter und -austauscher notwendigen Tonmineralien in großem Umfang verfügbar sind und weil sich Humus bilden kann, der zur Trägersubstanz der Bodenfruchtbarkeit wird.

Es ist kein Zufall, daß die genannten »Weizengebiete« den Weltmarkt beliefern; also weitaus mehr produzieren, als die betreffenden Länder selbst verzehren könnten. Es ist auch kein vorrangiger Erfolg moderner Agrartechnik, daß die Europäische Gemeinschaft so belastende Überschüsse produziert, während in den Tropenländern viele Menschen hungern oder nicht ausreichend ernährt sind. Das Produktionsgefälle hat ökologische Gründe. Diese werden sich nicht aus der Welt schaffen lassen. Vielmehr werden wir damit leben müssen, daß die Tropen anders sind und andere Lebensmöglichkeiten vorgeben als die gemäßigten Breiten. Daran werden aller Voraussicht nach auch moderne Agrartechniken und Entwicklungshilfe nichts ändern.

Sie sollten es auch gar nicht versuchen, denn die Produktionsmethoden der außertropischen Räume passen vom Grundsatz her nicht. Nur solche Methoden, die auf die ökologischen Rahmenbedingungen der Tropen eingestellt und abgestimmt sind, werden Aussicht auf Erfolg haben und mittel- oder langfristig den Menschen helfen, die dort leben. Es war falsch, mit technischen Mitteln einfach Brunnen zu bohren, um in der Sahelzone zu bewässern. Es war verkehrt, das euroamerikanische Monokulturprinzip auf den Tropengürtel zu übertragen und die Andersartigkeit der Tropennatur zu mißachten.

Aber fast alle Fehler, die in den wechselfeuchten und trockenen Tropen gemacht wurden, lassen sich wieder korrigieren. Was wir hingegen mit der Vernichtung der tropischen Regenwälder anrichten, wird sich nicht wieder gutmachen lassen. Darin steckt das größte Problem, dem wir uns stellen müssen.

11.
Rettung des tropischen Regenwaldes

Fassen wir zusammen: Der tropische Regenwald ist durch nichts zu ersetzen. Auf den gerodeten Flächen wächst und gedeiht nichts Gleichwertiges. Kurzfristige Erträge land- und forstwirtschaftlicher Art rechtfertigen die Vernichtung des Regenwaldes nicht. An den wenigen Stellen, an denen aus Gründen der Bodenfruchtbarkeit eine nachhaltige Nutzung möglich ist, wird sie seit langem betrieben. Die neuzeitlichen Versuche, Regenwälder als »Landreserven« zu nutzen, blieben weit hinter den Erwartungen zurück. Die »ökologische Benachteiligung der Tropen« war nicht berücksichtigt worden. Man wollte sie nicht berücksichtigen, weil der Trugschluß der überquellenden Fruchtbarkeit eine hinreichend klare Sicht verblendete.

Wir müssen es hinnehmen, daß wir nicht in der Lage sein werden, das Boden- und Nährstoffproblem in den feuchttropischen Regionen zu lösen. Es ist absurd, weltweit gleiche Produktionsbedingungen schaffen zu wollen. Wir können die Tropensonne auch nicht nach Mitteleuropa verlagern.

Die Lage für Mensch und Natur ist nirgends so prekär wie in den Tropen. Vielerorts ist sie verzweifelt. Es wäre mehr als zynisch, das Elend der Menschen beiseite zu schieben und ohne die unmittelbar Betroffenen Pläne für die Erhaltung der Tropenwälder zu schmieden. Aber es ist noch menschenverachtender, die Zerstörung der Lebensgrundlagen in den Tropen ungehindert zuzulassen, ja sie mit Kapital aus unserer Entwicklungshilfe voranzutreiben. Das Elend der Gegenwart läßt sich nur überwinden, wenn wirkliche Aussichten auf eine bessere Zukunft bestehen. Entwicklungsprojekte, die nur dem kurzfristigen Gewinn dienen, mittel- und langfristig aber mehr zerstören als sie schaffen, müssen unverzüglich eingestellt und unterbunden werden. Sie sind die Hauptverursacher der Naturzerstörung in den Tropen und der fortschreitenden Verelendung zahlreicher Staaten der Dritten Welt.

Die internationalen Naturschutzorganisationen prangern schon seit Jahren die Industriestaaten an: Sie sind die Verantwortlichen für die Vernichtung der tropischen Regenwälder und die Hauptbedrohung für die Tropennatur. Nicht Hunger und schwindende Landreserven sind die Hauptursache dafür, Regenwälder niederzubrennen, um darin zu siedeln und Ackerbau zu betreiben, sondern Spekulationsgeschäfte mit tropischen Edelhölzern, Rindfleisch oder Soja für den Weltmarkt. Von der Ausbeutung der Regenwälder in Nigeria und in der Elfenbeinküste profitieren nicht die Armen in der Bevölkerung; den Stahl, der im Carajás-Projekt mit Holzkohle verbrannter Regenwälder in Brasilien erzeugt wird, benutzen nicht die von Hungersnöten geplagten Armen des brasilianischen Nordostens, und das Gold, das aus amazonischen Flüssen unter menschenunwürdigsten Umständen und mit unerhörter Vergiftung der Natur mit Quecksilber gewonnen wird, kaufen wir zu Weltmarktpreisen, um Schmuck daraus zu fertigen. Ohne internationale Entwicklungshilfe hätten die gigantischen Straßen durch Amazonien nicht gebaut werden können, die den Wald zerschneiden und die Schneisen für die großflächige Vernichtung geschlagen haben. Nur weil Teak, Mahagoni und andere Edelhölzer aus Plantagen noch zu teuer sind oder weil die auf Luxus begründeten Mengen nicht schnell genug über gezielten Anbau gedeckt werden können, finanzieren wir den Raubbau in den Urwäldern.

Die Regenwälder Westafrikas fallen vorwiegend den Kettensägen europäischer Holzfirmen zum Opfer; in Südostasien sind es die Japaner, auf deren Konto ein Großteil der Waldvernichtung geht. Daß es zu diesem Raubbau kommt, liegt wie in Südamerika an der ungeheuren Verschuldung der Tropenländer und den daraus erwachsenden wirtschaftlichen Instabilitäten. Land und Bodenschätze sind vielfach die einzigen »verläßlichen« Sicherheiten für die internationalen Investitionen – und damit ist der Weg zur Ausbeutung der Natur der oftmals einzige Ausweg aus der Schuldenkrise.

In dieser hoffnungslos erscheinenden Lage stellen die Schulden den vielleicht rettenden Strohhalm dar. In den letzten Jahren wurde unter dem Druck der Schutzorganisationen ein Konzept entwickelt, das mittlerweile auch von führenden Politikern der Industriestaaten als ein Ausweg aus der Schulden- und Umweltkrise akzeptiert wird: Schuldenerlaß gegen Naturerhaltung. »Debt for nature swap« heißt die Zauberformel im internationalen Sprachgebrauch. Das ihr zugrundeliegende Konzept ist genauso einfach wie überzeugend. Das betreffende Land erhält Schuldenerlaß im Wert von Naturflächen, deren langfristige Sicherung vertraglich bestätigt wird. Millionenbeträge sind mittlerweile Ländern wie Bolivien und Costa Rica erlassen worden, weil sie entsprechende Flächen ihres Naturpotentials von Erschließungsmaßnahmen freigestellt haben. Weitere solcher »Umschuldungen« sind in Vorbereitung, im Verhandlungsstadium oder werden in Kürze abgeschlossen sein.

Es ist dies für uns auch das ehrliche Eingeständnis, durch wirtschaftliche Hilfsmaßnahmen, deren Auswirkungen auf den Naturhaushalt unzureichend oder falsch beurteilt worden waren, oder deren Ziel von vornherein die Gewinnung von Rohstoffen für unseren Bedarf gewesen war, mehr vernichtet als geholfen zu haben. Der Schuldenerlaß kann daher als eine Wiedergutmachung erachtet werden,

Der größte Teil der tropischen Regenwälder ist durch Brandrodung zerstört worden. Verkohlte Stämme und etwas Asche, aus der die nächsten Regenfälle gleich die Pflanzennährstoffe auswaschen werden, bleiben von der reichhaltigsten Lebensgemeinschaft der Erde übrig: ein Bild der Vernichtung und Verwüstung.

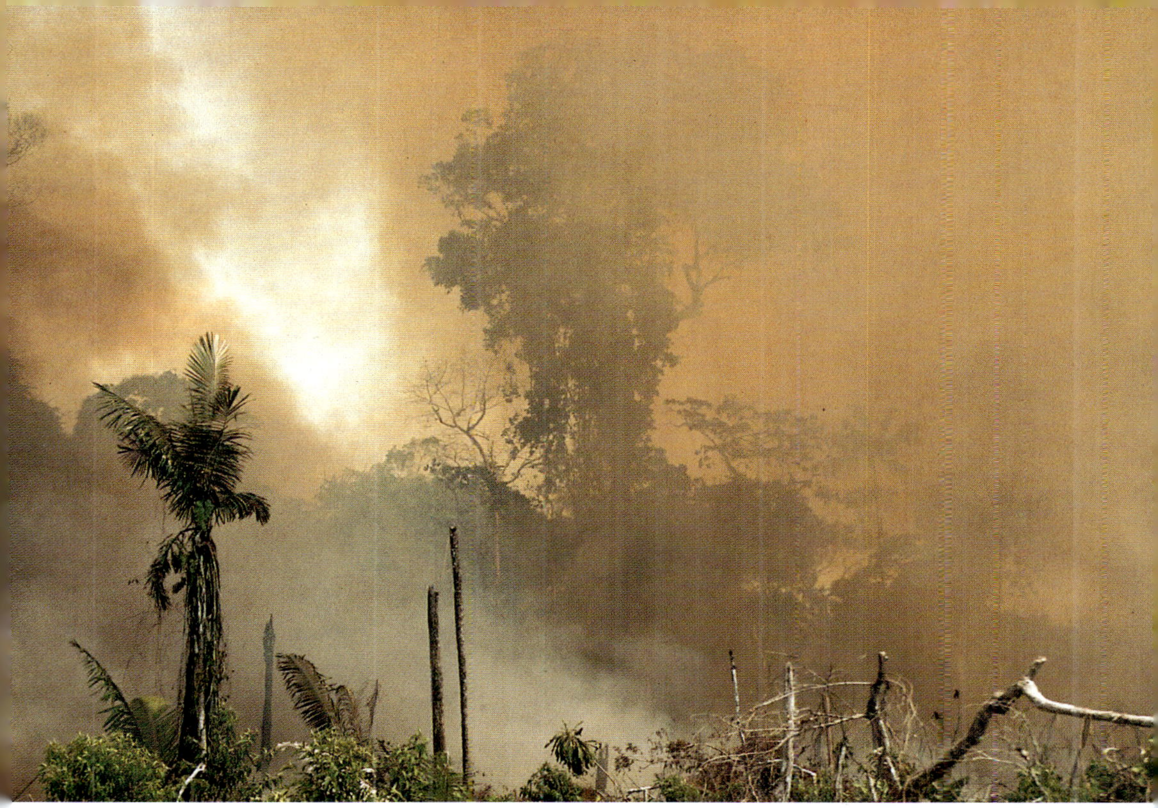

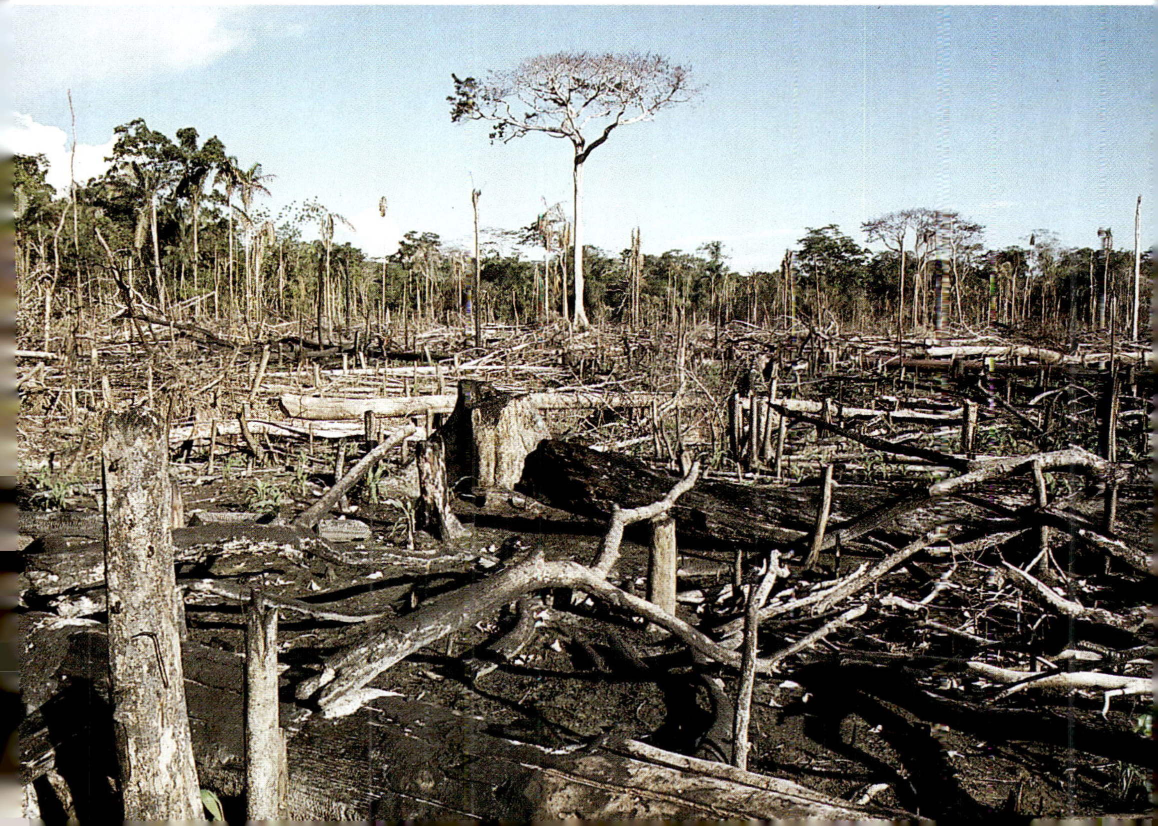

vorausgesetzt er garantiert, daß mit den freigewordenen Kapazitäten die Naturzerstörung nicht weiter vorangetrieben wird.

Wirklich wirksam wird dieses Konzept jedoch nur werden können, wenn gleichzeitig all jene Projekte in den Tropen eingestellt werden, die in die noch vorhandenen Regenwälder eingreifen, auch wenn sie angeblich als »umweltverträglich« eingestuft worden sind. Es ist bislang noch nirgends der Nachweis geführt worden, daß einmal zerstörter tropischer Regenwald wieder nachgepflanzt werden könnte. Die Landreserven in den Tropen sind groß genug, um Erschließungsvorhaben im Regenwaldbereich ersatzlos streichen zu können. Die vorhandenen Nutzflächen in ihren Erträgen zu verbessern und die Verteilung der Produkte mit weniger Verlusten zu gestalten würde schnellere Erfolge bei der Verbesserung der Ernährungslage zeitigen als alle überhaupt vorstellbaren Maßnahmen zur Umwandlung von »unproduktivem Dschungel« in Kulturland.

Das gilt auch für die Deckung des Brennholzbedarfes. Tropenhölzer eignen sich wegen der zahlreichen härtenden Einlagerungen sehr schlecht als Brennholz. Raschwüchsige Hölzer in geeigneten Gebieten im wechselfeuchten oder trockenen Tropenbereich anzupflanzen, ist mit Sicherheit ertragreicher und zielführen-

Der Wald ist gerodet, die verkohlten Stämme sind zusammengeschoben; die Plantage wird angelegt (Foto oben). Im ersten Jahr sieht sie noch recht ertragreich aus (Foto unten), aber schnell setzt die Erosion ein (Foto Mitte), die den geringen Nährstoffvorrat auswäscht und eine unproduktive Halbwüste hinterläßt.

der als den Regenwald als Brennholzquelle zu nutzen. Der Regenwald ist viel zu wertvoll, um verheizt zu werden. Die Industriestaaten sind reich genug, um zu verhindern, daß die »genetischen Bibliotheken« verbrannt werden, um Bohnen zu kochen oder – noch schlimmer – um Stahl zu erzeugen.

In der ärgsten Not des Krieges schreckten wir davor zurück, unsere Bibliotheken zu verbrennen. Dabei enthalten sie Informationen, die wieder »denkbar« und neu »schreibbar« sind. Trotzdem sind sie uns »heilig«, weil das in den Bibliotheken über das menschliche Denken und Wirken Festgehaltene in dieser Form einmalig ist und nie wieder auf völlig gleiche Weise wiederholt werden wird. Ganz genauso verhält es sich mit der genetischen Information. Jede Linie, die unterbrochen wird, ist ein für allemal ausgestorben und der Welt verloren. Das Leben hat keine Chancen mehr, sie in genau gleicher Form wiedererstehen zu lassen. Jede Art ist wie jedes menschliche Individuum einmalig und unwiederholbar.

Die Verantwortung, die Artenfülle zu erhalten, können und dürfen wir nicht den armen Ländern der Tropenzone aufbürden, während wir uns um die letzten Störche kümmern, die als Art nicht in ihrem Fortbestand gefährdet sind, oder mit großem Aufwand die Schäden in unseren Wäldern erforschen, um die Ursachen zu klären. Keine einzige Baumart ist dabei vom Aussterben bedroht! Gleichzeitig lassen wir zu, daß ohne Kenntnis des Artenspektrums Tausende von Quadratkilometer Tropenwaldes alljährlich für unseren Bedarf an Edelhölzern vernichtet werden. Hier müssen wir ansetzen, müssen wir unsere Verantwortung erkennen und unseren Politikern ganz klare Mandate erteilen. Keine einzige Mark darf mehr dazu beitragen, daß Bäume in tropischen Urwäldern fallen. Es ist unsere Entwicklungshilfe, über die wir befinden müssen, und es sind unsere Firmen und Industrien, die wir zur Verantwortung ziehen müssen.

Die internationalen Naturschutzorganisationen, zusammengefaßt in der »Internationalen Union zur Erhaltung der Natur und der natürlichen Ressourcen« (IUCN), und geführt vom »World Wide Fund for Nature« (WWF), haben gemeinsam mit dem Umweltprogramm der Vereinten Nationen (UNEP) eine Weltstrategie zur Erhaltung der Natur ausgearbeitet. Der Schutz des tropischen Regenwaldes nimmt darin eine hervorragende Position ein. Aber die Weltnaturschutzstrategie wird eine schöne Absichtserklärung bleiben, wenn der Ausgleich zwischen Industriestaaten und der Dritten Welt nicht zustandekommt.

Die nationalen WWF-Organisationen versuchen daher, mit konkreten Projekten aufzuzeigen, daß es Alternativen zur Verwüstung der Tropennatur gibt. So machte der WWF-Deutschland mit seiner großen Tropenholz-Aktion klar, daß wir mit unserem Tropenholzverbrauch zu Mitverursachern der Regenwaldvernichtung geworden sind. Nur solche Hölzer, die in Plantagen gewachsen sind, sollten wir akzeptieren – und zuverlässige Nachweise dafür beim Import vorschreiben. Der Deutsche Naturschutzring (DNR) forderte einen generellen Verzicht auf Tropenholz. Er wies nach, daß die von den Holzfirmen häufig vorgebrachte Behauptung, der enorme Bevölkerungsdruck wäre die Hauptursache für die Tropenwaldzerstörung, nicht zutrifft. Viele Konzessionsgebiete liegen weitab von den Bevölkerungszentren und – schlimmer noch – die meisten befinden sich in Wäldern, die auf für landwirtschaftliche Nutzung gänzlich ungeeigneten Böden stocken. Die Rodungen und die mit der Edelholznutzung verbundenen Erschließungsmaßnahmen erwecken bei der Bevölkerung falsche Hoffnungen. Die Umsiedlungen in das »Neuland« verstärken den Verelendungsprozeß und machen Gegenmaßnahmen in dafür geeigneten Gebieten noch schwieriger.

Genauso wird die 2. Behauptung zurückgewiesen, daß ein Boykott des Tropenholzes absolut ungeeignet wäre, die Tropenwaldzerstörung zu vermindern. Es würde im Gegenteil die jetzige Situation noch verschärft, weil er die notwendige Pflege und Bewirtschaftung der Wälder unmöglich machen würde. Tatsache ist, so der DNR, daß die Holzexportfirmen überhaupt keine nachhaltige Waldbewirtschaftung betreiben, sondern reine Holznutzung. Hinter der »Notwendigkeit einer Bewirtschaftung und Pflege« steckt unser Denken, daß die Natur selbst, ohne Eingreifen des Menschen, nicht funktionieren könne. Das ist natürlich absurd; genau das Gegenteil ist der Fall: Wenn in den in Jahrhunderttausenden oder in Jahrmillionen gewachsenen Regenwald eingegriffen wird, und wenn dabei die tragbaren Kleinstflächen, wie sie beim Wanderfeldbau benutzt werden, überschritten werden, lassen sich die Folgewirkungen eben nicht mehr steuern.

Holzplantagen funktionieren nur auf entsprechend dafür geeigneten Böden. Die hohe Artendiversität der Wälder ist keine Spielerei der Natur, sondern eine Notwendigkeit. Was in den südindischen oder malaysischen Teakplantagen klappt, wird auf den nährstoffarmen Böden auf Borneo, im Kongobecken oder in Amazonien nicht gelingen. Hierzulande weiß jeder Forstmann, daß man die dürftigen Kiefernwälder nicht etwa pflanzte, weil diese Baumart so begehrt wäre, sondern weil andere, leistungsfähigere und qualitativ höherwertige Bäume auf den armen Sandböden nicht gedeihen würden.

Damit fällt auch das 3. Argument, daß vielfach nur Einzelstämme im Regenwald genutzt würden. Wo dies der Fall ist, handelt es sich um die besonders wertvollen, hochdiversen Wälder, die keine Nutzung vertragen, und nicht um natürlicherweise produktive Standorte, die eine gezielte Einzelstammentnahme leicht wieder ausgleichen.

Der Vergleich mit dem Holzeinschlag in Ländern wie der Bundesrepublik Deutschland geht deswegen völlig am Problem vorbei. Die kleine Bundesrepublik produziert auch gewaltige Agrarüberschüsse, weil Böden und Klima Wachstumsbedingungen ergeben, die in Verbindung mit künstlichem Dünger und Pflanzenschutzmitteln Hochleistungsproduktionen ermöglichen, die in den allermeisten tropischen Regionen undenkbar sind. Würden die Mittel, die bei der »Erschließung« tropischer Regenwälder für die Holznutzung eingesetzt werden, in den gleichen Ländern in Verbesserungen der landwirtschaftlichen Produktion investiert, blieben nicht nur Arbeitsplätze gesichert, sondern Ernährungsgrundlagen für die Zukunft. Die Vernichtung der Regenwälder durch Holzeinschlag schafft keine agrarischen Produktionsflächen für die Zukunft.

Der WWF-Deutschland hat aus dieser Lage heraus die Bundesregierung aufgefordert, ein umfassendes Tropenwald-Schutzprogramm zu entwickeln, das sich an derjenigen Schutzstrategie für den tropischen Regenwald orientiert, die weltweit die Bemühungen um die Erhaltung der noch verbliebenen Regenwälder zusammenfaßt. Hoffnungsvolle Ansätze dazu leisteten bereits unsere Nachbarn in der Europäischen Gemeinschaft. Großbritannien kündete Ende 1989 ein Regenwald-Schutzprogramm an, das mit 300 Millionen Britischen Pfund ausgestattet sein soll. Bleibt zu hoffen, daß diese Mittel auch wirklich für die Erhaltung der Regenwälder eingesetzt werden und nicht doch wieder, wie in vielen anderen Fällen, unter dem Deckmantel des Schutzes Erschließung bedeuten.

In der Bundesrepublik steht ein entsprechendes Engagement noch aus. Die Entwicklungshilfemilliarden könnten eine gesunde finanzielle Basis abgeben und weltweit Zeichen setzen. An Geld mangelt es ausnahmsweise nicht. Es ist vorhanden und sein Nicht-Einsatz könnte mehr Positives bewirken, als alle denkbaren zusätzlichen Ausgaben.

Die WWF-Projekte in den Tropenländern haben dies hinlänglich bewiesen. Einige, mit Spendengeldern aus der Bundesrepublik direkt geförderte Projekte können dies belegen.

So etwa die ethnobiologischen Untersuchungen zur Nutzung des Waldes durch die Kayapó-Indios in Amazonien. Die Kenntnis vieler Heilpflanzen gehört zum überlieferten Wissen der Kayapós. Der Urwald ist für sie die Apotheke, und sie verstanden es, ihn bislang so zu nutzen, daß er erhalten geblieben ist.

Im 320 Quadratkilometer großen Bwindi-Wald im afrikanischen Uganda wird seit 1986 unter Mitwirkung des WWF eine Wiederaufforstung betrieben, die der örtlichen Bevölkerung Brennholzvorräte sichert und sie davon abhält, ursprüngliche Regenwälder niederzubrennen und abzuholzen. Das Programm läuft mit nur 2 Voll- und 16 Teilzeitkräften. Es wird den Bewohnern das liefern, was sie wirklich brauchen, nämlich Holz.

Gleichzeitig erfaßt ein WWF-Team Wasservorräte, bedeutsame Tier- und Pflanzenarten im größten afrikanischen Regenwaldgebiet, im Ituri-Wald von Zaire. Eigentlich sollte es ja eine Selbstverständlichkeit sein, daß vor jeder Nutzung, auch vor der Ausbeutung der Wälder durch Holzexportfirmen, eine umfassende Bestandsaufnahme vorgenommen wird. Es zeugt von den gewaltigen Versäumnissen der internationalen Entwicklungshilfepolitik, daß eine private Umweltstiftung die unabdingbaren Grundlagenkenntnisse erst erarbeiten muß.

Noch drastischer wird damit bewiesen, daß es Länder, wie die Bundesrepublik Deutschland, immer noch nicht für wichtig genug halten, intensive wissenschaftliche Forschungen an der Natur der Tropen und ihrer Andersartigkeit, verglichen mit unseren Breiten, anzustellen. Wir leisten uns aufwendige Antarktisforschungsprogramme, bei denen es nicht um die direkte Verbesserung der Lebensbedingungen von hungernden Menschen geht, oder teuerste Forschungen zur Raumfahrt. Den wenigen Tropenforschern in der Bundesrepublik steht dagegen nicht einmal ein Forschungsinstitut zur Verfügung. In den Lehrplänen der bundesdeutschen Universitäten kommt Tropenökologie so gut wie nicht vor. Erst in den ausgehenden achtziger Jahren wurden an mehreren Universitäten erstmals Ringvorlesungen zu diesem Fachbereich abgehalten. Die Deutsche Forschungsgemeinschaft richtete erstmals einen Sonderforschungsbereich über »Tropische Diversität« ein. Lehrstühle für Tropenökologie gibt es überhaupt nicht.

Dringend erforderlich wäre eine Konzentration der Forschung in einem Max-Planck-Institut für Tropenökologie. Manche Entwicklungshilfemilliarde wäre hier viel besser angelegt, weil sie solide Kenntnisse zum Ergebnis hätte und nicht nach dem Prinzip von Versuch und Irrtum eingesetzt würde. Irrtümer können wir uns nicht mehr leisten und für Versuche mit ungewissem Ausgang fehlt die Zeit. Ist es nicht unglaublich, daß ein WWF-Projekt im Regenwald von Nordborneo (Sabah) klären soll, wie sich selektiver Holzeinschlag auf waldlebende Tierarten und auf die Regenerationsfähigkeit des Waldes auswirkt? Auch in Madagaskar muß sich der WWF um die letzten Reste von Regenwäldern kümmern; die Industriestaaten, die die Natur vorher ausgeplündert hatten, zogen sich zurück!

In Zentralbrasilien führt der WWF die bislang einzige Langzeitstudie über die Auswirkung der Verinselung von Regenwaldflächen auf die darin lebende Tier- und Pflanzenwelt durch. Man möchte herausbekommen, ab welchen Mindestgrößen die Bestände nicht mehr in der Lage sind, sich selbst zu erhalten. Was für die einzelnen Affen- oder Orchideenarten vielleicht ganz aufschlußreich sein mag, verliert angesichts der Befunde zur Selbsterzeugung von Niederschlägen durch den Regenwald an Bedeutung. Denn es wird nichts gewonnen sein, wenn die Waldinseln zwar groß genug für Affen und Jaguar sind, aber der Wald nicht mehr in der Lage ist, sich selbst zu erhalten, weil die Niederschläge unter die kritische Grenze gefallen sind.

Der weltbekannte Tropenbiologe Daniel Janzen rief alle Wissenschaftler eindringlich dazu auf, ihre Anstrengungen zusammenzulegen, um vorrangig den tropischen Regenwald zu erforschen. Doch wie soll das geschehen, wenn die staatliche Forschungsförderung keine entsprechenden Voraussetzungen dazu schafft? Nehmen wir zum Beispiel die bundesdeutschen Spezialisten an den Forschungsmuseen. Sie sind es vor allen anderen, die mit der Artenfülle umgehen könnten und die in der Lage wären, die Artbestimmungen vorzunehmen. Doch für einen Einsatz in den Tropen müßten sie beurlaubt werden, weil die staatliche Dienstverpflichtung sie an ihren Arbeitsplatz im Lande bindet. Zusammenarbeit mit Partnerinstitutionen in den Tropenländern scheitert nicht selten an verwaltungstechnischen Schwierigkeiten, nicht an der Bereitschaft zur Zusammenarbeit.

Und in jeder Minute werden Flächen in der Größe von rund 50 Fußballfeldern an tropischem Regenwald vernichtet.
Wer trägt, angesichts dieser Lage, die größere Schuld? Die Tropenländer mit ihrem verzweifelten Bemühen, ihre wirtschaftliche Lage zu verbessern, oder wir, d e wir nicht fähig sind, unsere vorhandenen Mittel an Wissen, Forschern und Finanzen richtig einzusetzen? Der tropische Regenwald müßte nicht zugrundegehen. Es liegt an uns, wieviel davon noch zu retten sein wird.

Dank

Dieses Buch wurde in tiefer Sorge um den tropischen Regenwald geschrieben. Es versucht, Verständnis für die Natur dieses Großlebensraumes zu vermitteln, der wie kein anderer unersetzlich ist. Viele Kollegen haben zum Zustandekommen beigetragen, aber einer verdient es ganz besonders, hervorgehoben zu werden: Professor Dr. Ernst Josef Fittkau, der Begründer und 1. Vorsitzende der Deutschen Gesellschaft für Tropenökologie. Er hat mir in langen Gesprächen sein Wissen in selbstloser Weise zur Verfügung gestellt.

Einen wesentlichen Anteil an meinen eigenen Forschungen in den Tropen leistete meine Frau. Ich bin ihr großen Dank schuldig.

Konstruktive Kritik von Kennern half Mängel in der Erstfassung zu beheben.

Mein Dank gebührt Dr. Einhard Bezzel und Günter Diesener in dieser Hinsicht ganz besonders. Mit großem Gewinn konnte ich die umfangreichen Forschungen von Dr. Jürgen Haffer nutzen. Joachim Soyka verstand es, mich vom Fachjargon abzuhalten und das Wesentliche klarer hervortreten zu lassen.

Schließlich habe ich allen Grund, dem BLV Verlag für die umfassende Förderung des Buches zu danken. Vielleicht gibt es einen Anstoß zur Erhaltung des tropischen Regenwaldes. Ich widme das Buch der WWF-Aktion für den tropischen Regenwald und damit dem Leben im Regenwald selbst.

Josef H. Reichholf

Ausgewählte Literatur

Arnold, E. N. (1979): Indian Ocean Giant Tortoises: Her Systematics and Island Adaptations. Philosoph. Transactions Royal Society London Serie B: 286: 127–145.

Ayensu, E. S. (1980) Herausg.: Der Dschungel – Die letzten tropischen Urwä der der Erde. Christian Verlag, München. 200 Seiten.

Bates, H. W. (1864): Der Naturforscher am Amazonenstrom. Dyk, Leipzig. 430 Seiten.

Caufield, C. (1987): Der Regenwald. Ein schwindendes Paradies. Wolfgang Krüger Verlag, Frankfurt. 333 Seiten.

Colinvaux, P. A. (1989): Der Amazonas-Regenwald. Spektrum der Wissenschaft, Juli 1989: 70–76.

Crosby, A. W. (1986): Ecological Imperialism. The Biological Expansion of Europe, 900–1900. Cambridge University Press, Cambridge. 368 Seiten.

Davidson, J., T. Y. Pong & M. Bijleveld Herausg. (1985): The Future of Tropical Rain Forests in South East Asia. IUCN Publ. 5. 127 Seiten.

Devivere, B. v. (1984): Das letzte Paradies. Die Zerstörung der tropischen Regenwälder und deren Ureinwohner. Fischer Taschenbuch, Frankfurt. 172 Seiten.

Duellmann, W. E. Herausg. (1979): The South American Herpetofauna: Its Origin, Evolution and Dispersal. University of Kansas, Mus. Natural History Monograph no. 7. 485 Seiten.

Fearnside, P. M. (1986): Human Carrying Capacity of the Brazilean Rainforest. Columbia University Press, New York. 293 Seiten.

Fittkau, E. J. (1973): Artenmannigfaltigkeit amazonischer Lebensräume aus ökologischer Sicht. Amazoniana 4: 321–340 (Kiel).

Fittkau. E. J. (1982): Struktur, Funktion und Diversität zentralamazonischer Ökosysteme. Archiv f. Hydrobiol. 95: 29–45.

Fittkau, E. J. (1987): Tropische Regenwälder. Ihre ökologischen Probleme am Beispiel Amazoniens. In: Engels, W. (Herausg.) Die Tropen als Lebensraum. Attempto Verlag, Tübingen. Seite 61–80.

Fittkau, E. J. (1989): Zur Ökologie tropischer Regenwäder. In: Amazonien – ein Lebensraum wird zerstört. Ges. f. ökol. Forschung (Herausg.). Raben-Verlag, München. Seite 11–23.

Forsyth, A. & K. Miyata (1984): Tropical Nature. Life and Death in the Rain Forests of Central and South America. Scribners Publishing, New York. 248 Seiten.

George, U. (1985): Regenwald. Vorstoß ins tropische Universum. Geo. Verlag Gruner + Jahr, Hamburg. 380 Seiten.

Goulding, M. (1980): The Fishes and the Forest. Explorations in Amazonian Natural History. University of California Press. 280 Seiten.

Goulding, M., M. Leal Carvalho & E. G. Ferreira (1988): Rio Negro. Rich Life in Poor Water. SPB Publishing, The Hague. 200 Seiten.

Haffer, J. (1974): Avian Speciation in Tropical South America. Publ. Nuttall Ornithological Club 14. Cambridge, Massachussetts. 390 Seiten.

Haffer, J. (1983): Ergebnisse moderner

ornithologischer Forschung im tropischen Amerika. Spixiana Suppl. 9: 117—166.

Hartmann, G. Herausg. (1989): Amazonien im Umbruch. Aktuelle Probleme und deutsche Forschungen im größten Regenwaldgebiet der Erde. D. Reimer Verlag, Berlin. 387 Seiten.

Holm-Nielsen, L. B., I. C. Nielsen & H. Balslev (1989): Tropical Forests. Botanical Dynamics, Speciation and Diversity. Academic Press, London et al. 380 Seiten.

Janzen, D. H. Herausg. (1983): Costa Rican Natural History. University of Chicago Press, Chicago. 816 Seiten.

Kohlhepp, G. (1987): Tropische Naturräume und ihre Nutzung durch den Menschen. In: Engels, W. (Herausg.) Die Tropen als Lebensraum. Attempto Verlag, Tübingen. Seite 7—36.

Lamprecht, H. (1986): Waldbau in den Tropen. Verlag P. Parey, Hamburg. 318 Seiten.

May, R. M. (1988): How Many Species Are There on Earth? Science 241: 1441—1449.

McNab, B. K. (1982): The physiological ecology of South American mammals. Pymatuning Symp. Ecology 8:187—207 (Mammalian Biology in South America).

McNab, B. K. (1983): Energetics, body size, and the limits of endothermy. J. Zool. London 199:1—29.

McNaughton, S. J. & L. L. Wolf (1973): General Ecology. Holt, Rinehart and Winston, New York. 710 Seiten.

Meggers, B. J. (1971): Amazonia. Man and Culture in a Counterfeit Paradise. Aldine, Atherton Press, Chicago. 182 Seiten.

Mitchell, A. W. (1986): The Enchanted Canopy. Secrets from the Rainforest Roof. Collins, London. 255 Seiten.

Moreau, R. E. (1966): The Bird Fauna of Africa and its Islands. Academic Press, London. 348 Seiten.

Parfit, M. (1989): Whose hands will shape the future of the Amazon's green mansions? Smithsonian, November 1989: 58—74.

Peters, C. M., A. W. Gentry & R. O. Mendelsohn (1989): Valuation of an Amazonian rainforest. Nature 339:655—656.

Pianka, E. R. (1974): Evolutionary Ecology. Harper & Row Publ., New York. 356 Seiten.

Prance, G. T. Herausg. (1986): Tropical Forests and the World Atmosphere. American Association for the Advancement of Science, Washington, und Westview Press, Boulder, Colorado. 105 Seiten.

Prospero, J. M., R. A. Glaccum & R. T. Nees (1981): Atmospheric transport of soil dust from Africa to South America. Nature 289:570—572.

Reichholf, J. (1973): »Honigtau« der Bracaatinga-Schildlaus als Winternahrung für Kolibris (Trochilidae) in Südbrasilien. Bonn. zool. Beitr. 24: 7—14.

Reichholf, J. (1975): Biogeographie und Ökologie der Wasservögel im subtropisch-tropischen Südamerika. Anz. orn. Ges. Bayern 14:1—69.

Reichholf, J. (1980): Komponenten des Artenreichtums der ostafrikanischen Avifauna. Verh. orn. Ges. Bayern 23: 371—385.

Reichholf, J. (1983): Analyse von Verbreitungsmustern der Wasservögel und Säugetiere in Südamerika. Spixiana Suppl. 9:167—178.

Reichholf, J. (1983): Extreme Wasservogelarmut am Rio Negro. Verh. orn. Ges. Bayern 23:525—528.

Reichholf, J. (1984): Die Tierwelt des tropischen Regenwaldes. Spixiana Suppl. 10:35−45.

Reichholf, J. (1986): Is Saharan Dust a Major Source of Nutrients for the Amazonian Rain Forest? Stud. Neotrop. Fauna Environment 21:251−255.

Reichholf, J. (1989): Amazonien als Ökosystem. In: Amazonien − ein Lebensraum wird zerstört. Gesellschaft f. ökologische Forschung (Herausg.). Raben-Verlag, München. Seite 24−68.

Reichholf, J. (1989): Die Säugetiere Amazoniens − warum sind sie so klein, so selten und so gefährdet? In: Hartmann, G. Herausg.: Amazonien im Umbruch. Reimer Verlag, Berlin. Seite 83−105.

Reichholf, J. (1990): Das Rätsel der Menschwerdung. Deutsche Verlagsanstalt, Stuttgart.

Richards, P. W. (1966): The Tropical Rain Forest. Cambridge University Press, Cambridge. 450 Seiten.

Salati, E. & P. B. Vose (1984): Amazon Basin: A System in Equilibrium. Science 225:129−138.

Schaller, F. (1980): Entwicklungsproblem Amazonas in biologischer Sicht. Naturwiss. Rundschau 33:1−11.

Schaller, F. (1987): Leben zwischen Wald und Wasser am Amazonas. In: Engels, W. (Herausg.) Die Tropen als Lebensraum. Attempto Verlag, Tübingen. Seite 81−102.

Schumacher, H. (1976): Korallenriffe. Ihre Verbreitung, Tierwelt und Ökologie. BLV Verlag, München. 275 Seiten.

Simpson, G. G. (1980): Splendid Isolation. The Curious History of South American Mammals. Yale University Press, New Haven und London. 266 Seiten.

Snow, D. W. (1976): The Web of Adaptation. Collins, London. 176 Seiten.

Suchantke, A. (1982): Der Kontinent der Kolibris. Landschaften und Lebensformen in den Tropen Südamerikas. Verlag Freies Geistesleben, Stuttgart. 443 Seiten.

Terborgh, J. (1983): Five New World Primates. A Study in Comparative Ecology. Princeton University Press, Princeton, NJ. 261 Seiten.

Wallace, A. R. (1989): A Narrative of Travels on the Amazon and the Rio Negro. Ward, Lock & Co, London.

Weischet, W. (1977): Die ökologische Benachteiligung der Tropen. B. G. Teubner, Stuttgart. 127 Seiten.

Whitmore, T. C. (1975): Tropical rain forests of the Far East. Clarendon Press, Oxford. 282 Seiten.

Young, A. M. (1982): Population Biology of Tropical Insects. Plenum Press, New York. 511 Seiten.

201

Register

205

X